W0191671

Thomas Vittner
und Andreas Fritsch

BÖRSEN ERFOLG
BEGINNT IM KOPF

Mit der richtigen
Einstellung und dem
richtigen Plan zu
mehr Gewinn

Copyright der deutschen Ausgabe 2012:
© Börsenmedien AG, Kulmbach

2. Auflage 2012

Gestaltung Cover: Johanna Wack, Börsenbuchverlag
Gestaltung, Satz und Herstellung: Martina Köhler, Börsenbuchverlag
Lektorat: Claus Rosenkranz
Druck: CPI – Ebner & Spiegel, Ulm

ISBN 978-3-864700-08-8

Bibliografische Information der Deutschen Nationalbibliothek:
Die Deutsche Nationalbibliothek verzeichnet diese Publikation in der
Deutschen Nationalbibliografie; detaillierte bibliografische Daten
sind im Internet über <http://dnb.d-nb.de> abrufbar.

BÖRSEN MEDIEN
AKTIENGESELLSCHAFT

Postfach 1449 • 95305 Kulmbach
Tel: +49 9221 9051-0 • Fax: +49 9221 9051-4444
E-Mail: buecher@boersenmedien.de
www.boersenbuchverlag.de

INHALT

Thomas Vittner
Viele Menschen haben dazu beigetragen, dass ich heute erfolgreich bin. Aber es gibt einen, der über alle herausragt: meine Marianne! Du inspirierst mich, stehst mir täglich mit Rat und Tat zur Seite und zeigst mir dabei immer den richtigen Weg. Ich danke dir von ganzem Herzen, dass du bei mir bist!

Andreas Fritsch
Für Louisa, Daniel, Nici, Annika und Gabriella, die in grenzenloser Geduld so viele Wochenenden und Abende auf ihren Vater und Ehemann verzichten mussten, weil der mal wieder hinter dem Bildschirm seines Notebooks verschwunden ist. Ohne ihre Geduld und beeindruckende Toleranz hätte ich nicht die Ruhe und die mentale Stärke gefunden, neben meinem Beruf und verschiedenen Unternehmensgründungen dieses Buch fertigzustellen. Dafür mein größter Dank an euch!

Liebe Leserinnen und Leser, um zu verdeutlichen, wer gerade schreibt, ob also aus der Sicht des Mentaltrainers und Coaches – Andreas Fritsch – oder aus der Sicht des Traders und Börsianers – Thomas Vittner – berichtet wird, werden verschiedene Schriftschnitte verwendet:

für Thomas Vittners Beiträge eine serifenlose Schrift.

für Andreas Fritschs Beiträge eine Schrift mit Serifen.

Einleitung

Wir leben in einer aufregenden Welt. Nie zuvor gab es für Menschen, die sich privat oder beruflich mit dem Thema Geldanlage befassen, so viele Chancen, so viele Risiken, Unwägbarkeiten und so viel zu tun! Fundiertes Wissen und versierte Technik sind mehr denn je eine absolute Grundvoraussetzung, um sich in stürmischen Zeiten zurechtzufinden. Aber sie sind nicht das „Missing Link", dem so viele Anleger auf der Suche nach Erfolgen an der Börse verzweifelt hinterherjagen. Denn viele technisch und fachlich hoch versierte Trader, Investoren und private Anleger wandern immer wieder durch tiefe Tränentäler und wissen nicht warum. Andere Anleger arbeiten bereits auf gutem Niveau. Sie sind zufrieden mit ihren Erfolgen, wünschen sich aber noch mehr – mehr Anlageerfolg, aber auch mehr Gelassenheit und Lockerheit bei ihren Börsengeschäften. All diesen Anlegern wollen wir uns annehmen, indem wir mit unserem Buch dort beginnen, wo viele andere Publikationen über die Arbeit mit den Finanzmärkten enden: bei unserem Denken! Denn nicht erst seit den Rekordverkäufen zahlreicher Lebensratgeber wissen wir: Erfolg beginnt im Kopf. Andreas Fritsch, erfolgreicher Unternehmer, Coach und Mentaltrainer, und Thomas Vittner, Trader, Bestsellerautor und Gründer des Projekts „trading netzwerk", wollen Sie mit diesem Buch wachrütteln und Sie dazu bringen, dauerhaft das stärkste, wirkungsvollste und bei Weitem günstigste Werkzeug für Ihren Börsenerfolg einzusetzen: Ihre mentale Stärke! In einer einzigartigen Mischung aus Profi-Börsenwissen und mentalen Erfolgskomponenten, die tausendfach von Top-Unternehmern, Spitzensportlern und anderen erfolgreichen Persönlichkeiten eingesetzt werden, geben wir dem Leser ein Werkzeug an die Hand, das systematisch, planvoll und strukturiert zu mehr Börsenerfolg führt. Garantiert!

Herzliche Grüße, Thomas Vittner und Andreas Fritsch

Der Aufbau des Buches

Dieses Buch umfasst insgesamt elf Teile und den Abschnitt „Der Plan".

Teil 1

In diesem Teil erklären wir, wie Sie als Leser dieses Buch am besten nutzen. Danach erfahren Sie, warum wir überhaupt die Idee zu diesem Projekt hatten und was uns dazu veranlasst hat, es gemeinsam zu schreiben. Thomas Vittner erzählt, wie er vom Angestellten einer Versicherung zum selbstständigen Börsenprofi wurde und welche Rolle Andreas Fritsch dabei gespielt hat.

Teil 2

Dieser Teil befasst sich allgemein mit dem Thema Geldanlage. Was ist Geld und womit handeln wir an den Märkten? Welche Ansätze gibt es, um an den Märkten zu agieren? Was ist Trading, was ist Investing und gibt es etwas, das beide Vorgehensweisen verbindet?

Teil 3

Hier lernen Sie den Schlüssel zum Börsenerfolg kennen. Sie erfahren, warum mentale Aspekte bei der Geldanlage so wichtig sind und warum Fachwissen als vermeintlich einzige Erfolgskomponente nicht ausreicht. Dazu gibt Ihnen Thomas Vittner einen Einblick in das Paralleluniversum Börse, in dem ganz andere Gesetze und Regeln gelten als in unserem Alltag.

Teil 4

In Teil 4 erzählen Ihnen einige Trader, Handelssystementwickler und Investoren, welche Fehler ihnen in der täglichen Handelspraxis immer wieder unterlaufen. Andreas Fritsch beleuchtet aus seiner Sicht als Coach und Mentaltrainer die Ursachen dieser Fehler und zeigt einige verblüffende Fakten auf. Doch um zu wachsen und uns weiterzuentwickeln, müssen wir unsere Fehler nutzen, sie willkommen heißen. Was das bedeutet, werden wir Ihnen in diesem Teil des Buches erklären. Eine sehr wichtige Funktion übernimmt dabei der Resilienz-Test, den Sie hier finden. Dieser Test gibt Auskunft darüber, wie wir mit Fehlern umgehen und ob wir es schaffen, wirklich aus ihnen zu lernen, oder ob wir möglicherweise an diesen Fehlern zerbrechen.

Teil 5

Dieser Teil des Buches steigt tiefer in mentale Aspekte ein, welche starke Einflüsse auf Ihren Börsenerfolg haben. Wir beschreiben hier, welche Rolle persönliche Werte und Einstellungen dabei spielen, wo sie herkommen und wie sie unser Handeln bestimmen. Dabei sprechen wir über Glaubenssätze, Weltbilder, persönliche Einstellungen und darüber, wie diese unsere individuelle Realität prägen. Außerdem finden Sie hier auch den „Antreibertest für Börsianer". Er wird Ihnen beim Erkennen Ihrer Stressmuster und damit bei der Analyse wichtiger Fehlerquellen als Trader oder Anleger helfen. Mit den entsprechenden Ergebnissen werden Sie dann in den nächsten Buchteilen weiterarbeiten.

Teil 6

In Teil 6 sprechen wir über Glaubenssätze, Affirmationen, Lustgewinn und Schmerzvermeidung und verraten unter anderem, warum Börsianer möglicherweise einen Lustgewinn bei der Nichterreichung ihrer Ziele erleben. Das glauben Sie nicht? Dann lassen Sie sich überraschen! Außerdem erfahren Sie, wie Sie Ihren Lustgewinn steigern können, indem Sie aktiv gegen Ihre Erfolgs-Saboteure angehen. Letztlich beschäftigen wir uns in diesem Abschnitt weiter mit persönlichen Werten. Dabei werden Sie erkennen, welche Bedeutung sie für

Ihre Ziele, für Ihre Konsequenz und damit letztlich für Ihren Erfolg oder Misserfolg an den Märkten haben.

Teil 7

Teil 7 des Buches handelt vom Flow für Börsianer. Wir beleuchten, was Flow überhaupt bedeutet und welchen Stellenwert er für unseren Erfolg an den Märkten besitzt. Dabei wird mit dem Thema der Zufriedenheit gearbeitet und es wird die Bedeutung von Glückshormonen beschrieben. Außerdem zeigen wir, warum wir nichts von Work-Life-Balance halten, und beschreiben stattdessen eine optimale *Life* Balance. Des Weiteren blicken wir auf eine typische Erfolgskurve eines Anlegers, um letztlich Traders-Optimum, den gewünschten Flow-Kanal, zu erreichen.

Teil 8

In diesem Buchteil sprechen wir über für jeden Anleger zentrale mentale Funktionsweisen. Wir lernen, was Konzentration im Börsenhandel bedeutet und wie Bewusstsein und Unterbewusstsein bei der aktiven Geldanlage auf uns wirken.

Teil 9

Hier wird eines der bestgehüteten Börsengeheimnisse gelüftet: Wir präsentieren Ihnen die geheime Erfolgsformel der besten Börsianer. Bei genauerem Hinsehen werden Sie erstaunt sein, wie simpel dieses Konzept ist. Wie jede Formel besteht auch die Erfolgsformel aus mehreren Variablen, die alle im Detail besprochen werden. Flankierend erfahren wir, warum wir gerade mit einem Bestandteil dieser Formel – mit der Konsequenz – so oft unsere liebe Not haben. Am Ende dieses Teils sprechen wir über unser Sicherheitsbedürfnis, das wir mit den herkömmlichen Mitteln an den Märkten nur selten stillen können.

Teil 10

In Kapitel 10 vermitteln wir konkretes Umsetzungswissen. Es gilt hier, die Erkenntnisse und das Gelernte der vorangegangenen Kapitel zu vertiefen und praktisch nutzbar zu machen. Dazu erklären wir, wie wir unser Unterbewusstsein am besten anzapfen, um nachhaltige Verhaltensänderungen herbeizuführen. Der sogenannte Alpha-Zustand unseres Gehirns (eine Art aktiver Entspannungszustand) spielt dabei eine wichtige Rolle. Was er genau bedeutet und welche Konsequenzen verschiedene Aktivitätszustände unseres Gehirns für den Börsenhandel haben, erfahren Sie hier. Anschließend beschreiben wir zwei Trainingsformen, mit denen Sie konkret an der Optimierung Ihres Zustands arbeiten können.

Teil 11

Bevor Sie nun die praktischen Übungen des Buchteils „Der Plan" beginnen, geben wir noch einen Einblick in die Themen „Ziele" und „Mentales Erleben". Dabei spielen unsere Glaubenssätze, denen wir in den vorausgegangenen Buchteilen öfter begegnet sind, eine entscheidende Rolle. Sie erfahren, warum wir uns oft so schwer tun, neue Wege zu gehen und uns neue Ziele zu setzen. Was das mit Ihren Ängsten zu tun hat und wie Sie sich diesen Ängsten am besten stellen, erfahren Sie hier.

Der Plan

Abschließend geben wir Ihnen ein wertvolles Programm an die Hand, das das im Buch Gelernte durch konsequentes Arbeiten in die Praxis umsetzt. Mit freundlicher Genehmigung von Ferry Fischer haben wir ein am Coaching Institut in Wien entwickeltes 21-Tage-Mentalprogramm für aktive Börsenhändler optimiert. Das Programm führt bei konsequenter Anwendung zu mehr Konzentrationsfähigkeit, Gelassenheit und Kreativität, was wiederum den Erfolg an den Märkten messbar erhöht. Dieses Programm wurde von Ferry Fischer ursprünglich für Manager und Spitzensportler entwickelt. Eine konsequente Umsetzung – pro Tag zehn Minuten – ist allerdings eine Grundvoraussetzung für den Erfolg. Sind Sie sich diese zehn Minuten am Tag wert? Dann wünschen wir Ihnen viel Erfolg bei der Umsetzung!

Eine kleine Anleitung

Dieses Buch wurde von zwei Menschen geschrieben, die in ihrem jeweiligen Fachbereich über sehr viele praktische Erfahrungen, aber auch über fundiertes Hintergrundwissen verfügen. Beide Autoren sind nicht unfehlbar und haben durch viele eigene Fehler und Tränentäler gelernt, was es bedeutet, konsequent an seinem persönlichen Erfolg – egal in welchem Bereich – zu arbeiten. Sie sollen als Leser, der sich für Geldanlage und Börse interessiert (auf welchem Niveau auch immer), gleichermaßen von beiden Welten und Erfahrungen – guten wie schlechten – profitieren.

Die Autoren haben bei der Entstehung des Buches sehr eng zusammengearbeitet, die Themen intensiv aus verschiedenen Blickwinkeln beleuchtet, Übungen und Werkzeuge aktiv in der Praxis erprobt und immer wieder die mentalen Komponenten von Geldanlage und Erfolg gemeinsam beleuchtet. Es wurde daraus ein in sich geschlossenes System, eine Anleitung zum erfolgreichen Handeln im ganz spezifischen Segment von Börse und Geldanlage, wie es weltweit seinesgleichen sucht.

Immer wieder werden sich die beiden Autoren gegenseitig Fragen stellen und diese ausführlich beantworten. Immer wieder lernen Sie als Leser, alltägliche Entscheidungen und Erlebnisse beim Handel an den Börsen unmittelbar mit Ihrem persönlichen Verhalten zu verknüpfen und daraus unschätzbar wertvolle Erkenntnisse für Ihre nächsten Entscheidungen zu gewinnen. Um dabei stets objektiv zu sein und mehrere Blickwinkel zu berücksichtigen, wurden auch andere Trader und Hedgefondsmanager nach ihrer Meinung gefragt.

Holen Sie sich also wertvolle Tipps eines Profi-Traders, gepaart mit den Techniken eines erfolgreichen Coaches und Mentaltrainers.

Ein technischer Hinweis: Um Ihnen vertiefende Informationen leicht und schnell zugänglich zu machen, arbeiten wir multimedial und stellen Ihnen an vielen Stellen dieses Buches sogenannte QR-Codes zur Verfügung.[1] Dieses Codes sind Links zu Videos, Hintergrundberichten, verschiedenen Websites, die Ihnen weitere Informationen zu dem aktuell besprochenen Thema liefern. Wenn Sie diese Codes nutzen wollen, genügt ein Smartphone (iPhone oder Android) und eine entsprechende (kostenlose!) App, die Sie auf Ihrem Smartphone installieren, um die Codes lesen zu können. Wir arbeiten beispielsweise gerne mit der App *i-nigma*, die Sie sich kostenlos herunterladen können.

So sieht ein QR-Code aus (dieser hier führt Sie direkt auf die Seite des trading netzwerks – ein Ausbildungsprojekt von und für erfolgreiche Trader –, gegründet von Thomas Vittner):

www.tradingnetzwerk.de

Außerdem hat Andreas Fritsch in seinem Blog www.arbeitshelden .net für die Leser dieses Buches eine Literaturübersicht erstellt, in der Sie unter http://astore.amazon.de/arbeitshelden-21 sämtliche Bücher und Übungen (wie zum Beispiel ein Audio-Training zum später erklärten Alpha-2-Training) abrufen und direkt bestellen können.

Auf den nächsten Seiten erzählen wir, wie es überhaupt zu dieser Zusammenarbeit von Andreas Fritsch und Thomas Vittner gekommen ist. Und wir berichten, was uns veranlasst hat, ein gemeinsames Projekt zu starten. (Wenn es Sie nicht interessiert, überspringen Sie einfach dieses Kapitel und gehen direkt in den praktischen Teil über.)

---

1 Der *QR-Code* (englisch Quick Response, „schnelle Antwort", als Markenbegriff „QR Code") ist ein zweidimensionaler Code, der von der japanischen Firma Denso Wave im Jahr 1994 entwickelt wurde.

Teil 1

Vorwort

„Mentale Stärke für wen?" Ja, genau. Für Börsenhändler! Als ich zusammen mit Thomas Vittner, einem erfolgreichen Trader und Tradingbuch-Bestsellerautor, mit der Arbeit an diesem Buch begonnen habe, war die Welt noch so, wie wir sie kannten. Jeder Angestellte, Schüler, Student, Unternehmer, jeder Rentner legte sein Geld unter anderem in Aktien, Anleihen oder Investmentfonds an und freute sich über stattliche Gewinne und die Aufbesserung des eigenen Einkommens. Aber die Zeiten haben sich geändert.

Heute muss man schon mutig sein, wenn man seine berufliche Tätigkeit oder sein privates Interesse mit dem Begriff „Anleger" oder gar „Trader" oder „Börsenhändler" beschreibt. Vorurteile und Nichtwissen schlagen einem entgegen. Da spricht man lieber nicht mehr so offen im Freundes- und Bekanntenkreis über seinen Job oder seine Passion. Und genau das ist die falsche Strategie – weil sie Prozesse auslöst, die unserem Handeln schaden. Dazu später mehr.

Wir schreiben dieses Buch daher keinesfalls nur für professionelle Anleger oder Trader. Auch wenn Thomas Vittner ein echter Profi ist, versteht er es, seine Erfahrungen so allgemein verständlich zu formulieren, dass jeder, der sich mit Geldanlage und Börse befasst, von seinem Wissen profitieren wird. Er öffnet sozusagen seine geheime Schatzkiste und lässt Tausende von Menschen – ob Anfänger oder Vollprofis – an seinen Erfahrungen und an seinem Wissen teilhaben: Wissen, das in Seminaren viel Geld kostet, aber eigentlich unbezahlbar ist, Wissen, das aus fundierter Erfahrung, jahrelanger Auseinandersetzung mit dem Thema Geld und Börse, aber auch unzähligen eigenen Fehlern und dem Umgang mit ihnen erwachsen ist.

Ich selbst arbeite seit vielen Jahren mit sehr unterschiedlichen Persönlichkeiten in Einzelcoachings und Trainings. Sehr oft geht es dabei um persönliche Entwicklungsstrategien, um Wege zum Erfolg genauso wie um Wege aus persönlichen Krisen. Hier dreht sich vieles um Karrieren, um persönliche Weiterentwicklung, um teilweise tief greifende Veränderungen im beruflichen, aber auch im privaten Bereich.

All diese Themen laufen letztlich an einem gemeinsamen Punkt zusammen: bei uns selbst – und damit bei unserer Fähigkeit, Wesentliches von Unwesentlichem zu trennen, aus Fehlern zu lernen, mit Rückschlägen, Verlusten und Niederlagen umzugehen, eine persönliche Lebens-Balance zu finden und schließlich an Erfolgen wie an Rückschlägen zu wachsen und uns als Mensch weiterzuentwickeln. Sehr viele Techniken und Möglichkeiten, zu einer persönlichen Balance zu finden, beschreibe ich hier, weil ich nach zahllosen Gesprächen mit Thomas fest davon überzeugt bin: Erfolg an der Börse beginnt (und endet!) im Kopf.

Wir schreiben dieses Buch also *auch* für Menschen, die an den Börsen dieser Welt arbeiten und dort ihr Geld verdienen, aber ebenso für Menschen, die sich Gedanken darüber machen, wie sie heute ihre Geldanlage vernünftig strukturieren und aufstellen können. Für Menschen, die sich selbst darum kümmern (müssen), ihre Rente zu planen, und sich nicht mehr nur auf das staatliche System verlassen wollen (und können!). Für Menschen, die unsicher sind, wie sie Entscheidungen treffen sollen, die Rückschläge erlebt haben und diese Entscheidungen immer wieder (unbewusst) vor dem Hintergrund dieser Rückschläge treffen. Für Profis, die ihr Geld mit Geld verdienen. Für Trader, Investoren und Verwalter kleinerer und großer Vermögen. Mentale Stärke bedeutet, Klarheit über persönliches Handeln zu haben. Menschen, die Entscheidungen mit einem hohen Maß an mentaler Stärke treffen, treffen bessere Entscheidungen. Denn solche Menschen treffen ihre Entscheidungen, indem sie Fernwirkungen[2],

---

2 Diesen Begriff prägte Dietrich Dörner in seinem relevanter denn je gewordenen Buch „Die Logik des Mißlingens. Strategisches Denken in komplexen Situationen", Rowohlt, Reinbek 1989, ISBN 3-499-61578-9.

Nebenwirkungen, mögliche Konsequenzen erkennen und berücksichtigen. Sehr oft tun sie das sogar unbewusst. Menschen, die ihre Entscheidungen getrieben von Angst, Gier, Neid, Rachsucht oder übersteigerter Egozentrik treffen, blenden solche Konsequenzen aus und gehen damit meist in die falsche Richtung. Sehr häufig ist diese falsche Richtung systembedrohend.

Ein wichtiger Grund, warum ich zusammen mit Thomas Vittner dieses Buch geschrieben habe: Ich möchte, dass die Welt, in der meine Kinder groß werden, von mental starken Menschen mit ethischen Grundsätzen getragen wird, die mit der Fähigkeit ausgestattet sind, die Konsequenzen ihres Handelns auch auf lange Sicht verantwortungsvoll einschätzen zu können. Angst und Gier sind dafür nicht die richtigen Motivatoren.

Aber das sind nur meine Ansichten über dieses Buch. Thomas, wie bewertest du unser gemeinsames Projekt in der heutigen Zeit?

Wie Andreas schon einleitend sagte: Als wir erstmals die grobe Idee zu diesem Buchprojekt hatten, war die (Wirtschafts-)Welt noch in Ordnung. Als wir uns dann an die konkrete Realisierung machten, schrieben wir Ende 2009. Damals war die Finanzkrise Teil 1 weitgehend verdaut und niemand konnte ahnen, dass uns nur wenig später die Dinge auf so brutale Art und Weise wieder einholen würden.

Wir dachten aber trotzdem keine Sekunde daran, das Projekt auf Eis zu legen oder zu beenden. Im Gegenteil: Wir meinen, dass dieses Buch in der heutigen Zeit wichtiger ist denn je. Die Finanzmärkte, die früher ausschließlich einer bestimmten gesellschaftlichen Elite vorbehalten waren, werden nämlich immer mehr zum Allgemeingut. Ob das nun gut ist oder nicht, sei zunächst einmal dahingestellt.

Fakt ist, dass heute fast jeder Bewohner eines westlichen Industrielandes direkt oder indirekt in die Geschehnisse an den Börsen involviert ist, sei es als Trader beim Handel auf eigene Rechnung, als Investor beim Kauf von Aktien, Fonds oder ETFs, als Versicherungsnehmer einer Lebensversicherung, als Arbeitnehmer eines börsennotierten Konzerns oder als Angestellter eines kleinen, privaten Zulieferunternehmens, das einige globale Großkonzerne als Hauptabnehmer hat.

Wir alle spüren heute deutlicher als früher die direkten Einflüsse und Kapriolen der Finanzmärkte und deshalb nehmen sich auch die Massenmedien verstärkt dieses Themas an. Wir beschäftigen uns also mit Börse und Wirtschaft mehr denn je, weil wir von diesen Themen täglich umgeben sind. Oder hätte jemand von Ihnen vor ein paar Jahren gewusst, was ein AAA-Rating bedeutet? Weil die Finanzmärkte immer mehr in den Mittelpunkt des Geschehens – ja unseres Lebens – rücken und die Börsengeschäfte eine ganz andere Denkweise erfordern, als der Laie glaubt, haben wir dieses Buch geschrieben, das Sie in diesem Dschungel begleitet.

Ich habe dieses Buch also deswegen gerade jetzt gemeinsam mit Andreas Fritsch veröffentlicht, weil ich den Menschen dabei helfen möchte, die Resultate ihrer aktiven Geldanlage – ja sogar ihre Lebensqualität – in diesen unsicheren Zeiten zu verbessern. Und der gewählte Moment könnte kaum besser sein. Gerade heute ist es wichtig, bei finanziellen Entscheidungen und bei einem Blick in die Wirtschaftsnachrichten einen kühlen Kopf zu bewahren.

Alle, die jetzt das Nervenflattern bekommen, werden letztendlich zu den großen Verlierern zählen. Damit das nicht passiert, müssen Sie lernen, Ihr Gehirn für und nicht gegen sich arbeiten zu lassen. Und dazu müssen Sie im ersten Schritt zu dem stehen, was Sie tun, oder zu dem, was Sie interessiert: Börse und Wirtschaft! Sie dürfen sich nicht selbst verleugnen, auch wenn es im Augenblick unpopulär scheint, Börsianer oder – noch „schlimmer" – Trader zu sein.

Verfolgt man nämlich die Diskussionen in den Medien, kann man nur noch den Kopf schütteln. Da ist schnell die Rede von den bösen Spekulanten und von raffgierigen Tradern, die wie Psychopathen handeln oder wie

Heuschrecken alles zerfressen und dem Erdboden gleichmachen. Davon, dass man Spekulation verbieten oder das Geld abschaffen will, und davon, dass der Kapitalismus die Wurzel allen Übels ist.

Haben wir vergessen, wie gut es uns heute geht – dank des Kapitalismus? Haben wir vergessen, wie schnell sich die Dinge ändern können? Unsere Geschichte lehrt uns, dass eine Gesellschaft insbesondere in Zeiten, in denen es rauer wird, dazu neigt, sich selbst zu zerstören. Weil jeder im anderen den Feind sieht, dem es vermeintlich besser geht und der somit zur Bedrohung wird. Das ist Gier in ihrer reinsten Form. Wenn dann – so wie jetzt – noch Angst dazukommt, sind wir nicht mehr weit vom Super-GAU entfernt. Dabei haben wir als Menschheit mit unserer Wirtschaftsordnung und den dahinterliegenden Werten so viel Gutes geschaffen. Unser System belohnt zum einen die fleißigen und cleveren Menschen, zugleich werden die sozial Schwachen aufgefangen und geschützt. Selbstverständlich hat es Schwächen, das will ich gar nicht bestreiten. Aber es geht nicht darum, den Kapitalismus, die Börse oder die Spekulation infrage zu stellen.

Natürlich hat sich in den letzten Jahren an den Finanzmärkten vieles verändert. Seit 2008 scheint einiges aus den Fugen geraten zu sein. Trotzdem müssen wir Trader und Investoren uns auch in diesem Umfeld zurechtfinden. Wir können nicht das Spielfeld verlassen, nur weil uns derzeit die Gangart ein wenig ruppig erscheint. Wir bleiben im Spiel, egal ob die Sonne scheint oder ob es stürmt und schneit.

Andreas Fritsch und ich werden Ihnen für dieses Spiel einen Teil der grundlegenden Regeln beibringen. Im Prinzip sind das jene Regeln, die auch auf ganz anderen Spielfeldern gelten. Es sind diejenigen Regeln des Erfolgs, die universell einsetzbar sind, hier aber für Börse und Geldanlage von uns adaptiert wurden.

Es ist dabei vollkommen egal, mit welcher Strategie Sie das Börsenspiel spielen wollen. Das Spektrum reicht von Hardcore-Scalpern[3], die am Tag

---

[3] Der Begriff Scalping ist im Zusammenhang mit Börsenhandel unterschiedlich besetzt. Im Konnex mit den obigen Ausführungen sind jedoch Händler gemeint, die eine bestimmte Form des ultra-kurzfristigen Börsenhandels

100 Trades oder mehr ausführen, bis hin zu Investoren, die jede (Unternehmens-)Beteiligung als langfristige Investition ansehen und ihr Portfolio maximal einmal im Jahr oder noch seltener anpassen.

Wir schreiben dieses Buch also für Investoren, für Aktionäre, für Menschen, die Fondsanteile erworben haben, für Daytrader, für Zertifikatehändler, für Hedgefondsmanager, für Handelssystementwickler, für Positions- und Swingtrader, für angehende Börsianer, für Börsenprofis und einfach für Menschen, die sich für die Möglichkeiten der Märkte interessieren.

Da es aufgrund der unterschiedlichen Handelsansätze unmöglich ist, alle Leser einheitlich anzusprechen, verwenden wir verschiedene Begriffe wie Börsianer, Trader, Anleger, Händler oder Investor, was letztlich jedoch im Zusammenhang mit den Inhalten dieses Buches auf das Gleiche hinausläuft.

Wollen auch Sie ein erfolgreicher Anleger werden? Wollen Sie vielleicht sogar in naher oder ferner Zukunft von Ihren Börsengeschäften leben? Es ist möglich, wenn Sie das Thema ganzheitlich angehen. Es ist auch moralisch vertretbar, denn schließlich reden wir ja nicht über Drogen, agieren auch nicht im Rotlichtmilieu, betreiben keinen Menschenhandel und stellen keine Tabakwaren, Massenvernichtungswaffen oder Junkfood her. Wir spekulieren, weil wir uns dadurch einen Vorteil erhoffen, so wie es der Mensch auf verschiedenen Gebieten schon seit Tausenden Jahren gemacht hat, lange bevor die Börsen in ihrer heutigen Form überhaupt existiert haben.

Doch wenn Sie an den Märkten erfolgreich sein wollen, müssen Sie einiges dafür tun. Sie müssen trainieren. Dazu halten Sie das richtige Trainingsgerät bereits in den Händen – dieses Buch! Lesen Sie weiter, denn genau für Sie haben wir es geschrieben. Sie werden sehen: Wenn Sie die Übungen aus dem Abschnitt „Der Plan" regelmäßig und ernsthaft durchführen, wird Sie das ein *mächtiges* Stück voranbringen.

(Daytrading) betreiben. Dabei nutzt der Trader kleinste Kursveränderungen innerhalb weniger Augenblicke, um Gewinne zu realisieren.

Die Börse – eine lange Reise und wie sie anfing

Von Thomas Vittner

Im September 1985 stand ich im Aktenarchiv einer großen österreichischen Versicherung. Vor mir auf einem Postwagen lag ein Berg von Unterlagen, die ich in die Regale einsortieren musste. Ich war gerade einmal 16 Jahre alt und es war der erste Tag meiner Lehre.

Natürlich interessieren einen jungen Menschen andere Dinge als der Job, doch als ich damals nach meinem ersten Arbeitstag heimkam, war ich regelrecht geschockt. Das war es also mit meiner Freiheit? Das ist der sogenannte „Ernst des Lebens", von dem meine Eltern und Großeltern schon immer sprachen? Wo bleibt da Zeit für mein Leben und die Dinge, die ich gerne mache?

Schon relativ früh hatte ich das Gefühl, dass diese Gleichung für mich nicht aufgehen konnte. So übte ich in den nächsten Jahren meinen Job sehr widerwillig aus, denn ich wusste schon damals, was ich wollte. Besser gesagt wusste ich, was ich nicht wollte: einen klassischen, bürgerlichen 40-Stunden-Job. Ich hatte aber keine Ahnung, wie ich mir den vom Hals schaffen konnte.

Trotzdem war es für mich kein Thema, einfach zu kündigen, denn ich musste ja von etwas leben. Das änderte aber nichts daran, dass ich oftmals schlechte Laune wegen meines Jobs hatte. Allerdings wurde mein manchen Freunden gegenüber vorgebrachter Grund „Ich will nicht mehr arbeiten gehen, das macht mich unglücklich" von niemandem ernst genommen, und so galt ich für manche bereits in jungen Jahren als komischer Kauz.

Nach 16 Jahren beim gleichen Unternehmen hatte ich dann wirklich die Nase voll und suchte mir etwas anderes. Doch meine Risikobereitschaft hielt sich in Grenzen. Von Versicherung A wechselte ich zu Versicherung B, stieg allerdings dabei erstmals in eine leitende Position auf. Ich dachte, der Wechsel würde die Dinge neu ausrichten – doch Fehlanzeige: Auch der neue Job änderte an meiner Arbeitsmoral wenig. Im Gegenteil – es wurde nur noch schlimmer. Aber dann kam plötzlich wie aus heiterem Himmel ein Lichtblick!

Ich besuchte ein Seminar über Lebensversicherungen und stolperte regelrecht über die Finanzmärkte und deren Möglichkeiten für Investoren und Spekulanten. Ich biss sofort an und begann mich auf Aktien zu spezialisieren. Intensiv gelesene „Fachliteratur" („Denke nach und werde reich", „Rich Dad, poor Dad" et cetera) ließ den Freiheitsdrang sogar noch stärker werden und so hatte ich bald nur noch ein Ziel vor Augen: Von der Börse und deren Gelegenheiten meinen Lebensunterhalt zu bestreiten und nicht mehr für Geld zu arbeiten, sondern vielmehr das Geld für mich arbeiten zu lassen. Und so sparte ich, wo es nur ging, und las noch mehr Bücher, die mich meinem Ziel, ein erfolgreicher Börsianer zu werden, näherbringen sollten.

In den ersten Jahren lief es mit meinen Börsenaktivitäten jedoch nicht ganz so, wie ich es mir vorgestellt hatte. Ich hörte zwar rasch auf, nach heißen Tipps zu suchen, aber die nachhaltigen Erfolge stellten sich trotzdem nicht ein. Somit lernte ich weiter und sog alles auf, was ich über den Börsenhandel finden konnte. Ich verbarrikadierte mich an den Wochenenden daheim und studierte Buch um Buch, kam aber für mein Empfinden nur recht langsam voran. Gab es etwas, das ich übersah?

Mein letzter bürgerlicher Job

In der Wiener Niederlassung eines großen deutschen Finanzdienstleisters referierte Andreas Fritsch, damals Vorstandsvorsitzender des Unternehmens in Österreich, über Motivation, über die richtige Einstellung beim Verkauf und über Ziele.

Die ganze Zeit dachte ich, er spricht über das Verhalten eines Traders oder Investors, denn die Parallelen waren offensichtlich. Das machte mich neugierig, und wie es der Zufall wollte, saßen ein paar Kollegen und ich wenige Stunden später gemeinsam mit Andreas Fritsch beim Mittagessen. Man plauderte ungezwungen und ich erzählte von meinen Börsenaktivitäten.

Andreas Fritsch interessierte das, und so vereinbarten wir einen Lunch-
termin unter vier Augen. Das war der Beginn einer Freundschaft, die wir
fortan auch auf geschäftliche Belange erweitert haben. Wir erkannten das
gemeinsame Potenzial und beschlossen, es zu nutzen. Dazu muss gesagt werden, dass Andreas damals als CEO auch ausgebildeter Mentaltrainer und Executive Coach war, und sein Wissen sollte sich für meine künf-
tigen Börsenerfolge noch als extrem wertvoll erweisen.

Durch die Gespräche, die ich mit ihm führte, verstand ich erst so richtig,
warum immer wieder geschrieben wird, dass Börse Psychologie ist, und
ich erkannte auch, warum meine Performance hinter meinen Erwartungen zurückblieb. Ich begriff, wie nutzlos die typische Börsenliteratur für
einen Anleger ist, räumte sie beiseite und freundete mich mit einer neuen
Gedankenwelt an. So lernte ich durch die Hilfe von Andreas, wie man
„richtig denkt", und merkte, dass man mit dieser Einstellung an den
Märkten – das passende Fachwissen vorausgesetzt – alles erreichen kann.
Ich wusste auch, dass ich dadurch einen entscheidenden Vorteil gegenüber all jenen hatte, die weiterhin hinter Trading-Regelwerken oder Fundamentaldaten das gelobte Land vermuteten.

Und so wurde ich durch meine Hartnäckigkeit und durch die Geduld von
Andreas Fritsch ein erfolgreicher Börsianer – so erfolgreich, dass mich
mein erster Broker sogar auf die Seminarbühne holte, weil man bemerkt
hatte, dass ich einer der wenigen Kunden war, der regelmäßig Gewinne
einfuhr. Ich hielt noch als Angestellter Seminare für private Trader, und
auch für Roadshows in Deutschland und in Österreich wurde ich engagiert. Allerdings musste ich mir dafür Urlaub nehmen, denn da war ja der
verflixte Job, den ich immer noch am Hals hatte und der mich weniger
denn je interessierte.

Mein Nebenjob gefiel der – inzwischen neuen – Geschäftsleitung (Andreas
hatte sich mittlerweile selbstständig gemacht) gar nicht. Aus heutiger
Sicht verstehe ich das, denn ich war bei einem Finanzdienstleister tätig,
der sein Geld zu 85 Prozent mit dem Verkauf von Fonds und ähnlichen

Produkten verdiente. Da kam ein Mitarbeiter, der als erfolgreicher Trader bekannt war, ungelegen, um es auf den Punkt zu bringen. Außerdem war er darüber hinaus nicht einmal im Bereich „Geldanlage" tätig, sondern befasste sich mit Themen wie Hausrat-, Haftpflicht- oder Gebäudeversicherungen.

Ich wurde letztlich von meinem Arbeitgeber gekündigt und ... freute mich darüber wie ein Kind über Weihnachten. Endlich frei, denn trotz der vielen Erfolge hätte ich vielleicht nie den Mumm gehabt, die Firma zu verlassen und mich mit meinen Geschäften selbstständig zu machen, obwohl ich mir meine Kündigung in einem Urlaub kurz zuvor fest vorgenommen hatte. (Lesen Sie bitte dazu mein Buch „Die Tradingakademie". Dort beschreibe ich diese einschneidenden Momente in meinem Leben aus einem etwas anderen Blickwinkel.[4])

Die Selbstständigkeit von Andreas als Coach und Trainer war außerdem eine gute Gelegenheit, den Kontakt wieder aufzunehmen und die Zusammenarbeit zu vertiefen. Es folgten gemeinsame Projekte: Seminare, ein Projekt Trader TMA (eine Talente-Motivations-Analyse für Trader, die auch auf www.tradingnetzwerk.de angeboten wird) und dieses Buch, welches Sie in den Händen halten, lieber Leser.

Dieses Buch wurde gemeinsam von Andreas Fritsch und mir geschrieben. Es kombiniert die jahrelange Erfahrung eines Börsianers mit dem Know-how eines erfahrenen Coaches und Mentaltrainers, was es in dieser Form bisher noch nie gegeben hat. In diesem Fall gilt die alte Definition für Synergie ganz besonders: 1 + 1 = 3. Dieses Buch wird Ihnen helfen,

---

4 Sollten Sie nicht über ein Smartphone verfügen, hier der traditionelle Link: http://www.amazon.de/Die-Trading-akademie-Gesamtkonzept-B%C3%B6rsen-Erfolg/dp/3898795675/ref=ntt_at_ep_dpt_2

genau jenen Evolutionsschritt zu vollziehen, den ich damals mithilfe von Andreas Fritsch vollzogen habe.

Mit dem Studium der nachfolgenden Kapitel werden Sie es schaffen, Ihr Denken in die richtigen Bahnen zu lenken, denn: Erfolg entsteht im Kopf. Viele Spitzensportler oder Topmanager haben das längst erkannt. Nur der aktive Börsenhändler brütet immer noch über Charts, über Indikatoren oder über Bilanzen und wundert sich, warum er nicht weiterkommt. Damit soll nun Schluss sein. Sie haben ein Recht auf Erfolg! Und der Weg dorthin führt über gezieltes Mentaltraining.

Egal ob Sie Trader oder Investor sind: Begeben Sie sich mit uns auf einen Streifzug durch die menschliche Psyche und optimieren Sie gemeinsam mit uns Ihre Geldanlage! Doch welche Bedeutung hat der Begriff Geldanlage, was ist Geld und womit handeln wir an den Märkten überhaupt? Die nächsten Seiten liefern dafür zunächst einmal ein praktisches Verständnis.

Teil 2

Was ist Geld(anlage)?

In diesem Buch spielt das Wort Geldanlage eine zentrale Rolle. Haben Sie sich schon einmal die Frage gestellt, was Geldanlage überhaupt bedeutet? Welche Formen der Geldanlage gibt es und wie unterscheiden sich die einzelnen Möglichkeiten voneinander? Bevor wir das klären, müssen wir noch einen Schritt weitergehen und uns fragen, was Geld eigentlich ist. Was halten Sie in den Händen, wenn Sie einen 100-Euro-Schein betrachten? Eine Kaufkraft von 100 Euro – richtig. Und damit können Sie eine ganze Menge anstellen. Sie können mit Ihrem Partner einen Abend im Theater verbringen, in einem schönen Restaurant zu Abend essen, sich ein paar Schuhe oder ein hübsches Hemd kaufen, Ihr iPad mit den neuesten Apps bestücken, Ihr Auto volltanken und noch vieles mehr.

Aber warum eigentlich? Das bedruckte Stück Papier ist doch nichts wert. Vermutlich sind es nicht einmal zehn Cent Materialwert, die dieser Schein besitzt, und trotzdem können Sie Waren oder Dienstleistungen dagegen eintauschen. Warum das? Geld hat nur deswegen einen Wert, weil wir darauf vertrauen, dass es auch in Zukunft noch einen Wert besitzt, weil wir es so wollen und weil wir an das System dahinter glauben. Aber die Dinge können sich rasch ändern.

Während ich diese Zeilen schreibe, steckt die Welt in einer tiefen Schulden- und Finanzkrise. Ein Staat nach dem anderen bekommt Probleme, weil er seine Verbindlichkeiten nicht mehr bedienen kann. Sogar die Kreditwürdigkeit der USA wurde von den Ratingagenturen herabgestuft, was bis vor wenigen Monaten noch undenkbar schien. Griechenland steht vor dem Bankrott, Italien, Portugal und Spanien müssen sich anstrengen, dass es ihnen nicht genauso geht. Ja sogar der Euro wackelt und manche sprechen schon vom Zerfall der Währungsunion.

Die Abwärtsspirale ist also in vollem Gang, Sparen ist auf breiter Front angesagt und natürlich rebelliert das Volk gegen diese Sparmaßnahmen. Aber die Menschen demonstrieren nicht nur wegen der Einsparungen, sondern auch deswegen, weil sie langsam das Vertrauen in das System verlieren. Und das ist wesentlich. Denn Geld ist materialisiertes Vertrauen und deshalb ist Geld mit Emotionen behaftet. Genau genommen ist Geld eine gedruckte Emotion.

Wo wird das Geld gemacht? In den Pressen der Notenbanken. Ja – aber dort wird nur der Schein produziert, nicht dessen Kaufkraft und damit auch nicht die damit verbundenen Emotionen. Die mit dem Geld verbundenen Gefühle wie Angst oder Gier werden dem Papier erst in den Köpfen der Menschen hinzugefügt.

Daher ist es auch so wichtig, beim aktiven Börsenhandel seinen Kopf zu gebrauchen, allerdings auf eine andere Art und Weise, als es die meisten Spekulanten gerne tun. Das bedeutet vorerst Folgendes: Wir handeln an den Märkten zwar mit Geld, wir handeln aber keine Unternehmens- oder sonstigen realen Werte, sondern wir handeln unsere Gefühle. Und wir tätigen nur deshalb an den Märkten ein Geschäft, weil wir bestimmte Erwartungen damit verbinden.

An den Börsen werden zwar große Vermögen gehandelt, in Wahrheit handeln wir aber unsere Emotionen, und das erklärt, warum Befindlichkeiten und Launen der Marktteilnehmer die Kurse immer wieder gehörig in Bewegung setzen. Wenn wir daher von Geldanlage sprechen, könnten wir auch davon sprechen, dass wir unsere Emotionen an den Börsen anlegen. Und dann wird plötzlich vieles verständlich.

Sie kennen bestimmt die Aussage: Angst und Gier bewegen die Notierungen, egal ob Aktienkurse, Währungen, Gold oder Öl. Gerade bei Gold ist das offensichtlich. Das Edelmetall boomte in den letzten Jahren deshalb so stark, weil es als Fluchtwährung gilt. Immer mehr Menschen verlieren das Vertrauen in unser Wirtschaftssystem und tauschen deshalb ihr Geld in Gold um.

Doch was ist Angst, was ist Gier und was bewegt die Kurse wirklich? Angst ist etwas Unspezifisches, wie uns Andreas Fritsch noch erklären wird. Wenn Sie Börsianer fragen, wovor diese in einer Krise Angst haben, werden

Sie sehr viele verschiedene Antworten bekommen – oder gar keine. Nach meiner Überzeugung ist Gier auch eine Form der Angst, nämlich die Angst davor, nicht genug zu bekommen.

Gier entsteht, wenn Menschen das Gefühl haben, zu kurz zu kommen bei etwas, das ihnen sehr wertvoll erscheint. Gier macht blind, Gier macht eine objektive Betrachtungsperspektive unmöglich. Und Gier wird durch die Realität enttäuscht – regelmäßig!

Nur so ist es zu erklären, warum manche Unternehmen nach Veröffentlichung eines eigentlich guten Quartalsberichtes am nächsten Tag mit einem Kursabschlag von 15 Prozent oder mehr in den Handel gehen – und das alles nur, weil sich der Vorstand bei der Pressekonferenz zu sagen traute, dass das Gewinnwachstum aufgrund von Einmaleffekten im nächsten Quartal nicht zehn bis 15 Prozent, sondern nur zehn bis zwölf Prozent betragen könnte.

Emotionen und die damit verbundene Nervosität sind auch der Grund, warum ganze Märkte in wenigen Stunden um zehn Prozent steigen und fallen können, wie beispielsweise der DAX am 10. August 2011. Es gibt trotzdem noch immer Menschen, die behaupten, die Märkte verhielten sich rational und effizient. Doch diese Leute sehen den Wald vor lauter Bäumen nicht.

Betrachtet man den Kapitalismus als Ganzes, erkennt man, dass er nur auf einem aufgebaut ist: auf Vertrauen. Darum versucht die Politik, Banken zu retten. Darum setzt man alles daran, Staaten wie Griechenland oder Italien vor der Pleite zu bewahren. Ist das Vertrauen verloren, ist unsere Gesellschaft verloren. Machen die Banken zu, dann ist es vorbei. Geld hat keinen Wert mehr außer dem des Papiers, auf dem es gedruckt ist. Und solche Zeiten möchte keiner von uns (wieder) erleben, glauben Sie mir!

Anmerkung: Dazu möchte ich Ihnen einen wunderbaren alten Film mit James Stewart in der Hauptrolle ans Herz legen. Der Filmtitel lautet „Ist das Leben nicht schön?" Es ist kein Börsenfilm, sondern vielmehr ein schönes, altes Märchen. Trotzdem werden einige wirtschaftliche Zusammenhänge – einfach, aber korrekt – thematisiert. Eine Szene des Streifens zeigt die Situation, in der die Bank des Ortes schließen muss. In einer herzzerreißenden Rede versucht James Stewart, den kompletten Zusammenbruch zu verhindern. Ein absolut sehenswerter Hollywood-Klassiker, der besorgniserregende Parallelen zu unserer Zeit enthält.

Geld ist damit also Vertrauen zum Anfassen. Börse ist Handel mit der Angst. Das ergibt einen sehr gefährlichen Cocktail für diejenigen, die die Rezeptur nicht kennen. Wer sich von diesem Cocktail einen Schluck gönnen möchte, muss wissen, worauf er sich einlässt. Was tut jedoch ein angehender Börsianer? Er besorgt sich Fachliteratur, um zu lernen, weil er es so gewohnt ist, und glaubt, die Aufgabe auf diesem Weg zu bewältigen. Er verinnerlicht Wissen, wo er nur kann. Er besucht ein Seminar nach dem anderen und liest Bücher, in denen vermeintlich geschrieben steht, wie man erfolgreich an den Märkten spekuliert. Das ist ja nicht falsch, aber es reicht bei Weitem nicht.

Bei vielen Anlegern ist die Ausbildung unvollständig, weil sie etwas Entscheidendes übersehen, weil es ein „Missing Link" gibt, ein Thema, das die meisten abfällig beiseitewischen: die mentale Stärke (oder Schwäche) eines Menschen. Auch wenn der Begriff „mentale Stärke" an dieser Stelle noch unscharf ist, dürfte sein Kern, das, worum es geht, relativ eindeutig sein: das richtige Denken, die richtige Einstellung und vor allem der Glaube an die Sache. Diese Faktoren spielen bei allen Entscheidungen rund um Vermögenswerte eine ganz entscheidende, wahrscheinlich *die* entscheidende Rolle überhaupt.

Doch zunächst müssen wir die Fragen klären, welche Formen der aktiven Geldanlage existieren und wie man an den Märkten agieren kann, damit Sie unseren Ausführungen mit den zahlreichen Praxisbeispielen besser folgen können.

Welche Arten der Börsenspekulation existieren?

Anmerkung: Wir wollen uns in diesem Buch ausschließlich mit der Spekulation an den Börsen dieser Welt beschäftigen. Trotzdem gilt das Gesagte natürlich auch für andere Formen der Spekulation wie zum Beispiel den Kauf oder Verkauf von Grundstücken, teurem Wein oder Kunstgegenständen.

Es soll zunächst darum gehen, die Begriffe Trading und Investing zu spezifizieren. Was unterscheidet beide Segmente, was trennt und was eint sie? Und gibt es gar etwas Verbindendes zwischen diesen beiden Welten? Dazu muss man etwas ausholen.

Als ich mit dem Börsenhandel anfing, hatte ich keine Ahnung, dass so etwas wie Trading existiert. Ich eröffnete ein Konto bei einem großen Online-Broker und kaufte ein paar Blue Chips. Zum meinem Pech war das Marktumfeld damals schwach und meine Investments verloren stark an Wert. Schließlich konnte ich die Verluste nicht mehr ertragen und verkaufte alles völlig entnervt. Ich wollte von den Börsen einfach nichts mehr wissen.

Wenige Wochen später ging es wieder aufwärts mit den Notierungen. Ohne offene Positionen stand ich da und beobachtete ungläubig, wie die Märkte einen Tag nach dem anderen stiegen. Ich fluchte, wartete auf eine Korrektur, damit ich wieder einsteigen konnte, doch die kam nicht. Ich war fuchsteufelswild und zweifelte an meinem Verstand. Was ging da ab? Das konnte doch nicht *so* schwierig sein?!

Darauf folgte eine Marktphase, in der die Notierungen wild hin und her schwankten. Blue Chips gewannen an einem Tag acht Prozent, um am nächsten Tag zehn Prozent zu verlieren und umgekehrt. Und das ging einige Zeit lang so. Je länger ich dieses Spiel beobachtete, desto mehr dachte ich: „Na, das ist einfach". Wenn ich immer wieder kaufe und verkaufe, könnte ich an jedem Tag im Mittel neun Prozent Gewinn einfahren und nach wenigen Wochen hätte ich alle Verluste hereingeholt. Hätte! Ohne es zu wissen, wechselte ich die Seiten.

Ich war vom Investor zum Trader geworden, obwohl ich mich nach heutigem Wissensstand wohl keinem der beiden Lager zuordnen durfte. Ich war bestenfalls ein Zocker, der nicht wusste, was er tat, und dafür prompt die Rechnung präsentiert bekam. Denn natürlich waren meine ersten Trading-Ambitionen genauso zum Scheitern verurteilt wie meine Bemühungen beim Investing. So verlor ich immer mehr Geld und es hatte für mich den Anschein, dass nichts funktionierte. Und wenn Andreas Fritsch nicht gewesen wäre, weiß ich nicht, wo ich heute stehen würde. Ich kriegte letztlich – wie es so schön heißt – die Kurve, aber andere haben nicht das Glück, einen Mentaltrainer zum Freund zu haben.

Doch was bedeutet es überhaupt, von zwei Seiten der Geldanlage zu sprechen? Sind Trading (kurzfristig) und Investing (langfristig) das Gleiche und nur der Zeithorizont ist unterschiedlich? Versuchen wir zunächst diese Frage zu klären.

Was ist Investing?

Investing nennt man das Einbringen oder Entleihen von Kapital in diverse (Unternehmens-)Projekte. Dabei bedient sich der Investor verschiedener Instrumente und/oder Assetklassen. Investitionsobjekte können Einzelaktien genauso sein wie Fonds, ETFs[5], Anleihen und vieles mehr. Diese Art der Spekulation ist im Regelfall langfristig angelegt, denn wenn Sie investieren, werden Sie Ihre Beteiligung eine Zeit lang halten müssen, damit es

---

5 ETF ist die Abkürzung von „Exchange Traded Fund". Bei dieser Anlageklasse handelt es sich um börsengehandelte Investmentfonds. Anstelle eines Erwerbs über eine emittierende Investmentgesellschaft können die Anteile über die Börse gehandelt werden, was diese Produkte im Regelfall günstiger macht.

zu einem Wertzuwachs kommt und sich das Geschäft so entwickelt, wie Sie es als Geldgeber vorhergesehen oder gewünscht haben. Investing braucht Zeit und hat nichts mit dem täglichen Auf und Ab der Börsen zu tun. Natürlich will ich billig kaufen und teuer verkaufen und dazu müssen sich die Notierungen verändern. Die täglichen Kursschwankungen, das Marktrauschen, sollte ein Investor jedoch gelassen sehen, besser gesagt: *nicht* sehen oder *nicht* beachten. Denn real gesehen ist kein börsennotiertes Unternehmen drei Prozent weniger wert, nur weil sich von einem Tag auf den anderen dessen Kurs um diesen Prozentsatz verändert hat. Ein Investor verschafft sich immer zuerst einen fundamentalen Überblick über sein anvisiertes Investmentziel, indem er sich dessen Wert genau ansieht. Dabei kann er Bilanzen analysieren, Wirtschaftszyklen studieren, Analystenmeinungen einholen, Börsenmagazine lesen oder seinen Bankberater fragen (die schlechteste der hier angeführten Möglichkeiten). Findet er Geschmack an dem, was er sieht, und ist diese Beteiligung nach seinem Ermessen günstig zu erwerben, bindet er sein Kapital auf längere Zeit. Investoren stellen daher Fundamentaldaten an die erste Stelle und legen Geduld an den Tag.

Was ist Trading?

Es ist gar nicht so einfach, die Tätigkeit eines Traders in einem Satz zu beschreiben. Ich versuche es mit folgender Definition:

> Trading ist das (kurzfristige) Kaufen und Verkaufen von Finanzinstrumenten mit dem Ziel, Kursschwankungen auszunutzen.

Diese Definition ist bestimmt nicht perfekt. Sie ist auch etwas unscharf, weil darin das Wort „kurzfristig" vorkommt und dieses darüber hinaus in Klammern gesetzt ist. Warum? Trading kann man mit verschiedenen Zeithorizonten und in unterschiedlichen Zeiteinheiten betreiben. Es gibt sogenannte Scalper, die jede Position nur ein oder zwei Sekunden halten, und es gibt Trader, die sich auf Trends spezialisieren und die einen Trade ein Jahr oder länger im Depot halten.

Überdies ist jeglicher Zeitbegriff „relativ". Was für den einen kurz bedeutet, ist für den anderen schon ein unsäglich langes Martyrium. Die Zeit ist also nicht der allein entscheidende Faktor, der das Trading vom Investing unterscheidet. Was ist es dann?

Konzentrieren wir uns dazu nochmals auf die obige Definition. Darin sind die Wörter „Kursschwankungen auszunutzen" am bedeutendsten. Es geht also darum, aus den Veränderungen der Kurse einen Vorteil zu generieren. Das ist alles.

Ein Trader kümmert sich daher nicht um fundamentale Zusammenhänge. Er liest im Regelfall keine Wirtschaftsnachrichten (außer aus persönlichem Interesse) und verwendet meistens auch keinen Nachrichtenticker.[6] Der Trader versucht mit einem mehr oder weniger systematischen Ansatz aus den Veränderungen der Notierungen einen Vorteil zu ziehen. Ob er dabei Charts verwendet, mit Indikatoren aus der Technischen Analyse arbeitet oder andere Tradinglogiken benutzt, tut nichts zur Sache. Dabei ist ihm jedes Mittel recht, und das ist weder etwas Negatives noch Unanständiges, es ist bloß die Eigenart dieses Geschäftsmodells.

Trader verdienen darüber hinaus mit steigenden Kursen genauso Geld wie mit fallenden, was ein weiteres Unterscheidungsmerkmal zwischen Investoren und Tradern darstellt. Ein Trader kann also in Bullen- und Bärenmärkten Geld verdienen. Dabei kann er sich wie der Investor an Einzelaktien halten oder er handelt mit Zertifikaten, Optionsscheinen, Futures, CFDs, ETFs oder anderen Produkten. Ein Investor muss hingegen auf die nächste Hausse seines Instruments hoffen und Bärenmärkte durchstehen.

Anmerkung: Es gibt auch die Möglichkeit des „fundamentalen Shorts". Dabei spekuliert man bei börsennotierten Unternehmen auf deren Niedergang,

---

6 Eine Variante des Tradings ist das sogenannte Newstrading. Bei diesem Tradingstil versucht der Händler, noch nicht in den Kurs eingepreiste Nachrichten zu seinem Vorteil auszunützen.

indem man einen langfristigen Leerverkauf tätigt. Da diese Strategie aber nicht besonders häufig verwendet wird, wollen wir diese Variante außen vor lassen.

Die Grauzone dazwischen

Gibt es einen Handelsstil, der dazwischen liegt? Ja, doch er ist schwer zu beschreiben – am ehesten noch mit den Begriffen „Value Trading" oder „fundamentale Spekulation". Dabei versucht der Händler, krasse Unterbewertungen verschiedener Assets mit meist mittelfristigem Zeithorizont auszunutzen. Er hält seine Position also nur so lange, bis der Markt diese Fehlbewertung absorbiert, arbeitet oftmals mit Charts oder Indikatoren sowie unter Umständen sogar mit einem klassischen Stop-Loss, der sonst bei reinen Investoren eher verpönt ist. Interessanterweise gehören zwei berühmte Börsenpersönlichkeiten zu dieser Gruppe: André Kostolany und Jesse Livermore.

Soweit es bekannt ist, waren beide weder klassische Investoren, die Bilanzen analysiert, noch Trader, die mit Charts oder Indikatoren gearbeitet haben. (Bei Jesse Livermore muss man ergänzen, dass er vor ungefähr 100 Jahren gelebt hat. Damals standen den Börsenhändlern natürlich noch nicht die technischen Möglichkeiten der heutigen Zeit zur Verfügung.) In jedem Fall agierten beide hochspekulativ, ohne sich eindeutig der Gruppe der Trader oder der Investoren zuordnen zu lassen.

Was alle Handelsansätze verbindet

Trader, Investoren und Value Trader müssen Entscheidungen treffen, zu welchem Zeitpunkt (Timing!) sie ein Geschäft tätigen. Dazu sei gesagt, dass das Timing umso wichtiger ist, je kurzfristiger der Zeithorizont eines Spekulationsgeschäfts angelegt ist. Ebenso müssen alle Börsianer darauf achten, dass sie ein Ausstiegsszenario entwickeln, und zwar in zweierlei Hinsicht: Sie müssen zunächst wissen, wann sie ein Geschäft wieder abstoßen, wenn es sich nicht so entwickelt, wie es geplant war. Außerdem sollten Händler ein Regelwerk parat haben, wann, wie und ob sie aufgelaufene Gewinne realisieren. Natürlich bedienen sie sich dabei ganz anderer Logiken, denn das Exit-Szenario eines Investors sieht ganz bestimmt anders aus als das eines Traders. Dazu ein kurzer Exkurs.

Exkurs: Einstiegs- und Ausstiegsszenarien von Börsianern – aus Sicht eines Profis

Der Einstieg in ein Börsengeschäft kann auf einen singulären Einzelfall ausgerichtet sein, zum Beispiel: Nach der Erdbeben- und Atomkatastrophe in Japan im Jahr 2011 investiere ich in den japanischen Aktienmarkt, um vom Wiederaufbau zu profitieren.

Der Plan kann aber auch ganz allgemein gehalten werden, um eine Duplizierbarkeit zu erreichen: Wenn ein KGV von X erreicht wird, kaufe ich, wenn sich zwei gleitende Durchschnitte schneiden, gehe ich long, wenn der „Relative-Stärke-Index" (RSI) den Level 70 von oben nach unten durchkreuzt, gehe ich eine neue Short-Position ein.

Anmerkung zum KGV:

Beim KGV (Kurs-Gewinn-Verhältnis) handelt es sich um eine Kennzahl aus der Fundamentalanalyse, um Aktien in Relation zu deren Gewinn als billig oder teuer einstufen zu können. Details zum KGV finden Sie unter folgendem QR-Code[7]:

Anmerkung zum „Gleitenden Durchschnitt" und zum „Relative-Stärke-Index" (RSI):

---

7 Oder unter folgendem Link: http://boersenlexikon.faz.net/kursgewi.htm

Bei beiden Begriffen handelt es sich um Indikatoren aus der Technischen Analyse. Details zu Gleitenden Durchschnitten, die Trendfolge-Indikatoren repräsentieren, finden Sie hier[8]:

Infos zum RSI finden Sie hier[9]:

Ebenso wird der Ausstieg bei unterschiedlich ausgerichteten Börsenstrategien anders motiviert sein. Auch hier wird bis zu einem gewissen Grad die Duplizierbarkeit im Vordergrund stehen. Ich verkaufe, wenn das Unternehmen X wieder schwarze Zahlen schreibt. Oder ich stoße mein Investment auch mit Verlusten ab, wenn der Gewinn pro Aktie im nächsten Quartal nochmals um zehn Prozent sinkt. Ich steige aus meinem Trade aus, wenn das Tief der letzten X Perioden (Woche, Tag, Stunde et cetera) nach unten durchbrochen wird.

Gewinne realisiere ich hingegen beim Kursziel Y. Dort platziere ich auch gleich meine Verkaufsorder. Oder ich verwende einfach einen klassischen Stopp, der zum Beispiel unter dem Tief der letzten Woche platziert wird. Man kann auch mit zeitbasierenden Ausstiegen arbeiten (nach zwölf Tagen beende ich den Trade). Die Möglichkeiten sind vielfältig und würden den Rahmen dieses Buches sprengen.

---

8 Oder unter folgendem Link: http://de.wikipedia.org/wiki/Trendfolgeindikator
9 Oder unter folgendem Link: http://de.wikipedia.org/wiki/Relative_Strength_Index

Muss es immer ein exaktes Regelwerk sein? Kann man auch ohne aus-kommen und im Einzelfall mal so und mal anders entscheiden? Man kann! Aber Achtung: Börsianer, die nach außen hin scheinbar intuitiv und ohne Leitfaden agieren, arbeiten unbewusst sehr wohl bestimmte Regeln ab, sind sich dessen vielfach aber nicht bewusst (Referenzerlebnisse, Er-fahrungswerte et cetera). Dazu kommen wir später noch.

Resümee

Der kleinste gemeinsame Nenner der Spekulation an den Finanzmärkten ist aus fachlicher Sicht in jedem Fall eine Strategie (Regelwerk, Methode et cetera) und darüber machen sich Händler viele Gedanken. Dazu gibt es auch genügend Aus- und Weiterbildungsmöglichkeiten, wie schon ausge-führt wurde. Trotzdem: Obwohl sich viele Börsianer fachlich weiterbilden, kommen sie in ihren Bemühungen, die Spekulation zu erlernen, nicht so richtig voran.

Sie wissen alles über ihre Märkte und ihren Handelsansatz, aber sie können ihr Know-how in der täglichen Praxis nicht korrekt umsetzen. Es scheint immer etwas zu geben, was sie (noch) nicht wissen, das sie über-rascht und somit am Erfolg hindert.

Das bereits erwähnte „Missing Link" wird selten gefunden, egal wie viel Wissen man anhäuft. In den meisten Fällen gibt der ambitionierte Trader oder Investor nach wenigen Monaten seine Bemühungen auf und wendet sich von den Märkten ab. Aber welches Puzzleteil wird hier so verzwei-felt gesucht und nicht gefunden? Erneut sind wir beim richtigen Denken angelangt. Aber warum ist richtiges Denken über Fachwissen zu stellen? Im nächsten Kapitel werden wir diese Frage beantworten.

Teil 3

Der Schlüssel zum (Börsen-)Erfolg

Wir haben auf den vorangegangenen Seiten darüber gesprochen, auf welche Art und Weise man an den Märkten spekulieren kann. Dabei wurde ein wenig auf das Geschäftsmodell eines Investors oder eines Traders geblickt und bei genauem Hinsehen konnten wir trotz der großen Unterschiede auch zahlreiche Parallelen entdecken. Ein wesentlicher Erfolgsfaktor erfolgreicher Anleger ist, dass sie beide Seiten der Medaille – Technik und richtiges Denken – verbinden können. An der Börse gilt: Richtiges Handeln – anfangs natürlich auf niedrigem Niveau – führt zu richtigem Denken und das wiederum nährt das richtige Handeln. Dies ist ein interessanter Kreislauf, wenn man den richtigen „Eingang" in diese Spirale des Erfolgs findet. Blicken wir deshalb auf jenes Werkzeug, das uns Menschen auf diesem Planeten so einzigartig macht und von anderen Lebewesen unterscheidet: auf unser Gehirn. Wir sprechen nun darüber, warum mentale Stärke, Fokus und Konzentration zentrale Elemente des Börsenerfolgs sind, egal auf welchem Weg Sie es versuchen.

Warum mentale Aspekte bei der Geldanlage so wichtig sind

Es gibt Börsenhändler, die für Außenstehende unauffällig agieren und simple Strategien verwenden, sodass man den Eindruck haben könnte, sie besäßen unzureichendes Fachwissen. Doch diese Händler haben wider Erwarten Erfolg, weil sie sich auf etwas besinnen, was den anderen fehlt. Dabei handelt es sich nicht etwa um ein geheimes Trading-System oder einen perfekten Algorithmus.

Die wichtigste Grundvoraussetzung für einen wirklich nachhaltig erfolgreichen Börsianer ist seine mentale Verfassung. Wie wir schon gesehen haben, geht es beim gesamten Themenkomplex Geldanlage und Börse um Vertrauen und um Emotionen. Daher ist es logisch, dass auch der Erfolg an der Börse zum großen Teil aus diesen Komponenten besteht, was Andreas Fritsch weiter begründen und ausführen wird.

Die mentale Konstitution prägt das Verhalten eines Börsianers vollständig. Sie prägt den Umgang mit Angst, sie prägt das Risikobewusstsein, Gier, Wut und Rache. Sie prägt aber auch den Umgang mit dem persönlichen Umfeld, den Reaktionen von wichtigen Menschen auf Misserfolg, aber auch auf Erfolge. Meist sind es sogar gerade die Erfolge, die uns am häufigsten Probleme bereiten, haben wir doch oft nicht gelernt, adäquat mit ihnen umzugehen. Thomas, hast du dafür ein praktisches Beispiel?

Ein aktiver Anleger muss lernen, mit Gewinnen und Verlusten richtig umzugehen. Man sollte annehmen, dass die Gewinne nicht das Problem darstellen. Im Prinzip stimmt das auch – sofern sie realisiert wurden. Aber solange ein Geschäft noch läuft, ist es oftmals genau umgekehrt. Das ist auch einfach zu erklären.

Bei Investments, die ins Minus rutschen, besteht zum einen immer die Möglichkeit, dass sich das Blatt doch noch wendet. Die Hoffnung stirbt also zuletzt, und so wartet man darauf, dass alles wieder gut wird und zumindest der Einstandskurs erreicht wird. Handlungs- und entscheidungstechnisch ist in diesen Fällen nichts zu tun. Alternativ verwendet man beim Trading gerne einen im System liegenden Stop-Loss und wartet, ob er greift und das Geschäft somit beendet wird. Man könnte also sagen: Der böse Spuk wird von ganz alleine beendet!

Anmerkung: Wie in meinen beiden Trading-Büchern („Das Trader-Coaching" und „Die Tradingakademie") möchte ich auch an dieser Stelle anmerken, dass fortgeschrittene Trading-Strategien auch ohne klassischen Stop-Loss auskommen können. Diese Strategien sollten aber nur von erfahrenen Tradern eingesetzt werden, weil sie ein tieferes Marktverständnis voraussetzen.

Natürlich könnte es sein, dass manche Trader auch bei auflaufenden Papierverlusten Probleme bekommen und einen (weiteren) Mistrade unter Umständen nicht ertragen. Somit wird auf einen schützenden Stopp verzichtet, dieser weiter weg gesetzt oder gar gelöscht, was letztlich fatal enden kann. Trotzdem beobachten wir dieses Verhalten bei unseren Klienten selten. Vielmehr sind es die (Papier-)Gewinne, die einem Börsianer zu schaffen machen. Das wundert Sie? Sehen wir weiter.

Das große Problem ist der richtige Umgang mit Gewinnen. Denn es stellt sich die Frage, was man damit tun soll: mitnehmen, laufen lassen, Stopp nachziehen, wohin nachziehen, Stopp unverändert belassen? Hier sind Entscheidungen zu treffen, doch welche Entscheidung ist die richtige?

Anmerkung: Natürlich haben die meisten Händler für diesen Fall ein Regelwerk vorbereitet. Wenn jedoch die unrealisierten Gewinne einem sozusagen ein „Loch in die Tasche" fressen, wird dieser Leitfaden gerne – manchmal unter fadenscheinigsten Ausflüchten – über Bord geworfen.

Viel später erst bemerkt man, dass es gerade beim Trading für Einzelfälle keine richtige Entscheidung geben kann, zumindest nicht nach üblichem Ermessen. Denn niemand kann in die Zukunft blicken, und erst später werden wir wissen, was rückblickend gesehen „richtig" war.

Aber halt! Gibt es nicht doch so etwas wie eine richtige Entscheidung? Ja, aber nur ganzheitlich betrachtet. Sie müssen eines bedenken: Aus fachlicher Sicht existiert an der Börse nur ein Gesetz – „Das Gesetz der großen Zahl", das den Einzelfall negiert und nur die Masse der Geschäfte berücksichtigt. In diesem Zusammenhang gibt es sehr wohl gute und schlechte Entscheidungen.

Unter folgendem QR-Code[10] finden Sie dazu eine Erläuterung zum „Gesetz der großen Zahl".

---

10 Oder unter folgendem Link: http://de.wikipedia.org/wiki/Gesetz_der_gro%C3%9Fen_Zahlen

Trotzdem: Die getroffenen Entscheidungen müssen auch auf die eigene Psyche abgestimmt sein. Denn nicht immer sind die performantesten Systeme jene, die man aktiv traden sollte. Ein Beispiel: Was nutzt Ihnen ein Handelssystem, das eine jährliche Performance von 25 Prozent verspricht, wenn der zu erwartende maximale Drawdown 55 Prozent beträgt? Praktisch würde das bedeuten, dass der Zeitpunkt kommen wird, wo Sie mit diesem Handelsansatz die Profite zweier Jahre abgeben müssen. So ein System können Sie im echten Leben nie traden. Warum? Weil Sie den Drawdown nicht ertragen und somit zwangsläufig Ihr System aussetzen werden. Wenn Sie mir das nicht glauben, müssen Sie es ausprobieren, aber sagen Sie nicht, ich hätte Sie nicht gewarnt.

Dabei spreche ich hier ja keinesfalls nur von Trading-Systemen, sondern vielmehr von allen Möglichkeiten, wie man an den Börsen spekulieren kann. Es gibt bestimmte Gesetzmäßigkeiten bei Handelsansätzen und dabei spielt es keine Rolle, ob Sie diskretionärer Trader, Investor oder Systemtrader sind. Dazu kommen wir später noch. Aber lassen wir Andreas wieder zu Wort kommen. Erläutere uns doch bitte an dieser Stelle ein paar Hintergründe zu Entscheidungen generell und wie wir (aus mentaler Sicht) Entscheidungen in der Regel treffen (oder auch nicht).

Gute Entscheidungen werden meistens dann getroffen, wenn wir innerlich und äußerlich ganz auf das fokussiert sind, was wir tun. Äußere Störungen können wir leicht ausschalten, indem wir uns ein ruhiges Umfeld suchen. Innere Unruhe, Getriebenheit, Angst und Stress sind Störungen, Saboteure, die sich nicht so leicht ausschalten lassen. Denn all diese beeinflussenden Faktoren werden fast immer von unserem Unterbewusstsein gesteuert, das letztlich nichts weiter ist als ein riesiger Suppentopf voller Erfahrungen, Erlebnisse, Informationen und Wissen.

Aus diesem Grund ist der zweite Aspekt für gute Entscheidungen sehr wichtig: Erfahrung. Wenn Sie über einen reichen Erfahrungsschatz verfügen, dann steht Ihnen dieser immer zur Verfügung. Oft ist aber der Zugang zu diesem Schatz durch Stress, Angst oder Mutlosigkeit verschlossen. Menschen, die über diesen über Jahre erworbenen Erfahrungsschatz verfügen, sind grundsätzlich auch imstande, auf ihn zuzugreifen – unter bestimmten Voraussetzungen.

Erfahrung und Fokus

Ein fokussierter Mensch ist besser imstande, auf seinen im Unterbewusstsein abgespeicherten Erfahrungsschatz zuzugreifen und damit die richtigen Entscheidungen zu treffen. Dieser Fokus tritt ein, wenn wir uns über das, was wir tun, sehr bewusst sind, wenn wir einen gesunden Zugang zu unserem Selbstbewusstsein besitzen. Wir wissen also grundsätzlich, dass wir das, was wir da gerade tun, beherrschen, sind uns aber auch darüber im Klaren, dass wir gut aufpassen müssen und nicht übermütig werden dürfen, vergleichbar einem Hubschrauberpiloten beim Kunstflug oder einem Extrembergsteiger in der Wand. Wir werden im Laufe des Buches noch sehr häufig auf diesen Fokus zu sprechen kommen und ich werde Ihnen viele einfache, aber höchst wirksame Techniken und Methodiken näherbringen, wie Sie selbst Ihren eigenen Fokus verbessern und damit die Qualität Ihrer Entscheidungsfähigkeit deutlich steigern können.

Der amerikanische Hirnforscher Michael Gazzaniga[11] hat über viele Jahre die Auswirkungen des Unterbewusstseins auf unsere Entscheidungen untersucht. Seine Untersuchungen haben gezeigt, dass sich

---

11 Michael Gazzaniga: „Who's in Charge? Free Will and the Science of the Brain", Ecco, New York.

Entscheidungen schon 300 Millisekunden, bevor sie bewusst getroffen werden, im Gehirn abzeichnen. Ein Großteil der Arbeit, die das Gehirn leistet, läuft gänzlich unbewusst ab. Ein erfahrener Börsenhändler zum Beispiel sitzt an seinem Bildschirm und liest eine bestimmte Information. Sein Gehirn bekommt also Input und entwickelt daraus in Sekundenbruchteilen eine Hypothese darüber, was diese Informationen bedeuten. Und alle diese Informationen, diese Erfahrungen, die wir neu machen und bereits vor vielen Jahren gemacht haben, verdichten sich über die Zeit zu einem Glauben darüber, wie die Welt funktioniert. Oft denken wir bei solchen Entscheidungen an Intuition. Intuition kann aber nur dann funktionieren, wenn uns die Erfahrungen zur Verfügung stehen. Das Verblüffende daran ist, dass das alles automatisch abläuft. Wir haben auf das Ergebnis keinen großen Einfluss. Um nun wirkungsvoll auf die Basis unserer Entscheidungen zugreifen zu können, also einen guten „Zugang" zu unserem Unterbewusstsein mit all den dort gelagerten Informationen und Strukturen schaffen zu können, brauchen wir vor allen Dingen eins: ein möglichst großes Maß an Gelassenheit und einen möglichst konzentrierten Fokus auf das, was wir gerade tun, um unsere einmal gemachten Erfahrungen wirklich nutzen zu können. Was denkst Du, Thomas, trifft ein Börsianer seine Entscheidungen aus praktischer Sicht richtig?

Ein Händler braucht vor allem Ruhe bei seinen Entscheidungen. Die Vorstellungen vom wild gestikulierenden Spekulanten, der hektisch im Raum hin und her läuft und der ständig „Kaufen" oder „Verkaufen" ins Telefon brüllt, sind ein Mythos. Ein erfahrener Börsianer hat einen Plan, eine Strategie. Diese gilt es in aller Stille aus- und abzuarbeiten und zu verinnerlichen. Sie wird nicht in jeder einzelnen Situation hinterfragt, sondern ausgeführt. Und das läuft meist total unspektakulär ab.

Das alles versteht man als Einsteiger aber nicht, weil im Alltag ganz andere Spielregeln gelten als an der Börse. Ursache ergibt an den Märkten nicht Wirkung. Kausalität, die wir aus dem täglichen Leben kennen, ist nicht oder kaum existent. Der DAX steigt nicht, weil der Ölpreis fällt. Der Dollar verliert nicht an Wert, weil die USA mehr Schulden machen. Der Kurs Ihres Investments fällt nicht unbedingt nur deshalb, weil Sie die Zukunftsaussichten des Business falsch eingeschätzt haben, sondern weil es in den letzten Wochen zu viel Verkaufsdruck an den Märkten gab. Ihr Trade wird nicht mit einem Minus von 3,5 Prozent beendet, weil das Timing schlecht war, sondern weil Ihnen der Zufall und die Wahrscheinlichkeit nun eben einen „Verlust-Trade" zugeteilt haben.

Die Medien versuchen aber, uns die Börse kausal zu erklären – weil wir wissen wollen, warum die Dinge geschehen. Und warum wollen wir das wissen? Weil wir daraus zu lernen versuchen, um das nächste Mal eine vermeintlich bessere Entscheidung zu treffen. Dazu hat Andreas noch ein paar interessante Gedanken für uns.

Ich gehe jetzt noch einen Schritt weiter und greife die wissenschaftlichen Erkenntnisse von Michael Gazzania erneut auf. Was dieser kluge Mann im Rahmen seiner Forschungen festgestellt hat, war nämlich, dass unser Gehirn über einen sogenannten Interpretor verfügt, der in der linken Gehirnhälfte angesiedelt ist (also dort, wo Logik, System, Struktur und Analytik des Menschen sitzen). Dieser Interpretor löst nun genau das aus, was du eben beschrieben hast. Er interpretiert die Informationen, die uns gerade serviert werden, und macht sie passend zu unseren unterbewussten Erfahrungen.

Er interpretiert also all das, was wir aufnehmen, vor dem völlig individuellen Hintergrund unseres ganz persönlichen Wissens. Das dient bei einigen Menschen dazu, sich die böse graue Realität schönzureden (sie passend zu machen zum eigenen Weltbild) und sie damit ein klein wenig erträglicher zu gestalten. Dieser Interpretor dient aber vielen Menschen auch dazu, sich auf einer realistischen Basis weiterzuentwickeln, Dinge neu zu verknüpfen und – ganz simpel – zu lernen.

Wie dieser Interpretor scheinbar unbewusst in unsere Entscheidungen eingreift und manchen Menschen dabei sogar das Leben rettet, hat der argentinische Formel-1-Pilot Juan Manuel Fangio 1950 beim Grand Prix von Monaco erlebt und nach seinem Erlebnis sogar beschrieben.

In der zweiten Runde fährt Fangio mit hoher Geschwindigkeit aus dem berühmten Tunnel. Vor ihm liegt eine Gerade. Vollgas ist angesagt, gebremst wird erst kurz vor der nächsten Schikane. Aber irgendetwas bringt Fangio dazu, zu bremsen, obwohl es keinen ersichtlichen Grund dafür gibt. Und tatsächlich, was Fangio nicht sehen konnte: Nach dem Tunnel war es durch eine überschwappende Welle zu einem Unfall und einer Massenkarambolage gekommen.

Hätte Fangio das getan, was nach dem Tunnel üblicherweise hätte getan werden müssen – Gas geben –, wäre er mit voller Geschwindigkeit in die anderen Autos gekracht. Aber warum hat Fangio so reagiert? Was hat ihn „intuitiv" dazu gebracht, eine vielleicht lebensrettende Entscheidung zu treffen? Fangio konnte sich das zunächst selbst nicht erklären. Nach einer Weile ist ihm das schier Unglaubliche aber bewusst geworden: Normalerweise blickt der Fahrer bei der Ausfahrt aus dem Tunnel in die (hellen) Gesichter der Zuschauer. Ohnehin geblendet vom starken Lichtunterschied zwischen Tunnel und Ausfahrt, muss er sich vor dem Beschleunigen blitzartig auf die Lichtverhältnisse einstellen.

Was Fangio aber irritiert hatte: Bei der Ausfahrt aus dem Tunnel war der Lichteinfall deutlich geringer als sonst. Fangio hatte nicht wie sonst in die Gesichter der Zuschauer geblickt, sondern hatte deren dunklere Hinterköpfe wahrgenommen, weil sich alle vom Tunneleingang abgewandt hatten, um auf den Unfall einige Hundert

Meter weiter vorne zu schauen. Fangio hatte also „gespürt", dass irgendetwas nicht stimmte und anders war als sonst, und hatte gebremst. Sein Unterbewusstsein hatte die Veränderung des üblichen Musters wahrgenommen, es korrekt als Gefahrensignal interpretiert und ihn zum Bremsen veranlasst. Fangio hat dieses Rennen nicht nur unversehrt überstanden, sondern in seinem Alfa Romeo auch noch gewonnen.

Intuition kann also Leben retten und Börsianer reich machen. Man muss ihr nur vertrauen. Und das fällt vielen Anlegern bei Entscheidungsprozessen heute so schwer. Aber diese Intuitionen haben nichts mit irregeleiteten Gefühlen oder Wahrsagereien zu tun. Sie sind die körperliche Reaktion auf Impulse, die wir über unser Unterbewusstsein erkennen. Auch der legendäre Rücken von George Soros hat da nichts Magisches. Es ist lediglich eine körperliche Reaktion auf emotionale Signale des Unterbewusstseins.[12]

Aber das, Thomas, ist nicht so einfach, oder? Sonst wären doch alle Menschen mit ihrer Geldanlage erfolgreich.

Genau! Gerade was das Verhalten eines Börsianers betrifft, sind Änderungen schwierig. Dazu möchte ich von einer Situation aus meinem Trader-Coaching-Alltag erzählen. Erst kürzlich gab es mit einem Klienten eine interessante Diskussion. Dabei kamen wir auf seine jüngsten Trades zu sprechen und er machte den Fehler, den alle Anfänger machen: Er wollte mit mir über zwei einzelne Trades sprechen, in denen seine Strategie nicht gegriffen hatte. Und er wollte von mir hören, wie er es in diesen beiden Fällen hätte besser machen können. Auf die Antwort

---

12 George Soros behauptet von sich, dass sein schmerzender Rücken als Frühwarnsystem für Verkaufsentscheidungen immer prächtig funktioniert. Malcolm Gladwell greift diesen Sachverhalt in seinem Buch „Blink!: Die Macht des Moments" (S. 57) auf, als er den Sohn von George Soros zitiert: „Wenn er seine Position im Markt verändert, dann deshalb, weil er tierische Rückenschmerzen bekommt. Er verfällt buchstäblich in einen Krampf, und das ist sein Frühwarnsystem!"

„Gar nicht" war er nicht vorbereitet. Das möchte ich folgendermaßen kurz begründen.

Anmerkung: Wir wollen hier kein Fachbuch über Trading-Strategien schreiben. Deswegen werde ich mich bei meinen Ausführungen sehr kurz halten.

Jedes Trading-System besitzt einen (seinen) gewissen Erwartungswert. Wenn Sie Datenmaterial über zehn Jahre oder mehr gesammelt haben, wissen Sie, was Sie aus statistischer Sicht aus Ihrem Handelsansatz herausholen können. Ein paar Beispiele zu einem fiktiven System: Sie werden damit im Jahr circa 500 Trades absetzen. Dabei haben Sie einen Gewinnfaktor von 53 Prozent. Von diesen 53 Prozent der Gewinner erwirtschaften 80 Prozent der Trades zwischen 0,1 und fünf Prozent Profit. Die längste Gewinnserie waren 21 Trades hintereinander im Plus. Die längste Verlustserie beläuft sich auf 13 Trades.

Im ganzen Zeitraum gab es dreimal jeweils zwei negative Quartale am Stück. Dafür kamen fünf mal drei positive Quartale hintereinander vor. Der höchste Einzel-Gewinner lag bei 45 Prozent, der größte singuläre Verlust bei 23 Prozent. Der zu erwartende durchschnittliche Jahresgewinn liegt bei 23 Prozent, der maximale Drawdown[13] wird 18 Prozent nicht übersteigen.

Ich könnte jetzt noch unzählige weitere Kennzahlen und Merkmale präsentieren, aber es geht an dieser Stelle nur darum, den Begriff Erwartungswert grob zu beschreiben. In dieser Bandbreite bewegen Sie sich also mit Ihrem Trading-System. Mehr oder weniger ist aus statistischer Sicht äußerst unwahrscheinlich. Wir wollen Sie mit diesem Buch so weit bringen, das mental zu bewältigen. Und noch wichtiger: Es zu leben!

Ein Freund von mir ist professioneller Pokerspieler. Einer seiner Lieblingssätze lautet: „Entscheidungen zählen, nicht Ergebnisse." Ich verstehe nicht

---

13 Eine Drawdown-Phase ist eine (zeitlich begrenzte) Marktphase, in der ein Handelssystem nicht funktioniert. Damit kommt es zu einem kumulierten Verlust von Kapital in einer bestimmten Periode.

viel von Poker, aber ich verstehe die unglaubliche Aussagekraft dieses Satzes. Denken Sie bitte als Börsianer so lange nach, bis Sie die Tragweite dieses Statements verstehen und verinnerlicht haben, bis Sie begreifen, dass gute Entscheidungen an den Märkten immer nur ganzheitlich zu sehen sind. Aber das ist noch nicht alles. Andreas wird Ihnen gleich ein paar weitere Argumente liefern, warum wir bei unserer Geldanlage so oft Enttäuschungen erleben.

Wir haben bereits kurz über Entscheidungen gesprochen und welche wichtige Rolle dabei „ein klarer Kopf", also Gelassenheit und Konzentration, spielen. Wenn Sie Ihre Börsengeschäfte nicht als Job betreiben, gibt es zu Beginn meist zusätzlich berufliche Themen, die Sie stets begleiten. Auch hier müssen Entscheidungen getroffen werden, gibt es Stress mit Kollegen, Vorgesetzten, Mitarbeitern. Es existieren Projekte, Deadlines und andere wichtige Themen. Diese Themen lassen Sie zwar räumlich zurück, wenn Sie zu Hause an Ihrer Handelsplattform sitzen. Innerlich sind diese Angelegenheiten aber stets präsent und kosten Sie Aufmerksamkeit und Wahrnehmungsfähigkeit. Es fällt Ihnen schwer, loszulassen, „den Kopf freizubekommen", sich wirklich auf das Jetzt und Hier, die exakte Ausführung des Prozesses zu konzentrieren.

Dies führt nun dazu, dass Entscheidungen mit einem „verstopften" Zugang zum Unterbewusstsein getroffen werden. Sie können also viele sehr wichtige im Unterbewusstsein gespeicherte Informationen nicht abrufen. Zweitbeste Entscheidungen sind die Folge. Sie haben Ihr volles geistiges Potenzial, das Ihnen aufgrund all Ihrer Erfahrungen und Ihres Wissens zur Verfügung steht, nur unzureichend genutzt.

Das ist vergleichbar mit einem Zwölfzylinder, der nur auf sechs Töpfen fährt. Er könnte viel mehr, schöpft aber sein Potenzial nicht voll aus. Interessant an dieser Stelle ist das andere Extrem. Vielleicht haben Sie schon von Situationen gehört, in denen Menschen in scheinbar ausweglosen Situationen „intuitiv" die richtige Entscheidung getroffen haben, die ihnen letztlich das Leben gerettet hat. Sie mögen jetzt sagen: „Da haben wir's. Auch unter Stress kann man gute Entscheidungen treffen!" Stimmt. Aber wir sind hier am anderen Ende der Skala.

Wenn es um Leben und Tod geht, sind Menschen oft erstaunlich konzentriert. Vielleicht haben Sie sich in einer gefährlichen Situation im Straßenverkehr im Nachhinein schon einmal gewundert. „Da habe ich aber verdammt gut reagiert. Ich weiß gar nicht mehr, wie ich darauf gekommen bin. Aber ich hab's gemacht!" Im Alltag und im Berufsleben den Kopf nicht freizuhaben entscheidet normalerweise aber nicht über Leben und Tod. Auf lange Sicht kann es jedoch schon einen großen Unterschied machen, ob wir die richtigen Entscheidungen treffen, die richtige Abzweigung nehmen, die richtigen Dinge tun. Und genau dazu ist es notwendig, einen „klaren Kopf" zu haben, auch wenn kein Säbelzahntiger vor der Tür steht und uns kein Geisterfahrer auf der Autobahn entgegenkommt. Thomas, kannst du uns erzählen, was geschieht, wenn Trader den Kopf nicht frei haben?

Da muss ich bloß an meine eigenen Anfänge denken, als ich das Trading noch als Nebenjob betrieb. Ich hatte des Öfteren einen dicken Kopf, als ich abends von der Arbeit heimkam. Es war mir in vielen Fällen einfach nicht möglich, meine Emotionen vor der Wohnungstüre zu lassen, was im Hinblick auf meinen Börsenhandel dann meist negative Konsequenzen hatte. Bei Ihnen ist das bestimmt nicht anders. Sie hatten heute im Job Streit mit Ihren Kollegen? Oder Sie wurden im letzten Meeting heute Nachmittag von Ihrem Chef bloßgestellt?

Denken Sie, das wird Sie abends bei Ihren Anlageentscheidungen nicht beeinflussen? Wirklich nicht? Sie wollen nicht zeigen, dass Sie der Bessere sind? Oder sind Sie vielleicht gar sauer auf sich selbst, weil Ihr Chef recht hatte, Sie sich das aber nicht eingestehen wollen? In diesem Fall werden Sie sich unbewusst wohl an sich selbst rächen und Verluste herbeiführen wollen. Negative Glaubenssätze oder Selbstsabotage (dazu später mehr) bestimmen in diesen Fällen Ihre Handlungen. Sie wollen sich selbst schaden, und dazu bietet die Anonymität der Börse fantastische Gelegenheiten. Vor Jahren las ich in einem Tradingbuch einen Satz, dem ich zunächst empört widersprach: „Jeder Trader bestimmt die Höhe seiner Gewinne oder Verluste selbst." Blödsinn, dachte ich damals, zu einer Zeit, als die Verluste bei mir noch die Oberhand hatten. Ich will doch gewinnen! Heute, ein paar Jahre später, bin ich erfolgreich. Und nun verstehe ich diese Aussage und unterstütze sie. Es stimmt! Manche Börsianer wollen unbewusst verlieren. Sie glauben das nicht? Lesen Sie weiter, wir erklären das in den nächsten Kapiteln.

Fazit:
Erfolgreiche Geldanlage ist somit ein Spagat, ein Balanceakt zwischen Aufmerksamkeit und Gelassenheit. Lernen Sie, den Fokus auf jene Dinge zu richten, die wirklich wichtig sind. Vermeiden Sie, die Gefahr hinter jeder Ecke und hinter jedem Kurstick zu sehen. Erkennen Sie, dass nicht der Markt Ihr Feind ist, sondern Ihre Einstellung Ihr Feind sein kann. Die Börsen können Ihnen nichts anhaben. Das können nur Sie selbst, indem Sie sich – bewusst oder unbewusst – sabotieren und Entscheidungen treffen, die zu Ihrem Nachteil sind.

Daher reduzieren wir den Status quo in diesem Augenblick auf folgende Kernaussage: Erfolgreicher Börsenhandel ist dann möglich, wenn ein Anleger das richtige Denken verinnerlicht, angebrachte Entscheidungen trifft und seinen Geschäften gelassen nachgeht. Gelassenheit steht für Konzentration genauso wie für Distanz, für Aufmerksamkeit und Loslassen.

Sie steht einfach dafür, das zu tun, was angebracht ist. Aber was ist angebracht? Dazu muss man sich und sein Denken besser kennenlernen. Doch dazu kommen wir später.

Vorher werfen wir noch einen Blick auf jenes Glied der Kette, das im allgemeinen Fokus des Börsenhandels steht – das notwendige Fachwissen. Aber wir werden zeitgleich auch den Mythos beiseiteräumen, der Fachwissen als alleinigen Erfolgsfaktor betrachtet.

Fachwissen (alleine) reicht nicht!

Es gibt viele Erfolgsfaktoren für erfolgreiche Arbeit an der Börse. Wissen und Technik sind in jedem Fall Grundvoraussetzungen für den lukrativen Handel. Dennoch gibt es viele technisch hoch versierte Trader oder Investoren, die sich permanent eine Ohrfeige nach der anderen an den Märkten abholen und nicht wissen warum. Dabei ist des Rätsels Lösung gar nicht schwer, wenn wir uns das typische Verhalten eines Börsianers etwas praktischer und zunächst in der Theorie ansehen.

Fragen Sie sich Folgendes: Was helfen einem Investor seine Kenntnisse über Bilanzanalyse, wenn er zum Beispiel seine Ungeduld nicht ablegen kann? Was nützt seine Fähigkeit als Stockpicker, gute, kleine Unternehmen mit exzellentem Management und interessanten Geschäftsmodellen ausfindig zu machen, wenn er nicht in der Lage ist, sich an seinen Plan zu halten? Er verkauft seine Beteiligungen immer zu früh. Er hat keine Ausdauer, wenn sich der Wert nicht gleich so entwickelt, wie es seine Analysen vorhergesagt haben.

Trotz guter Quartalsberichte wird das Unternehmen, in das sich unser fiktiver Investor eingekauft hat, von den Märkten bei jeder nur denkbaren Gelegenheit abgestraft. Gute Zahlen führen zu fallenden Kursen. Das kommt vor an der Börse, doch damit kann er nicht leben. Er verkauft entnervt und stets viel zu früh, weil er die Kursentwicklung (täglich leicht überprüfbar) *über* die Wertentwicklung (nicht leicht überprüfbar – und schon gar nicht täglich) des Unternehmens stellt.

Einige Quartale später ist alles anders. Die Firma wird plötzlich von einigen großen Investmenthäusern entdeckt. Deswegen steigt das Interesse der Allgemeinheit und der Wert verdoppelt sich in wenigen Wochen trotz unveränderter Fundamentaldaten. Wurde die Aktie bisher bei einem KGV von 8 gehandelt, sind es nun 15 oder 16. Leider muss unser ungeduldiger Investor diese Ereignisse von der Seitenlinie mit ansehen, weil er seine Beteiligung bereits abgestoßen hat. Wieder einmal hat er sich mit seinem unüberlegten Verhalten selbst Schaden zugefügt.

Unser Trader ist hingegen ein Meister des Backtestings.[14] Dabei ist er in der Lage, Handelssysteme zu entwickeln, die maximalen Profit bei minimalem Drawdown versprechen – im Backtest! In der „freien Wildbahn" und in verrückten Märkten sieht die Sache aber schon wieder etwas anders aus.

Natürlich ist der Drawdown, den unser Systemtrader erlebt, in seinen Tests statistisch enthalten. Eine solche Marktphase, wie er sie gerade erlebt, kommt statistisch gesehen zwar nur alle paar Jahre vor, aber trotzdem muss man damit rechnen. Deswegen sind im gewählten Zeitraum des Backtests ähnliche Zyklen auch enthalten. Ein Minus von 15 Prozent in nur einem Monat ist unserem Trader jedoch einfach zu viel. In Panik drückt er den Stoppknopf seines vollautomatischen Handelssystems und setzt seine Regeln außer Kraft, um sich eine Auszeit zu gönnen.

Als er von einem 14-tägigen Urlaub zurückkommt, stellt er fest, dass sein System in seiner Abwesenheit wieder bestens funktioniert hätte. Fast sein gesamter Drawdown wäre in wenigen Tagen wieder wettgemacht worden, wenn er alles unangetastet hätte laufen lassen. Er aber hat es vermeintlich besser gewusst – wieder einmal. Er ist den mentalen Herausforderungen seiner Systeme in der Praxis leider nicht gewachsen, obwohl er aus fachlicher Sicht ganz bestimmt ein Experte ist. Das Problem sitzt also vor dem Bildschirm!

---

14 Unter Backtesting versteht man die Überprüfung von eigenen oder fremden Trading-Ideen (Regelwerk, Strategie et cetera) auf Plausibilität anhand historischer Kursdaten.

Unser Technischer Analyst ist auch nicht gerade zu beneiden. Er handelt Trends in kleinen Zeiteinheiten (intraday), doch die Märkte, die er beobachtet, weisen derzeit alle kaum erkennbare Muster und sehr unsaubere Chartbilder auf. Somit ist er geneigt, Setups zu traden, die er normalerweise ignorieren würde. Aber schließlich hat er sich ja an die Trading-Station gesetzt, um etwas zu tun, um zu traden, egal ob die Märkte nun mitspielen oder nicht.

Aber so klappt das eben leider nicht. Der sechste Trade in Folge wurde soeben ausgestoppt. Sollte er zusätzlich zur Charttechnik Indikatoren wie Fibonaccis oder den MACD mit einbeziehen? Was ist mit Divergenzen? Schnell sind ein paar neue Charteinstellungen geladen und die Trading-Session ist noch lange nicht zu Ende.

Amerkung: Wir verzichten an dieser Stelle bewusst darauf, die obigen Begriffe aus der Technischen Analyse zu erläutern, weil die genannten Indikatoren oder Parameter hier nur stellvertretend angeführt wurden. Bei Interesse googeln Sie diese Begriffe bitte.

Trade Nummer 7 kommt an die Reihe. Das Signal ist ausnahmsweise perfekt und der MACD sowie Fibonacci geben grünes Licht. Jetzt muss es aber klappen. Den Einsatz verdoppeln? Natürlich kann man erfolgreiche „Unterwasserpyramiden" bauen, aber dazu sollte man tiefere Kenntnisse über Handelssysteme besitzen. Die hat unser Trader aber nicht.

Es reizt ihn, den Einsatz signifikant zu erhöhen, um die Verluste auszugleichen, er unterlässt es dann aber doch. Zum Glück, denn auch hier kommt es wieder zu einem Fehltrade. So müssen weitere 100 Euro und eine Computermaus dran glauben. Ebenso ist ein vierstelliger Eurobetrag zu verzeichnen, der in diesem Monat an den Märkten versenkt wurde.

Fazit:

Aus fachlicher Sicht sind alle drei Händler Experten. Alle arbeiten mit guten Strategien oder Systemen. Was fehlt in den beschriebenen Fällen jedoch? Das richtige Denken. Natürlich weiß ein fortgeschrittener Börsianer, dass Verluste zum Spiel dazugehören – theoretisch zumindest! Praktisch und in der Hitze des Gefechts vergisst man das aber nur allzu gerne.

Dies waren drei fiktive Beispiele von Abertausenden, die illustrieren, warum es so schwierig ist, an den Märkten nur mit Fachwissen alleine erfolgreich zu sein. Doch wie packt man es an? Wie lernt man das richtige Denken? Was gehört noch dazu? Dazu müssen wir zunächst verinnerlichen, wie der Börsenhandel funktioniert, aber nicht aus technischer Sicht. Wir werden das Geschehen vielmehr ganz anders beschreiben, als Sie es aus der typischen Börsenliteratur gewohnt sind.

Wir präsentieren Ihnen im nächsten Kapitel die Märkte als eine Art Paralleluniversum, in dem die gewohnte Realität nicht real ist. Zu kompliziert? Von wegen – wagen wir gemeinsam den Sprung.

Paralleluniversum Börse

Finanzmärkte steigen und fallen, manchmal sogar heftig, und das war immer schon so. Aber da heute jeder seine Altersvorsorge in „finanzmarktnahe" Produkte steckt, kommt es auch in den Boulevardblättern oder den Nachrichten im TV zum großen medialen Aufschrei, wenn die Kurse abtauchen. Das darf nicht sein, gibt es denn keine Regeln für diese verrückten Märkte? Otto Normalverbraucher sieht entsetzt einen Papierverlust seines Fonds von zwölf Prozent und gerät in Panik.

Kann man dem DAX, dem Dow Jones oder dem ATX nicht verbieten, dass sie fallen? Zumindest nicht so schnell und stark! Und auch diese bösen Leerverkäufe untersagen wir, ohne zu wissen, was das eigentlich bedeutet und warum Shortselling wichtig für die Märkte ist, weil Leerverkäufe die Märkte stützen. Wussten Sie zum Beispiel, dass an der New York Stock Exchange (NYSE) Marketmaker und Specialists arbeiten, deren Aufgabe es unter anderem es ist, aktives Shortselling zu betreiben? Würde man das verbieten, würden die Märkte – kurz und vereinfacht gesagt – kollabieren.

Niemand will hören, dass die Notierungen an den Aktienmärkten nicht deswegen sinken, weil die bösen Trader alle short gehen, sondern vielmehr, weil das „große Geld" (Pensionsfonds et cetera) die Beteiligungen abstößt, um die Cashreserven zu erhöhen. (Der Fondsmanager will seinen Job nicht verlieren und kann es sich nicht leisten, investiert zu bleiben, weil ja scheinbar alle anderen Kollegen verkaufen, nur er nicht ...) Aber das sei hier nur am Rande erwähnt.

Den Notierungen die Volatilität verbieten, das würde manchen so passen! Da es aber noch niemand geschafft hat, den Märkten die Kursschwankungen zu untersagen, müssen wir uns damit abfinden. Damit tun wir uns aber sehr schwer, weil wir es gewohnt sind, in einer Umgebung zu agieren, die Regeln, Verboten, Geboten, Vereinheitlichungen, scheinbaren Automatisierungen, Kausalität, Gesetzen oder Normen unterliegt. Das alles soll uns helfen, uns in dieser ungemein komplizierten Welt zurechtzufinden. Aber finden wir uns damit an den Börsen zurecht?

Sie müssen sich die Märkte wie eine Parallelwelt zu unserer „realen" Welt vorstellen, eine Art „Truman Show" für alle, eine „Matrix" für Anleger. In dieser Show, in dieser Matrix existieren andere Regeln als die, die wir im Alltag gewohnt sind. Alles ist möglich. Wege verändern sich täglich, Häuser stehen mal da, mal dort. Vögel fliegen heute und am nächsten Tag schwimmen sie. Orte ändern ihre Namen und Ihr Arbeitsplatz ist mal der Supermarkt und am nächsten Tag die Vorstandsetage. Skurril? Ja – aber (leider) in dieser Welt real!

Jeden Tag kann alles anders sein – muss es aber nicht. Wie kommen Sie in einer Umwelt zurecht, in der sich täglich alles verändern kann außer Sie sich selbst? Oder in der zwei Tage lang dann doch wieder alles unverändert bleibt? Denn manche Tage sind, wenn für Sie die Veränderung zur Konstante wurde, dann doch wieder gleich. Dumm nur, dass Sie nicht wissen, wie viele Tage lang das so bleiben wird. Was tun Sie in diesem Fall? Jemand, der frisch in diese Welt gesetzt wird, weiß noch nicht, dass sich die Dinge täglich ändern und dass alles in Bewegung ist. Daher geht er davon aus, dass X auch morgen X ist. Doch morgen ist X auf einmal C und er versteht die Welt nicht mehr. Aber guten Mutes – war wohl nur ein Missverständnis – startet unser Jemand einen neuen Versuch. Aber auch dann ist X nicht mehr X, aber auch nicht C, sondern plötzlich A. Wieso? Gestern war X zwar nicht X, aber wenigstens C. Heute kommt bei dieser Rechnung A heraus, obwohl die Variablen identisch sind. Das ist unlogisch – wie ist das möglich? Und das Spiel geht tagelang so weiter, bis auf den Unterschied, dass X immer neue Ergebnisse liefert.

Plötzlich hat unser Anleger eine Idee: Wenn X nicht X bleibt, sondern einmal C ergibt, beim nächsten Mal A, dann wieder G und letztlich Z, dann wird X beim zwölften Mal Y sein. Mathematisch abgeleitet – öfter überprüft und daher richtig. Richtig? Falsch! Beim nächsten Mal bleibt X tatsächlich X und auch übernächstes Mal.

Jetzt ist unser Anleger völlig perplex. Er beginnt, Muster in der Entwicklung von X zu suchen. Nach etlichen Monaten ist er ein nervliches Wrack. Die Prognosen treffen zwar manchmal zu, aber genauso oft liegt er auch falsch. Die Mustersuche wird immer verbissener, bis er schließlich aufgibt. Verzweifelt rüttelt unsere Testperson am Ausgangstor, um aus diesem verrückten Universum schnellstens wieder herausgelassen zu werden.

Eine andere Person betritt diese Welt. Auch sie bemerkt, dass X mal A, B oder Z und dann auch wieder X ergibt. Nach einigem Probieren weiß dieser Mensch, dass diese Veränderungen rational nicht erklärt werden können. Auf nichts ist Verlass. Daher beschließt er, sich an die einzige Konstante zu klammern, die in dieser Welt existiert – er selbst –, und richtet sich an seinem eigenen Verhalten aus.

Bleibt er gelassen, so bemerkt er rasch, dass es kein Beinbruch ist, wenn X mal T und dann O ergibt. Unser Anleger hat vielmehr eine Systematik gefunden, die abgearbeitet werden kann. Diese Systematik bringt ihn manchmal auf die richtige Spur, manchmal führt sie ihn in die Irre. Da er die Energien jedoch sparsam einsetzt, hat er genügend Kraft, das Spiel immer wieder neu zu spielen. Und es macht sogar Spaß, weil er gelernt hat, ausschließlich jene Dinge zu beeinflussen, die er selbst aktiv steuern kann: die eigenen Handlungen! Er kann nun diese Welt jederzeit verlassen, aber er will es gar nicht. Er hat sich angepasst und lebt gerne in diesem Paralleluniversum!

Was bedeutet das konkret? Wenn Ihnen dieses Universum etwas zu abstrakt vorkommt, werden wir nun etwas praktischer. An der Börse gilt das Motto „Bleibt alles anders". An den Märkten kann vieles geschehen und dabei ist das, was geschieht, in den seltensten Fällen logisch oder kausal. Kurse brechen auf gute Nachrichten hin ein, während sie manches Mal auf verheerende Nachrichten positiv reagieren. Warum?

Das weiß in Wirklichkeit niemand! Trotzdem versuchen sich einige an Erklärungen („Der DAX ist gestiegen, weil ...") und wir hören ihnen gerne zu. Wir können mit dem Chaos nicht umgehen, suchen Muster und vor allem Gründe. Wir suchen Sicherheit in einer Umgebung, die uns keinen Schutz in der gewohnten Form bieten kann. Wir sind den Kapriolen der Börsen hilflos ausgeliefert, müssen uns aber vorbereiten, um den üblichen Gegebenheiten zu widerstehen. Dabei können wir uns nur auf uns selbst verlassen, weder auf Regierungen noch auf Ratingagenturen und schon gar nicht auf die Märkte selbst. Wir kennen das Börsenwetter von morgen nicht, müssen es aber hinnehmen und dürfen nicht verzweifeln. Wir müssen lernen, mit der Ungewissheit zu leben, in Wahrscheinlichkeiten zu denken, die richtige Einstellung für die unberechenbaren Ereignisse zu finden und uns mit dem Gesetz der großen Zahl anzufreunden. Nicht die Börsen machen Sie zu einem Verlierer, Sie selbst erledigen das, indem Sie mit den Vorgängen um Sie herum nicht klarkommen. Aber darauf ist ein Händler nicht vorbereitet. Er versucht sich im Börsendickicht genauso zurechtzufinden, wie er es in New York City, Berlin oder Wien tun würde. Er sucht Straßenschilder, achtet auf den Verkehr und gewährt dem von rechts Kommenden Vorrang, nur um an der nächsten Kreuzung von einem von links Kommenden gerammt zu werden, der dann auch noch Fahrerflucht begeht. „Ja, aber ..." Nichts „aber". Es gewinnt der Stärkere, die Märkte sind asozial, auch wenn uns das nicht gefällt. Nicht der gute Quartalsbericht entscheidet, zumindest nicht in diesem Quartal (im vergangenen war es vielleicht so), sondern vielmehr, wie die Märkte auf den Bericht reagieren. Warum? Ist das nicht egal? Fakt ist: Das Gap (die Kurslücke) am nächsten Tag beträgt 25 Prozent (nach unten). Leben Sie damit! Doch was ist, wenn das Margin-Konto (gehebeltes Konto) vernichtet wurde, weil Sie mit Beträgen handeln, die Sie sich gar nicht leisten können? Das wollen wir im nächsten Exkurs kurz behandeln.

Exkurs: „Denn sie wissen nicht, was sie tun" – Reale Gefahren an den Märkten

Surft man heute durch das Internet und besucht dabei einschlägige Finanzseiten, stolpert man über Werbung für Finanzprodukte, die einen hohen Hebel aufweisen. Auf Margin (auf Kredit) zu spekulieren ist heute weit verbreitet, auch bei privaten Tradern. Das muss nicht immer verkehrt sein, wenn man weiß, was man tut, doch leider wissen das viele Trader nicht. Auch zu diesem Thema haben wir ein Video.[15] Es zeigt einen privaten US-Trader, der einen Blog über sein Trading gepostet hat. Dabei hat er sich per Webcam gefilmt und gleichzeitig seinen Bildschirm als Screencast ins Internet übertragen. In diesem echten Live-Mitschnitt ist es in den USA Montagmorgen. Die Märkte eröffnen extrem schwach. Leider ist dieser Trader aber über das Wochenende long gewesen, hat also auf steigende Kurse spekuliert. Sehen Sie selbst, was dann geschehen ist.

15 http://www.thedigeratilife.com/blog/index.php/2008/01/21/the-stock-market-ruined-my-life-nsfw-video/

Was sagen Sie zu diesem Video – komisch oder traurig? Inhaltlich ist das Ganze natürlich zum Weinen. Der Mann tut mir wirklich leid und ich kann mit ihm fühlen. Mit einem Schlag wurde seine Trading-Karriere beendet. Aus der Traum! Vorbei – und da reden wir noch gar nicht von den Problemen, die in der Folge auf diesen Menschen zugekommen sind. Warum ist das passiert? Weil er seine Hausaufgaben nicht gemacht hat. Das hat aber nichts mit diesem einen Trade zu tun, auch wenn ihm dieser schließlich das Genick gebrochen hat. Es geht darum, dass er scheinbar häufig mit stark gehebelten Instrumenten wie Futures handelte, sich aber des Risikos nicht bewusst war, das er dabei einging. Nicht nur in diesem Fall wird von vielen Händlern mit Beträgen spekuliert, die einfach zu hoch sind. Der Profi hingegen tradet am liebsten ungehebelt oder zumindest mit so wenig Risiko wie möglich, weil er weiß, wie gefährlich es ansonsten werden kann. Kleiner abschließender Tipp von mir, von dem ich aber in Wirklichkeit weiß, dass ihn niemand befolgen wird: Achten Sie immer zuerst auf Ihren Drawdown. Haben Sie den im Griff, kommen die Profite von ganz alleine.

Resümee

Wenn alles möglich ist, wenn sich Dinge von heute auf morgen ändern und nur Sie immer gleich bleiben, liegt es auf der Hand, dass wir uns näher mit Ihnen beschäftigen müssen. Besser gesagt: Sie selber müssen sich näher mit sich selbst beschäftigen, damit Sie mit diesen widrigen Bedingungen besser klarkommen. Natürlich werden Sie zunächst ein aus fachlicher Sicht stimmiges Regelwerk entwickeln und ein wenig Zeit wird das Vorhaben schon in Anspruch nehmen. Aber das Problem ist nicht das Regelwerk alleine, viel schwieriger ist die saubere Ausführung dessen, was auf dem Papier und in der Theorie geschrieben steht. Und dabei kommt noch etwas Entscheidendes hinzu.

Der Zugang, den sie in anderen Fachgebieten wählen würden, funktioniert an den Börsen nicht. Noch mehr Fleiß und Lerneifer? Kursmuster,

Indikatoren, Bilanzanalysen, Studium von Volkswirtschaft oder BWL? Wozu? Basiswissen über Bilanzanalyse reicht dem Investor. Die Grundrechenarten und das Lesen von (Kerzen-)Charts genügen dem diskretionären Trader. Der Technische Analyst benötigt das Verständnis von zwei oder drei gut gewählten Indikatoren und ein Systemtrader wird sich etwas intensiver mit Indikatoren, vor allem aber mit Computercode und Statistik auseinandersetzen müssen.

Bei den meisten Handelsansätzen ist ein vertiefendes Studium der Theorie aber nicht nötig, sondern vielmehr eine saubere Ausführung von wenigen, einfachen Parametern. Gute Händler, die End-of-Day-Systeme traden, haben Netto-Tradingzeiten von zehn Minuten pro Tag oder sogar noch weniger. Man muss als konservativ erzogener Mensch erst einmal mental akzeptieren, sein Geld mit einer 50-Minuten-Woche zu verdienen. Und daran scheitern Anleger in vielen Fällen. Wir glauben, alles über unsere Außenwelt zu wissen, aber gleichzeitig haben wir keine Ahnung davon, was in uns selbst vorgeht. Wir müssen lernen zu akzeptieren, dass wir mit klassischem Denken an der Börse nicht weit kommen. Sonst wäre die Ausfallrate an den Märkten nicht so hoch, denn schließlich sind die meisten der gescheiterten Börsianer keine Idioten.

Im nächsten Kapitel sehen wir uns an, wie wir mit dem falschen Denkansatz Situationen an den Märkten zu meistern versuchen. Anschließend betrachten wir die Gründe für dieses scheinbar irrationale Verhalten. Wir werden daher einige typische Fehler bei der aktiven Geldanlage beleuchten.

Hier der QR-Code zum Buch „*Blink!: Die Macht des Moments*" von Malcom Gladwell (S. 58).

Teil 4

Typische Anlegerfehler und was sie auslöst

Wir haben uns im vorangegangenen Kapitel intensiv mit dem Paralleluniversum Börse beschäftigt. Dabei sind wir bewusst im Rahmen der Theorie geblieben, um uns einen groben Überblick über die Funktionsweise der Finanzmärkte zu verschaffen.

In diesem Kapitel wollen wir nun etwas mehr in das Geschehen eintauchen. Wir werden anhand praktischer Beispiele erläutern, warum uns unsere Emotionen an den Märkten immer wieder einen Strich durch die Rechnung machen. Dabei orientieren wir uns an den typischen Fehlern, die von Investoren und Tradern tagaus, tagein gemacht werden. Und Andreas Fritsch wird uns mit seiner Expertise erklären, warum diese Missgeschicke passieren und dass dies überraschenderweise alles sogar ganz „normal" ist.

Um das Thema aus verschiedenen Blickwinkeln zu betrachten und mehrere Meinungen zu beleuchten, habe ich zusätzlich zu meinen Erfahrungen einige erfolgreiche Börsenhändler gebeten, von ihren eigenen Erlebnissen zu berichten. Ich erlaube mir aber, selbst den Anfang zu machen.

Selektive Wahrnehmung. Von Thomas Vittner

Meine Lebensgefährtin benötigte eines Tages eine Brille. Daher fuhren wir in ein großes Einkaufszentrum am Wiener Stadtrand, weil wir wussten, dass dort einige Optikerläden ansässig waren. So verbrachten wir den Tag damit, von einem Geschäft zum nächsten zu gehen, um das passende Modell auszusuchen, bis wir schließlich fündig wurden.

Wenige Tage später war ich alleine auf einer großen Wiener Einkaufsstraße unterwegs. Schon nach wenigen Schritten bemerkte ich den ersten Laden, der Brillen im Angebot hatte. Wenige Meter weiter: der nächste. Schräg gegenüber noch eine große Optiker-Kette. Und etwas weiter die Straße hinauf fand ich noch zwei Geschäfte. Komisch! Waren diese Läden vorher noch nicht da?

Natürlich hatten die Optiker alle keineswegs erst in den letzten Tagen eröffnet. Doch vorher hatte ich nicht darauf geachtet. Mich interessierten weder Brillen noch Kontaktlinsen, deswegen blendete mein Gehirn diese Dinge aus – weil es so konstruiert ist, nur jene Informationen in unser Bewusstsein zu lassen, die wichtig sind. Würde das nicht so sein, würde unser Speicher anhand der verfügbaren Informationen durchbrennen, um es salopp zu formulieren.

Ich las einmal von einem Mann, der in New York City auf der Straße stand und im Rahmen eines Experiments Geld verschenke. Er rief laut „Free Money" und wollte den vorbeigehenden Leuten Dollarscheine geben, doch die Menschen beachteten ihn nicht. Er hielt ihnen das Geld förmlich unter die Nase, doch nur wenige Passanten nahmen überhaupt von dem Mann Notiz. Natürlich dachten einige bestimmt, er sei ein Betrüger, doch er war adrett gekleidet und machte einen gepflegten Eindruck.

Am Erscheinungsbild konnte es also nicht liegen. Vielmehr ignorierte das Gehirn der vorbeiziehenden Menschen diesen Mann. Oder besser gesagt: Die Möglichkeit, dass jemand Dollars verschenkt, hatte in ihrem Kopf keinen Platz. Daher wurden er und seine redlichen Absichten einfach nicht wahrgenommen. Wie selektive Wahrnehmung unsere Erfolge an den Märkten beeinflusst, sehen wir gleich. Aber vorher wird Andreas uns sagen, was es mit der Geschichte mit dem verschenkten Geld auf sich hat.

Ohne zu viel vorzugreifen und Ihnen damit den Spaß und die wertvolle Erkenntnis zu nehmen, möchte ich Ihnen ein paar Mechanismen näherbringen, die zu solchen Situationen führen wie der von Thomas beschriebenen mit dem Mann, der auf der Straße Geld verschenkt. Menschen neigen sehr häufig zu einem Verhaltensphänomen, das in der Psychologie mit „Intentional Blindness" beschrieben wird, also mit absichtlicher Blindheit. Das führt dazu, dass Dinge, die einfach nicht sein können, auch nicht sein dürfen. Sie werden schlicht aus der von uns wahrgenommenen Realität ausgeblendet. Diese (sehr subjektive) „Realität" wird nämlich sehr stark durch unsere persönliche Geschichte und unsere aktuelle Situation beeinflusst. Wir sehen und bewerten Situationen immer vor dem Hintergrund unserer persönlichen Erfahrungen, unserer Erziehung und unserem dadurch entstandenen Bild von dem, was sein darf und was nicht. Dass jemand Geld an wildfremde Menschen verschenkt – und das, ohne eine Gegenleistung dafür zu verlangen –, ist einfach keine Option im Weltbild der meisten Menschen.

Das bringt uns natürlich um Chancen, die unter Umständen unser Leben verändern können, führt aber auch dazu, dass wir Risiken und Bedrohungen nicht als solche wahrnehmen, weil sie einfach nicht in unser Weltbild passen – mit teilweise fatalen Folgen, wie aktuelle Krisenszenarien gezeigt haben. Diese „absichtliche Blindheit" gilt es also bewusst zu meistern und Chancen zu erkennen, wo tatsächlich welche sind, aufgrund unseres „Wissens" jedoch nicht sein dürfen!

Dazu haben wir für Sie ein kleines Experiment vorbereitet, in dem Sie als unsere Probanden dienen. Das kleine Video, das wir Ihnen ans Herz legen,[16] stellt vor allem Ihre Konzentrationsfähigkeit auf die Probe. Vielleicht schaffen Sie es, sich circa 20 Sekunden völlig zu konzentrieren. Zählen Sie bitte wirklich gewissenhaft und genau, denn das ist Ihr Auftrag. Und lesen Sie die folgende Anweisung aufmerksam durch:

- Sie sehen nun gleich eine kleine Filmsequenz, in der zwei Teams miteinander Basketball spielen.
- Ein Team ist schwarz gekleidet, das andere Team ist weiß gekleidet.

16 Quelle: Daniel Simons.

- Ihre Aufgabe besteht darin, die *Anzahl der Ballwechsel* des *weißen Teams* zu zählen.
- Das ist nicht ganz einfach, denn das schwarze und das weiße Team bewegen sich durcheinander.
- Am besten fokussieren Sie den Ball des *weißen Teams*. Dann kommen Sie nicht durcheinander.
- Ihre Konzentration gilt also völlig dem Ball des weißen Teams.
- Sollten Sie sich verzählen, haben Sie den Test *nicht* bestanden.
- Strengen Sie sich an und stellen Sie Ihre Konzentrationsfähigkeit unter Beweis!
- Also: Bitte zählen Sie aufmerksam die Ballwechsel des *weißen Teams!*
- Und los geht's!

Leider existiert das Video nicht für Smartphones, also können wir Sie nicht mit einem QR-Code beglücken. Geben Sie den Youtube-Link http://www.youtube.com/watch?v=vJG698U2Mvo in den Browser Ihres Computers ein oder suchen Sie direkt bei Youtube unter dem Stichwort „Selective Attention Test". Es lohnt sich!

Nun geht es ans Eingemachte. Wie viele Ballwechsel haben Sie beim weißen Team gezählt? 15? 17? 18? Ist Ihnen während des Films etwas aufgefallen? Eine haarige Gestalt oder ein Affe? „Ausgeschlossen. Ich will das auch, was Sie geraucht haben!" Sie sind sich ganz sicher? Oder doch nicht? „Worüber redet der Fritsch da eigentlich gerade?" Die korrekte Anzahl der Pässe war 15. Gratuliere, gut gezählt! Sie haben sich voll konzentriert und Ihre Aufgabe hervorragend gemeistert. Aber wie war das noch gleich mit dem Affen? Sie haben nichts bemerkt? Dann sind Sie in allerbester Gesellschaft. Über die Hälfte der Betrachter sieht nämlich nichts weiter als die Teams und den Ball. Etwas anderes, etwas Ungewöhnliches, ja sogar Unwahrscheinliches *kann* in dieser kleinen Szene nicht vorkommen.

Doch schauen Sie sich den Spot jetzt bitte noch einmal an, diesmal ohne zu zählen. Was fällt Ihnen auf?

Sicher ist das für die Mehrzahl unserer Leser (aber nur für die, die nicht gemogelt haben, denn Weiterlesen bringt Sie auf die Fährte des Affen) eine sehr überraschende Erkenntnis. Da ist auf einmal etwas, was vorher noch nicht da war. Völlig aus dem Nichts. Und vorher – ich schwöre Stein und Bein – war dieser Affe nicht da.

Jedes Mal, wenn Menschen dieses kleine Video sehen, stellt sich eine Mischung aus Belustigung und blankem Entsetzen ein. Wie kann es sein, dass wir eine solche Offensichtlichkeit nicht wahrnehmen? Wie ist es möglich, dass wir uns so an der Nase herumführen lassen können? Mit ein wenig „Vorbereitung" (Stress, zusätzliches Lösen von einfachen mathematischen Rechenaufgaben, welche die linke, die logische Gehirnhälfte aktivieren und so die Bereitschaft für Unerwartetes, nicht Kalkuliertes reduzieren) ergibt sich eine Quote von unglaublichen 90 Prozent von Nicht-Affen-Sehern! Wohlgemerkt: Dieser steht in der Bildmitte und trommelt sich auf die Brust. Wie kann das sein?

Der Affe wird ganz einfach ausgeblendet. Sie haben sich voll und ganz auf die Aufgabe konzentriert, die wir Ihnen gestellt haben. Sie haben dadurch leichte Stress-Mechanismen ausgelöst. Ihr Adrenalin- und Cortisol-Spiegel hat sich erhöht, Ihr Puls ist leicht gestiegen. Bildlich gesprochen: Ihre Scheuklappen haben sich nach vorne verengt und Sie haben sich nur auf das wirklich Wesentliche konzentriert. Gut so. Denn hier ging es ja um Leben und Tod! Wie im echten Leben, wie im Job, wie an der Börse.

Natürlich ging es hier nicht um Leben und Tod, aber die Mechanismen sind – vereinfacht ausgedrückt – exakt dieselben. In der Steinzeit hätte unser Vorfahr nur Sekundenbruchteile Zeit gehabt, eine Entscheidung zu treffen, wenn er Auge in Auge vor dem hungrigen Säbelzahntiger steht! „Fight or flight!" Kämpfen oder Rennen, keine andere

Option. Diese Ur-Mechanismen haben wir uns bis heute bewahrt, nur dass keine hungrigen Säbelzahntiger hinter der nächsten Ecke lauern, sondern bestenfalls grimmige Chefs, böse Märkte oder grausame Wechselkurse. Das alles versetzt uns aber ebenso in Stress wie der Säbelzahntiger – und verengt damit unser Sichtfeld. Das Resultat: Wir sehen wichtige Dinge nicht mehr, egal ob Chancen oder Risiken. Übrigens: Ist Ihnen noch etwas aufgefallen? Was befand sich im Hintergrund? Und wie viele? Stand etwas auf der Wand? Was genau? Und war das jetzt bitteschön schon alles oder ist da noch etwas versteckt? Schauen Sie sich den Film einfach noch ein paar Mal an.

Wenn Sie dieses kleine Experiment fasziniert hat, empfehlen wir Ihnen das Buch vom Schöpfer dieser Sequenz, Daniel Simons.[17] Auch Richard Wiseman – Psychologe und professioneller Zauberkünstler – hat zu dem Thema der „absichtlichen Blindheit" interessante Dinge herausgefunden. Sehr zu empfehlen ist in diesem Zusammenhang sein Bestseller „Affenscharf".[18]

Thomas zeigt uns nun anhand eines Beispiels, was das alles mit dem Börsenhandel zu tun hat.

Ein Trader hat eine Position long eröffnet, spekuliert also auf steigende Kurse. Der Einstieg lag bei 33,28 und Stopp 1 bei 32,10. Die Notierungen ziehen im Laufe des Tages weiter an und die Aktie schießt regelrecht nach oben. Bei 34,12 endet der Kursanstieg vorerst, die Märkte legen eine Verschnaufpause ein und kommen bis 33,78 zurück. Dies ist eine ganz normale Korrektur eines Wertes, der temporär heißgelaufen ist. Mit dem zwischenzeitlichen Rücksetzer war daher zu rechnen.

17 Daniel Simons, Christopher Chabris: „Der unsichtbare Gorilla. Wie unser Gehirn sich täuschen lässt", Piper Verlag.
18 Richard Wiseman: „Affenscharf. Von Geistesbitzen, guten Gelegenheiten und wie man sie beim Schopf packt", Econ Verlag.

Doch was macht unser Trader? Er wird nervös! Als die Notierungen unter die Marke von 34 zurückkommen, denkt er erstmals darüber nach, die Position glattzustellen, aus Angst, die Gewinne wieder zu verlieren. Anstatt sein Regelwerk abzuarbeiten und gelassen zu bleiben, sieht unser Trader nun überall die Gefahr lauern. Als es ein paar weitere Cents nach unten geht, wird die ganze Position aufgrund eines flüchtigen Impulses glattgestellt. Ein kleiner Profit wird verbucht und im Anschluss ziehen die Kurse wieder an. Blankes Entsetzen macht sich breit. „Wie konnte ich nur?" Haben Sie etwas Ähnliches schon einmal erlebt?

Wenn wir davon ausgehen, dass wir nicht in die Zukunft blicken können, bleibt der Ausgang jedes einzelnen Trades ungewiss. Die Kurse könnten in der Tat bis auf den Einstiegskurs unseres Traders zurückfallen, sie könnten sogar noch tiefer sinken. Genauso gut könnten die Notierungen aber wieder anziehen und neue, höhere Hochs ausbilden.

Warum sieht unser Trader aber nur die eine Seite der Medaille? Warum kann er nicht unvoreingenommen an die Situation herangehen und sich sagen: Die Chancen sind gleich groß, dass die Kurse weiter nach oben gehen oder dass sie zurückfallen? Warum, Andreas, blendet das Gehirn die eine Möglichkeit aus und gewichtet die andere höher?

Wir haben ja anhand des kleinen Films gelernt, dass wir unter Stress nicht immer die besten Entscheidungen treffen und sehr häufig durch unseren Fokus auf das Erwartete und „Gewöhnliche" interessante Alternativen ausblenden. Für ein klares und konsequent eingehaltenes Regelwerk, das du beschreibst, Thomas, spricht daher genau das! Eine klare Struktur und ein fester Rahmen geben dem Trader nach meiner Überzeugung eine gewisse Lockerheit und Sicherheit im Umgang mit seinem aktuellen Trade. Das heißt, er weiß genau, was er tut. Das lässt ihm einen gewissen Spielraum für Gelassenheit. Und diese erhöht die Wahrscheinlichkeit für gute Alternativentscheidungen, versetzt uns in die Lage, Chancen besser erkennen, bewerten und letztlich auch nutzen zu können. Man sagt Spitzensportlern verschiedener Disziplinen nach, dass Sie Bewegungen des Umfelds und ihrer Gegner anders wahrnehmen, als „normale" Menschen in vergleichbaren Situationen das tun würden. Ein Aufschlag im Tennis wird sozusagen verlangsamt wahrgenommen, eine Skipiste kommt dem Profi-Rennläufer anders vor, ein Taekwondo-Kämpfer nimmt den Schlag seines Gegners wie in Zeitlupe wahr und kann dadurch anders reagieren. Es steht ihm eine größere Reaktionsspanne zur Verfügung. Genauso ist es bei einem routinierten und/oder gelassen konzentrierten Trader. Die Mechanismen gleichen sich in der Tat.

Nun aber zu den bereits angekündigten Erfahrungsberichten einiger Kollegen.

Ich kenne einen exzellenten Daytrader aus München. Sein Name ist Florian Salfner. Florian wird uns erzählen, was es mit der oftmals so stark herbeigesehnten Freiheit eines Traders wirklich auf sich hat.

Das Problem mit der Freiheit. Von Florian Salfner

Die Freiheit ist der schlimmste Feind des Traders. Als ich mit dem Traden begann, war neben der Faszination der schwankenden Kurse die Möglichkeit, mit dem Trading unendliche Freiheit zu erlangen, sehr anziehend. Freiheit bedeutet: Es gibt keinen Chef mehr, der einem morgens schlecht gelaunt die zu erledigende Arbeit aushändigt, und es wird auch keine feste Arbeitszeit mehr geben, zu der ich am Arbeitsplatz erscheinen muss.

Der Verdienst wird künftig selbst gesteuert und ist nicht mehr in einem Tarifvertrag oder Arbeitsvertrag vorgegeben. Die Gewinne ermöglichen mir die finanzielle Unabhängigkeit, die mir wiederum die Freiheit gibt, mein Leben so zu gestalten, wie ich es mir vorstelle, selbstverständlich nicht zu vergessen der Ort, an dem ich arbeite. Die hässlichen Bürogebäude in einer überfüllten, hektischen Stadt sind dann auch passé.

Diese Seite der Freiheit stellt für die meisten Trader nicht das Problem dar, es gibt aber noch die zweite Seite der Freiheit, die da wäre: „Trading-Freiheit". Sie wissen, dass für erfolgreiches Traden ein durchdachter und sinniger Trading-Ansatz gegeben sein muss. Die Aufgabe des Traders ist nun, diesen ordentlich von A bis Z umzusetzen, um das vorher statistisch erarbeitete Ergebnis dann auch monetär auf dem Trading-Konto zu verbuchen.

Die alltägliche Umsetzung ist allerdings die Hürde, die für viele unüberwindbar ist. Ein normal denkender Mensch macht nach dem fünften Fehltrade nicht beim sechsten Trade dasselbe wie bei den fünf Trades davor, nur weil es der Trading-Plan vorgibt! Man besitzt ja schließlich noch einen Funken Verstand und hat die Möglichkeit, jederzeit in den Trade einzugreifen. Die fünf Loser waren alle gut im Plus und wurden dann am Stopp aus dem Markt genommen. Dies ist Grund genug, dass man als Trader gefordert ist und beim sechsten Trade den Stop-Loss viel schneller nachziehen muss, um nicht wieder einen Trade zu erleben, der erst ins Plus läuft, um dann als sechster Verlust-Trade auf dem Konto zu erscheinen.

Dass die Freiheit hier missbraucht wird, fällt einem zunächst gar nicht auf. Als Trader wäre es richtig, wie ein Schwachsinniger zu handeln. Dieser würde nämlich immer und immer wieder dasselbe tun und den sechsten Trade wie die fünf Minus-Trades zuvor umsetzen.

In unserer Erziehung, sei es Kindergarten, Schule, Eltern, Ausbildung oder im Studium, wird einem immer vermittelt, dass beim Auftreten eines Fehlers sofort Handlungsbedarf entsteht. Dies ist im Alltag auch richtig, nur eben beim Trading nicht.

Was lief falsch? Der sechste Trade wurde durch das Eingreifen mit einem kleinen Plus aus dem Markt genommen. Bitter ist nur, dass der Gewinn dieses Trades, wäre die Stoppsetzung wie im Trading-Plan erfolgt, einen sehr großen Plus-Trade ergeben hätte, der die vorausgegangenen Verluste nicht nur kompensiert, sondern unterm Strich zu einem schönen Gesamtergebnis nach diesen sechs Trades geführt hätte.

Es passiert nun Folgendes: Im Unterbewusstsein des Traders wird die positive Erfahrung abgelegt, dass das Abweichen vom Trading-Plan zum positiven Ausgang des Trades geführt hat und das Vorgehen richtig war und somit künftig auch wieder richtig sein wird. Dass der Gewinn monetär nichts wert war, da er zu gering ausgefallen ist, ist dem Trader in diesem Moment nicht bewusst. Für den Trader zählt in diesem Moment nur das Gefühl, ein Gewinner zu sein. Dass dem nicht so ist, belegt nach zahlreichen Trades das Handelsjournal, falls dieses nicht geführt wird, in jedem Fall der Kontostand. Und all das nur wegen der Freiheit. Wären Sie ein angestellter Händler in einer Bank und Sie würden den vorgegebenen Handelsplan nicht einhalten, würde der Chef der Handelsabteilung dies ein, vielleicht zwei Mal tolerieren, aber beim dritten Mal würden Sie wieder am Bankschalter und nicht mehr in der Handelsabteilung sitzen. Profihändler wissen, wie wichtig der duplizierbare Handel ist und wie gefährlich zu viel Trading-Freiheit sein kann.

Die Trading-Freiheit stellt einen schmalen Grat dar, auf dem es nicht einfach ist zu gehen, seien Sie sich dessen immer bewusst. Damit die Trading-Freiheit keine Fehler in Ihrem Handel verursacht und Ihr Unterbewusstsein manipuliert, müssen Sie ein Höchstmaß an Disziplin aufbringen und Ihren Trading-Plan konsequent befolgen.

Good Trading wünscht Ihnen Florian Salfner
www.tradingsetup.de

Als mir Florian diese Zeilen zur Verfügung stellte, konnte ich seine Ableitungen zunächst nicht ganz nachvollziehen und vermutete sogar einen Denkfehler. Ich konnte nicht verstehen, warum ein Trader in diesem Fall das Abweichen vom Trading-Plan als positives Referenzerlebnis wertet, denn ich würde es eher negativ sehen. Daher schickte ich ihm folgende E-Mail im Originalwortlaut:

Hi Florian!

Ich habe mir Deinen Artikel durchgelesen. Ich finde ihn großartig. Den verwenden wir auf jeden Fall für das Buch. Danke!! Ich bin mir nur bei einer Herleitung nicht ganz sicher beziehungsweise ich erlebe das von Dir geschilderte Problem ganz anders. Du schreibst, dass scheinbar das Eingreifen bei Trade 6 einen kleinen Gewinn gebracht hat. Und dass das Unterbewusstsein diese Tatsache als positiv bewertet, *obwohl ein fetter Gewinn möglich gewesen wäre?*
Ich weiß nicht so recht ...
Wenn ich an mich denke, ist das eher umkehrt. Ich ärgere mich, wenn ich unnötigerweise eingegriffen habe. *Und ich ärgere mich noch mehr, wenn ein Handeln nach Plan besser gewesen wäre.* Ist das bei Dir damals umgekehrt gewesen?

Gruß, Thomas

Als die Antwort von Florian kam, wurde mir plötzlich klar, dass man die Sache aus mehreren Perspektiven betrachten kann – je nach Evolutionsstadium. Florian formuliert es folgendermaßen:

Hallo Thomas,

ich beginne mal so:
Es gibt bei dem Trade Nr. 6 faktisch zwei Emotionszustände.
Da der Trader fünf Mal fachlich richtig getradet hat und dennoch
Verlust gemacht hat, muss für das Ego beziehungsweise Selbst-
bestätigungsgefühl „Ich kann traden" und für die Psyche unbedingt
ein Gewinner her. Der kleine Gewinn ist erst mal Balsam für die
Trader-Seele – es kommt vom Unterbewusstsein –, gut gemacht,
kein Loser. Dieses Gefühl, und das ist meiner Meinung nach das
Schwierige, überlagert, wie Du als fortgeschrittener Trader richtig
antizipierst, dass es falsch war, nur den kleinen Gewinn zu ertraden
statt des großen.
Aus diesem Grunde schleicht sich bei vielen, wie bei mir früher
auch, die Annahme ein, es war zwar nur ein kleiner Gewinn, aber
besser als ein Verlust. Der Schritt zu Deinem Gedanken setzt voraus, dass der Trader meiner Meinung nach schon etwas mehr
Erfahrung hat und versteht, dass dieser kleine Gewinn nichts wert
ist, da nur der große Gewinn zum Ziel führt.
Heute wäre ich über mich stocksauer, wenn ich zu früh rausgehe,
nur um schlauer zu sein als meine Logik und der Markt!

LG Florian

Das ist interessant, oder? Eine Situation, zwei komplett verschiedene Be-
urteilungen, abhängig vom Reifegrad des Traders. Auch ohne die Expertise
von Andreas erkennen wir an diesem Beispiel, was Realität im Börsenhandel wirklich bedeutet. Jeder sieht seine eigene Welt, jeder interpretiert
nach eigenen Vorlieben und baut sich sein Universum selbst darum herum.

Was der eine gut findet, missfällt dem anderen. Wo einer sich ärgert, freut sich der Nächste. Daher müssen Sie sich ein Umfeld schaffen, in dem Sie sich wohl fühlen und Ihren Börsengeschäften gelassen nachgehen können. Das ist aber nicht immer einfach.

Der Effekt, den Florian hier beschreibt, ist aus mentaler Sicht höchst interessant, aber einfach erklärbar über den Begriff des Belohnungsaufschubs, das heißt die Fähigkeit, auf eine unmittelbare Belohnung zu verzichten, um später eine größere zu erhalten. Wissenschaftler haben herausgefunden, dass dieser Belohnungsaufschub im Präfrontalen Cortex gesteuert wird, also im Frontalhirn. Entscheidungen bezüglich Belohnungen, die zu einem unterschiedlichen Zeitpunkt auftreten, nennt man auch intertemporale Entscheidungen. Wir treffen sie täglich. Gehen wir morgen früh um 05:00 Uhr zum Laufen, um etwas für unsere Gesundheit zu tun? Legen wir heute Geld an, um in zehn Jahren gut leben zu können? „Verzicht" und Investment heute bringt morgen Gewinn – eine alte Weisheit. Interessanterweise reagiert aber das Gehirn auf Vorfreude genauso, als ob ein bestimmtes Ziel – zum Beispiel ein bestimmter Gewinn – tatsächlich erreicht worden wäre. Unsere Vorstellungskraft hilft uns also dabei, den von Florian beschriebenen Mechanismus der sofortigen Belohnung ein wenig auszutricksen. Visualisierungen, Überzeugungen und der Glaube an den eigenen Erfolg (dazu kommen wir später) können wie Belohnungen wirken, die wir uns heute gewähren, um beim Handeln entsprechende Belohnungen aufschieben zu können (uns also an unser System zu halten, ohne kleine, lockende Gewinne mitzunehmen). Die Überzeugung, dass das angewandte System funktioniert und dass unsere Schritte greifen werden, führt zu einem gelassenen und zufriedenen Zustand, der dem Trader hilft, sein System ohne mentale Störfeuer einzuhalten. Je besser wir uns also unseren Erfolg vorstellen können, umso besser können wir uns an unser System halten und damit letztlich auch erfolgreich werden. Das heißt aber nicht, dass sich alleine durch mentale Vorstellungskraft bereits der Erfolg von selber einstellt. Viele Tschakka-Gurus versuchen uns das aber immer wieder zu vermitteln. Die Überzeugung und der Glaube an den eigenen Erfolg bedürfen einiger Vorbereitung, inhaltlich und fachlich genauso wie gesundheitlich und geistig. Sehr oft bedeutet das zunächst harte Arbeit und konsequente Vorbereitung, die aber sehr viel Spaß machen kann (und soll).

Dazu ein weiteres Beispiel.

Referenzerlebnisse übergewichten. Von Thomas Vittner

Stellen Sie sich vor, Sie fahren mit dem Auto auf einer belebten Einkaufsstraße. In der Gegenrichtung beobachten Sie aus der Ferne, wie eine Straßenbahn in die Station einfährt und hält. Sie nähern sich mit etwa 45 km/h und passieren die Waggons. Hinter dem Beiwagen läuft plötzlich und ohne auf den Verkehr zu achten ein Kind mit einer großen Schultasche über die Straße. Nur dank einer Vollbremsung gelingt es Ihnen, das Schlimmste zu verhindern und eine Kollision zu vermeiden. Zum Glück war kein anderes Auto hinter Ihnen, denn sonst wäre es wohl zu einem Auffahrunfall gekommen. Also nichts passiert, noch mal Glück gehabt, oder? Schon, aber das war noch nicht die ganze Geschichte.

Zwei Tage später sind Sie wieder mit dem Auto unterwegs, diesmal auf einer ganz anderen Straße. Wieder kommt eine Straßenbahn, hält an der Station, und wieder fahren Sie in der Gegenrichtung an diesem Zug vorbei. Wie verhalten Sie sich? Sie werden ziemlich sicher die Geschwindigkeit drosseln und den Fuß auf dem Bremspedal haben, für alle Fälle. Doch zum Glück kommt es diesmal zu keiner Begegnung. Niemand läuft hinter dem Waggon hervor, und als Sie nochmals in den Rückspiegel blicken, merken Sie, dass Ihr Herz rast und Ihre Hände feucht sind. Warum? Diese Situation hat doch nichts mit dem Erlebnis von vor zwei Tagen zu tun. Oder etwa doch?

An der Börse gingen Sie vergangene Woche ein Engagement ein, nachdem die Notierungen in einem Monat um gut zehn Prozent nachgegeben haben. Da Sie auf Nummer sicher gehen, kaufen Sie mit einem ETF den Gesamtmarkt. Doch unmittelbar nach Ihrem Kauf bricht eine regelrechte Panik aus. Die Kurse sacken in wenigen Tagen nochmals um zehn Prozent ab und mit ihnen Ihr ETF. Sie sind am Boden zerstört und ärgern sich über Ihr schlechtes Timing.

Wenige Tage später – die Märkte haben einen Halt gefunden – entdecken Sie ein weiteres interessantes Unternehmen, in das Sie gerne investieren möchten. Die Bewertungen scheinen angemessen und Analysten sehen die Lage trotz sich eintrübender Konjunkturdaten positiv. Es wird sogar von einer krassen Unterbewertung gesprochen, doch Sie trauen sich einfach nicht, den Wert zu kaufen. Sie haben Angst, mit dieser Position ein ähnliches Schicksal zu erleiden wir mit dem kürzlich erworbenen ETF.

Natürlich leben wir heute in einer stark vernetzten Wirtschaft. Aber jedes Engagement, jeden Trade muss man unabhängig von kürzlich erlebten Situationen im Hinblick auf Chancen und Risken bewerten. Das wissen wir auch – theoretisch. Praktisch sieht die Sache aber ein wenig anders aus, wie Andreas weiß.

Interessantes Beispiel, Thomas. Und in der Tat: Wir speichern Erlebtes ab und verbinden spätere Situationen mit denselben Emotionen, unabhängig von den Unterschieden. Denn die „neue" Situation ist keine exakte Kopie der Situation unseres vorherigen Erlebnisses. Unser Gehirn spielt uns aber einen Streich, indem es in vergleichbaren

Situationen die früher einmal durchlebten Emotionen hervorholt und zunächst ungefiltert auf die neue Situation anwendet. Dies geschieht dummerweise nicht objektiv und neu, sondern eben mit den Altlasten der vorangegangenen Erlebnisse. Auch Florian hat diesen Effekt in seinem Beispiel beschrieben. Wir nennen das klassische Konditionierung, das heißt die Verbindung von bestimmten Erlebnissen oder Ereignissen mit sogenannten Schlüsselreizen. Kommen diese Schlüsselreize später in einem völlig veränderten Zusammenhang wieder vor, drückt unser Hirn auf den Knopf und spielt den bekannten Film ab. Wir erleben mental die Situation so, als würden wir sie wirklich durchlaufen.

Iwan Petrowitsch Pawlow hat diesen Effekt mit seinem weltberühmten Experiment der Pawlow'schen Hunde beschrieben. Er hatte Hunden zu fressen gegeben, dabei mit einer Glocke geläutet und den Speichelfluss des Hundes in Erwartung einer schmackhaften Mahlzeit gemessen. Später hat er das Fressen weggelassen und nur die Glocke geläutet. Der Speichelfluss war beim Hund nach wie vor genauso stark, als würde man ihm die Futterschüssel unter die Nase halten. Pawlow bezeichnete das als konditionierten Reflex. Was das an der Börse bedeutet, haben Florian und Thomas eindrucksvoll beschrieben. Nur: Wie können wir am besten damit umgehen?

Dagegen anzugehen gelingt uns beispielsweise mit positiven Glaubenssätzen – sogenannten Affirmationssätzen –, die wir im Kapitel „Der Antreiber-Test für Börsianer" ausführlich beschreiben. Solche Affirmationssätze helfen uns, bestimmte Situationen zu objektivieren. Sie bewirken – richtig angewandt –, dass wir uns immer wieder neu mit einer Situation befassen und diese damit möglichst objektiv bewerten. Außerdem helfen sie uns, eine Grundstabilität auch in schwierigen Situationen beizubehalten und uns auf unsere echten Stärken zu konzentrieren. Dazu später mehr. Vorher haben noch einige von Thomas' Kollegen ein paar interessante Praxisbeispiele für uns.

Zum Thema Fehler bei der Geldanlage möchte ich Ihnen als Nächstes die Gedanken von Ing. Harry L. Helnwein präsentieren. Harry ist hauptberuflicher Trader mit System und einer der angesehensten Trading-Coaches im deutschen Sprachraum für engagierte Trader und institutionelle Investoren. Ich habe ihn vor ungefähr zwei Jahren kennengelernt und dabei ist neben einer sehr erfolgreichen geschäftlichen Zusammenarbeit auch eine enge Freundschaft entstanden.

Harry sieht das Thema „mentale Stärke" aus einem ganz anderen Blickwinkel, was die Sache umso interessanter macht.

Gipfelstürmer. Von Harry L. Helnwein

„Welcher Berg ist höher, das Matterhorn in der Schweiz oder der österreichische Großglockner?" Alle anwesenden Kollegen drehen die Köpfe in meine Richtung, schauen mich erwartungsvoll an. Gerade noch hatte man eloquent-witzig vom herrlichen Urlaub in den österreichischen Alpen erzählt. So ganz nebenbei hat man auch einfließen lassen, um wie viel klüger man doch war, über die Abkürzung, die sonst nur einheimischen Insidern bekannt ist, an- und abgereist zu sein.

Plötzlich diese Frage. Es gibt nun zwei Möglichkeiten für uns, wie es weitergeht: Entweder geben wir locker-lässig die richtige Antwort – einfach weil wir diese kennen – oder wir werden unsicher, fühlen uns mit einem Schlag nicht mehr wohl in unserer Haut. Im erstgenannten Fall nehmen wir die Frage gar nicht bewusst wahr, automatisch und so ganz nebenbei antworten wir: „Der Glockner ist 3.800 Meter hoch, das Matterhorn um rund 700 m höher." Wissen wir die Antwort aber nicht, spüren wir förmlich die Schweißperlen auf der Stirn und in unserem Gehirn rattert es: „Soll ich, um nicht dumm dazustehen, versuchen zu raten, könnte es mir einfallen, wenn ich scharf nachdenke, soll ich ablenken oder soll ich zugeben, dass mir das *gerade im Moment* nicht einfällt?"

Selbst eine so einfache Frage löst bei uns unweigerlich Emotionen aus. Diese Emotionen wiederum steuern unsere Handlungen, also was wir antworten beziehungsweise wie wir reagieren – nur deshalb, weil wir etwas nicht wissen, nicht können oder es uns im Moment überfordert. Beim Investment und beim Trading ist das genauso. Aber statt banaler Fragen geht es da ans Eingemachte, es geht um unser hart verdientes Geld.

Zum erfolgreichen Trading genauso wie zum erfolgreichen Investieren genügt mentale Stärke alleine nicht, im Gegenteil: Übermut tut selten gut. Eisige Gletscher zu überwinden, um höchste Gipfel zu erreichen, dazu braucht es Erfahrung, Durchhaltevermögen und ordentliche Bergschuhe. Barfuß auf 4.000 Meter Höhe frieren einem die Zehen ein, genauso wie die Verzweiflung den Gesichtsausdruck erstarren lässt, wenn das Konto mit jeder emotionalen Entscheidung immer kleiner und kleiner wird.

Gewinnbringendes Investieren und profitables Trading funktionieren barfuß genauso wenig wie ebensolches Bergsteigen am Gletscher. Mental gilt es daher nicht, stur an wiederkehrenden Verlusten oder zufälligen Gewinnen festzuhalten, solange man gar nicht weiß, was man da tut. Sondern es gilt, sich nötiges Können und Wissen anzueignen – und das, bevor man sein Geld in die Hand nimmt. Mentale Stärke richtig angewendet, ist der Wille, zu lernen, häufig gehörte, aber trotzdem falsche Trading-Binsenweisheiten zu erkennen, Fakten zuerst zu erarbeiten und diese erst dann im nächsten Schritt umzusetzen. Ganz automatisch nimmt man sich dadurch die unnötige mentale Last einzelner Trades oder Investmententscheidungen von den Schultern.

Richtiges Trading ist Trading mit System – gelassen, vorbereitet, mit einem zuvor festgelegten Regelwerk, das man von A bis Z versteht und überprüfen kann. Nicht mit Angstschweiß auf der Stirn, weil man, oft zu Recht, keinerlei Vertrauen in seine Methodik hat.

Nur was man weiß und was man kann, gibt einem das begründete Vertrauen in seine Investmententscheidungen. Professionelles Trading und aktives Investing richtig gemacht, machen es möglich, nebenberuflich das eigene Kapital systematisch zu vermehren oder gar hauptberuflich davon zu leben – das Einkommen eines Topmanagers, kombiniert mit der Freiheit eines freischaffenden Künstlers. Um den Gipfel des Tradingerfolgs zu erstürmen, braucht es keine Nerven aus Stahl, sondern die mentale Bereitschaft, sich das richtige Schuhwerk anzueignen: das Wissen, wie Trading funktioniert, und das Können, es umzusetzen.

Harry L. Helnwein
Professioneller Trader mit System und Coach
www.HelnweinTrading.com

Wenn Sie die Zeilen aufmerksam gelesen haben, ist Ihnen vielleicht etwas Interessantes aufgefallen. Ein Fehler im klassischen Sinn wurde darin keiner beschrieben. Vielmehr kann man ableiten, dass Harry es als falschen Zugang zu den Märkten (und somit als Fehler) sieht, wenn man nach einem „nicht systematischen" Ansatz handelt, ganz einfach deshalb, weil man von seinem Weg überzeugt ist.

Die Frage, ob er recht damit hat, werden wir in diesem Buch nicht klären können. Fakt ist: Auch ein Systemtrader braucht mentale Stärke, denn es gehört schon eine Menge Mut dazu, seinen Regeln zu vertrauen und auch in einem Drawdown das System weiter auszuführen. Und diese Stärke ist bei Harry L. Helnwein zweifelsohne vorhanden. Aber worauf baut sie auf? Ein Systemtrader arbeitet mit Backtests. Diese zeigen, wie gut oder schlecht eine Trading-Idee in den letzten Jahren funktioniert hätte. Es würde nun zu weit gehen, den Prozess der Systementwicklung weiter auszuführen, und dafür würde der Platz in diesem Buch auch gar nicht reichen. Aber kurz sei gesagt: Auch ein Systemtrader benötigt das Gefühl der Sicherheit. Diese Sicherheit holt er sich eben aus dem gesamten Prozess der Entwicklung eines Systems mit den darin enthaltenen Backtests – und nicht wie ein diskretionärer Trader aus Einzelentscheidungen vor der Trading-Station.

Natürlich weiß auch Harry nicht, wie der nächste Tag, der nächste Monat oder das nächste Jahr aussehen werden. Er wird aber an sein System glauben und damit die mentale Stärke erzeugen, es – auch in schwierigen Marktphasen – zu handeln. Weil er es selbst entwickelt hat, weil er es in- und auswendig kennt und weil er ihm deswegen vertraut. Und damit hat er, wie wir später im Buch noch sehen werden, einen Baustein der Erfolgsformel (den „Glauben") positiv besetzt.

Harry beschreibt hier einen sehr wichtigen und wertvollen mentalen Aspekt: Sicherheit und Klarheit über das, was man tut. Um beim Bild des Berges zu bleiben: Ein professioneller Bergsteiger (freuen Sie sich auf das Beispiel des deutschen Extrem-Bergsteigers Alexander Huber, das wir im Kapitel „Der Trader-Flow" beschreiben werden) tut Dinge, die für einen normalen Menschen wie Sie und mich mit großer Wahrscheinlichkeit tödlich wären. Er bewältigt sie mit einer unglaublichen, traumwandlerischen Sicherheit. Das, was von außen so leicht und spielerisch wirkt, ist in Wahrheit das Ergebnis jahrelangen Trainings. Dieses Training und damit die Sicherheit in Bezug auf das eigene Tun führen zu schier unvorstellbaren Leistungen.

Nachdem wir das Thema mentale Stärke aus Sicht eines Systemtraders behandelt haben, möchte ich Ihnen einen der erfolgreichsten diskretionären Trader vorstellen, den ich kenne: Carsten Umland. Carsten handelt auf eigene Rechnung diverse Märkte nach Markttechnik, ist als Trainer für die Börse Stuttgart tätig und arbeitet als freier Redakteur für das Magazin *Traders'*.

Mangelnde Geduld. Von Carsten Umland

Man wartet geduldig den ganzen Vormittag auf das Trading-Signal und hat sich seine Trading-Idee zurechtgelegt. Nun sitzen die meisten Trader ja nicht 24 Stunden vor dem Bildschirm. Aber gerade als unser Trader den Arbeitsplatz zum Mittagessen verlässt, stellt er fest, dass „seine" Trading-Idee gerade durch ist. Der Markt ist also ohne ihn losgelaufen.

Jetzt macht sich erster Frust breit und er hofft: „Ach, das wird eh nichts." Aber der Markt läuft und läuft. Die Gedankenspirale und das Kopfkino des Traders spulen bunte Bilder ab. Die Gewinne werden auf Excel schöngerechnet; wäre das doch der lang erwartete und dringend benötigte Gewinn-Trade.

Mittlerweile ist es später Nachmittag und der Markt kennt nur eine Richtung; nur eben ohne den Trader. Erste Ungeduld macht sich breit. Der Trader rutscht auf seinem Stuhl hin und her, skaliert den Chart zum hundertsten Mal – vom 60-Minuten- bis runter zum 1-Minuten-Chart.

Verdammt, da muss doch heute noch ein Einstieg zu finden sein! Dann endlich, es ist mittlerweile Abend geworden, bietet sich eine klitzekleine Chance, in den Markt einzusteigen. Gesagt, getan – verloren. Der Trade lief sofort ins Minus. Frustration. Ausgestoppt.

Das war der heutige Tag: Den ganzen Tag vor dem Bildschirm gesessen und am Ende doch nur ein Minus verbucht.

Kommt Ihnen das bekannt vor? Sie wären nicht der Erste, auf den dieser Tagesablauf zutrifft. Die Frage, die sich stellt: Wie kann man diese Situation vermeiden? Ganz grundsätzlich – gar nicht. Es ist natürlich möglich, diverse Alarme zu verwenden oder schon vorbereitete Orders in den Markt zu legen. Das alles ist aber nur die halbe Wahrheit. Das grundsätzliche Problem, in dem der Trader gefangen ist, liegt in der Vorstellung, heute noch einen Trade machen zu wollen („Wo doch der Markt sooo schön läuft …"). Dabei blendet der Trader den Markt völlig aus. Es geht ihm nur noch darum, *heute* dabei zu sein. Nicht morgen oder übermorgen – eben *jetzt* und *heute*.

Das ist Gier und Ungeduld. Denken Sie daran, dass die Börse der treueste Arbeitgeber ist, den Sie sich vorstellen können – solange Sie Ihr Trading-Kapital nicht vernichten. Üben Sie sich in Geduld. Wenn Sie heute einen Trade verpasst haben, nehmen Sie es hin – denn die Börse hat morgen auch noch auf! Es geht darum, auch verpasste Chancen hinzunehmen und gedanklich abzuhaken, genauso wie entstandene Verlust-Trades. Das ist und bleibt Trading-Alltag.

Carsten Umland
Eigenhändler
www.simplified-trading.de

Verpasste Chancen gedanklich abhaken: Da stimme ich Carsten zu. Doch abgesehen von der technischen Seite, sich Alarme in die Plattform zu legen oder ähnliches, muss uns eines klar sein: Der beste Alarm hilft dem Trader nichts, wenn er nicht die nötige Disziplin an den Tag legen kann. Wir werden später noch über Disziplin sprechen und im Buchteil „Der Plan" Übungen zeigen, wie man sich diesbezüglich verbessern kann. Andreas, ein paar Worte dazu vorab?

Ja, gerne. Die Ungeduld, die Carsten beschreibt, hat sehr viel mit persönlichen Antreibern zu tun (mit diesen Antreibern werden wir uns noch sehr intensiv befassen). Diese Antreiber senden uns bestimmte Botschaften, die wir brav umsetzen, meist aus dem Unterbewusstsein, aber äußerst wirkungsvoll. Wir wollen bestimmte Erwartungen erfüllen, wollen perfekt sein, wollen es uns und anderen recht machen und verlieren dabei unser eigentliches Handeln aus den Augen – für einen Trader tödlich. Setzt sich doch eine gefährliche Spirale in Bewegung, die schwer wieder anzuhalten ist. Die Lösung: Erkennen, dass es so ist, und mit entsprechenden eigenen Botschaften aktiv dagegenarbeiten (beziehungsweise *für* die eigene Botschaft). Auch wenn das alles noch ein wenig kryptisch klingt: Sobald wir Ihnen mehr über die Antreiber erzählen, wird vieles sehr viel klarer.

Lassen wir noch einen Trader zu Wort kommen, meinen Freund Nils Gajowiy, den ich für einen der besten Technischen Analysten im deutschen Sprachraum halte. Auch er erzählt uns etwas über Disziplin.

Mein Armageddon. Von Nils Gajowiy

Gelegentlich werde ich wegen meiner Disziplin gelobt. Nun, manchmal gehen mit mir auch die Pferde durch. Heute zum Beispiel wollte ich partout nicht akzeptieren, dass der Markt um 225 Punkte steigen könnte. Eine teure Respektlosigkeit.

Um 09:00 Uhr war die Welt noch in Ordnung. Der FDAX stieg auf 5.694 und markierte ein neues Tageshoch. Keine zehn Minuten später fiel er auf ein neues Tagestief, ich platzierte eine Limit-Verkaufsorder bei 5.660. Der Stundenchart sah überkauft aus, die Stochastik stand fast im überkauften Bereich, der Kurs oberhalb der Keltner-Kanal-Mitte[19]. Ausführung um 9:12 Uhr. Es geht noch einmal kurz runter, bei 5.648,5 kommt der Abwärts-Swing zum Stehen.

Ich hatte viel zu tun und wollte den Trade sicher nach Hause bringen. Also setze ich ein 15-Punkte-Ziel und einen 119-Punkte-Stopp. Zugegeben, der Stopp kam mir etwas weit vor bei 5.779, aber für den Fall, dass das gestrige Tageshoch angesteuert würde, wollte ich nicht unglücklich am Hoch ausgestoppt werden. Und mein Konto ließ einen solchen weiten Stopp zu.

Im Laufe des Vormittags nahm das Unheil seinen Lauf. Kurz vor 10:30 Uhr der Ausbruch über das gestrige Hoch bis 5.744. Danach setzen Gewinnmitnahmen ein. „Aha, ein falscher Ausbruch", schlussfolgerte ich messerscharf. Bis 14:00 Uhr kam der Markt auch etwas zurück – bis 5.689. Ab 14:15 Uhr explodierten die Kurse förmlich, als die ersten Konjunkturdaten kamen. Ich wurde mutig, als die amerikanischen Märkte eröffneten.

Der DAX schon über zwei Prozent im Plus – die Amerikaner nur ein halbes Prozent. Die 10-Minuten-Kerze machte ein neues Tief – jetzt *musste* der Markt doch fallen. Pustekuchen. Schnurstracks ging es in Richtung 5.800 – mein Stopp wurde mit einem halben Punkt Slippage um 15:42 Uhr gezogen. 119,5 Punkte oder 2.990,32 Euro inklusive Gebühren

Was habe ich gelernt? Zunächst: Mein Stopp saß viel zu weit. Ich hatte ihn aufgrund meines Kontenrisikos gesetzt – 3.000 Euro durfte ich mir erlauben, also nahm ich 2.975-Euro-Risiko. Das entspricht 119 Punkten im DAX-Future, so viel würde der Markt nicht steigen. Genau diese wenig wahrscheinliche Bewegung ist aber heute eingetreten. Zweitens: Ich weiß jetzt wieder, wie Kaufpanik

---

19 Bei der Stochastik und beim Keltner-Kanal handelt es sich um Indikatoren aus der Technischen Analyse. Der FDAX ist der Future auf den DAX 30 und wird an der Eurex (European Exchange, kurz Eurex, eine der weltweit größten Terminbörsen für Finanzderivate) gehandelt.

aussieht. Denn was sich am Nachmittag abspielte – ein fast senk-rechter Kursanstieg bis 5.872,5 –, war nach meiner Wahrnehmung das massive Glattstellen von Short-Positionen. Möglicherweise Menschen, die sich noch dümmer angestellt haben als ich. Drit-tens: Ich dachte, ich kann es mir leisten. Denn ich lag bis heute Morgen etwa 5.200 Euro im Plus für diesen Monat. Jetzt sind es „nur" noch 2.200 Euro. Noch so ein Verlust, und der Monat wäre rot. Gut, dass er heute vorbei ist. Viertens: Wo hätte der Stopp hingehört? Spätestens am ersten Tageshoch bei 5.694 hätte ich die Position schließen müssen. An der Stelle war klar: Der Ab-wärtsausbruch war der Fake. Fünftens: Statt endlosem Leid hätte ich auch einen schönen Long-Trade und anschließend die Gewinn-mitnahmen nach dem Tageshoch mitnehmen können. Ging nicht, weil ich erst zu lange long war und dann mir der Schreck in den Gliedern saß. Das Reptilienhirn lässt grüßen.

Nils Gajowiy
Eigenhändler, Technischer Analyst
www.gajowiy.com

Rache. Von Thomas Vittner

Hinweis: Dieser Fehler ist dem im Beitrag von Carsten Umland sehr ähn-lich. Allerdings liegt hier der Fehlerschwerpunkt leicht anders, wie wir gleich sehen werden.

Vor ein paar Jahren war ich mit meiner Lebensgefährtin Marianne im Kasino in Baden bei Wien. An den Spieltischen waren elektronische Tafeln angebracht, die anzeigten, welche Farbe und welche Zahl zu-letzt gekommen waren. Dabei wurden die letzten 15 Würfe erfasst. Immer wenn es zu einer längeren Serie von Rot oder Schwarz kam, ging ein Raunen durch die Menge. Schon wieder Rot, unglaublich. Das achte Mal in Serie. Und der eine oder andere ließ sich verleiten, nun den doppelten Betrag auf Schwarz zu setzen, denn diese Farbe sei scheinbar nun überfällig.

Aber ist das wirklich so? Bestimmt die Vergangenheit, was in Zukunft passiert? Bei Kartenspielen wie Blackjack oder Poker ganz bestimmt, aber sicher nicht beim Roulette, wo der reine Zufall dominiert. Doch dieses Verhalten – Wahrscheinlichkeiten falsch zu interpretieren – beobachten wir auch an den Märkten. Dazu ein Beispiel.

Ein Trader erlebt einen heftigen Drawdown, der sein Konto um gut 22 Prozent reduziert hat. Obwohl er eine gewisse Erfahrung aufweisen kann, hat er große mentale Probleme in dieser Phase. An einem weiteren Handelstag kann er die Eröffnung der US-Märkte wegen eines wichtigen Termins nicht live handeln, was er sonst hingegen immer tut. Als er gegen 17:30 Uhr dann zu seiner Handelsplattform kommt, traut er seinen Augen nicht. Der S&P liegt nach gut zwei Stunden Handelszeit 3,5 Prozent im Plus. Die Signale unseres Traders zeigten vorbörslich zwar steigende Kurse an, aber da er seine Orders bei geöffnetem Markt manuell platzieren muss, hat er diesen Kursanstieg versäumt. Er schäumt vor Wut! Das waren seine Profite. Der Markt hat sie ihm vorenthalten.

So fasst er den Plan, sich diese entgangenen Gewinne zurückzuholen. Er springt also auf einen Zug auf, der schon mit sehr hoher Geschwindigkeit unterwegs ist. Er erhöht darüber hinaus sein Risiko und geht mit doppelter Positionsgröße long. Er reizt sein Margin-Konto somit komplett aus, obwohl er im Normalfall nicht mit so hohem Hebel spekulieren würde.

Es kommt, wie es kommen muss. Die Märkte korrigieren, seine Position dreht ins Minus und wird ausgestoppt. Das Ganze ging also nach hinten los. Sein Drawdown ist auf fast 28 Prozent angestiegen – ein weiteres Minus von sechs Prozent mit einer Position an nur einem Handelstag.

Aber nicht nur Tradern geht es so. Unser Investor hatte mit seinen Beteiligungen in den letzten Monaten wenig Glück. Obwohl die Märkte langsam, aber kontinuierlich nach oben liefen, fiel der Wert seines Depots. Verantwortlich dafür waren in erster Linie zwei Engagements, die sich nach schlechten Quartalsberichten außerordentlich negativ entwickelten. Da er in den letzten Jahren die Märkte kontinuierlich geschlagen hat, ärgert ihn die Entwicklung ganz besonders und er sucht nach Auswegen aus dem Dilemma.

Wie es der Zufall so will, hatte er vor ein paar Tagen einen Börsenbrief über afrikanische Minenaktien in die Hände bekommen. Ganz besonders eine Silbermine war ihm da in Erinnerung. Diese Firma hätte hohes Potenzial und säße – unbestätigterweise – auf einem großen Silbervorkommen. Ein Engagement, meinte der Verfasser des Börsenbriefes, käme genau jetzt zum richtigen Zeitpunkt, da die Aktie von den großen Investmenthäusern noch nicht entdeckt worden war. Es handle sich zwar um einen Pennystock[20], der im Bereich von 0,08 US-$ notiert, aber das Potenzial nach oben sei deswegen noch größer, so der Herausgeber des Briefes.

Hals über Kopf kauft unser Investor mit einem größeren Eurobetrag Aktien dieser Mine, ohne sich über das Unternehmen auch nur ansatzweise zu informieren. Ein paar Tage läuft es ganz gut und der Wert steigt um circa 15 Prozent. Doch dann fallen die Notierungen plötzlich stark zurück, obwohl der Silberpreis konstant bleibt. Recherchen im Internet sind zwecklos, weil man über dieses Unternehmen keine Infos findet. Der Kurs fällt und fällt und bei 0,03 US-$ verkauft er seine Beteiligung nur wenige Wochen später mit herben Verlusten und blanken Nerven. Tagelang grübelt er darüber nach, wie das überhaupt passieren konnte. Er, der sonst nur in werthaltige Unternehmen investiert, war so leichtsinnig geworden und wollte sich mit einem einzigen Engagement alles wieder zurückholen, was er durch die anderen Investments verloren hatte. Er war einfach unvorsichtig geworden und hat alles auf eine Karte gesetzt.

Wir neigen also häufig dazu, Wahrscheinlichkeiten intuitiv falsch zu bewerten, das Gesetz der großen Zahl zu negieren und unser Risikomanagement zu vergessen. Hopp oder topp! Nach fünfmal Rot muss ja jetzt Schwarz an der Reihe sein. Oder eben doch nicht! Zum Abschluss erzählt uns Fondsmanager und Autor Herbert Autengruber, welche typischen Fehler er bei der aktiven Geldanlage immer wieder beobachtet. Das Unerwartete dabei: Trotz seiner exzellenten Fachkompetenz und seinem tiefen Verständnis der fundamentalen Zusammenhänge an den Märkten passiert auch ihm von Zeit zu Zeit so ein Malheur.

Fehler bei der Geldanlage. Von Herbert Autengruber

Ich möchte zunächst über Fehler berichten, die ich selbst in meiner langen Karriere begangen habe. Danach erzähle ich, welche Missgeschicke und falschen Verhaltensweisen ich bei meinen Kunden oder bei Kollegen häufig beobachte.

Selbst erlebt: Ich bin zu optimistisch nach einigen Erfolgen hintereinander!

Ein Muster, das mir immer wieder auffällt, ist, dass ich umso mutiger werde, je öfter hintereinander ich recht habe. Das eigene Selbstvertrauen wächst genauso wie die Anerkennung und die Ermunterung zu mehr Risiko durch Kunden. Das ist häufig eine gefährliche Falle, da vieles an der Zukunft unvorhersehbar ist und plötzlich eine Serie von Fehlentscheidungen folgt. Hat man mehrmals hintereinander unrecht, geht das Vertrauen vieler Kunden verloren. Begeisterung wandelt sich in Enttäuschung.

Mein Glaube daran, dass sich stets die Rationalität durchsetzt, ist genauso gefährlich. Viele Anlagen erscheinen mir völlig klar im Moment zu diesem Kurs als Super-Schnäppchen. Im Vertrauen auf meine (hoffentlich!) sachlich richtige Analyse bin ich dann oft verwundert, wenn die Kurse in die andere Richtung laufen. Zu lange habe ich mich zu stark an vernünftigen Bewertungen von Aktiengesellschaften allein orientiert. Ich habe zu wenig bedacht, dass wohl bis zu 90 Prozent der Marktteilnehmer den Wert einer Aktie gar nicht bestimmen können oder in ihrem Anlageansatz und ihren Kauf- oder Verkaufsentscheidungen gar nicht beachten.

Manchmal bin ich auch zu gutgläubig. Veröffentlichte Bilanzkennzahlen von chinesischen Micro Caps, die in den USA an der Nasdaq notieren, sind vermutlich gefälscht. Die Faktenlage ist nach wie vor unklar, und trotzdem habe ich geringfügig investiert, weil ich glauben wollte, dass ich Aktien billig einkaufen kann. Allein die Gerüchte darüber, dass die Daten gefälscht sein könnten, haben dann aber zu starken Verlusten geführt.

Aus meiner Beobachtung über andere Anleger verwundert mich: Wieso investieren viele, wenn eine Aktie extrem teuer ist, nur weil es eine kurze, gute Story dazu gibt? Nur um sie bald wieder zu verkaufen, wenn die Story noch voll intakt ist und die Aktie jetzt sogar endlich billig und vernünftig bewertet ist.

Ungeduld erscheint mir bei vielen ein weiterer Fehler zu sein. Ab und zu muss man auf den Erfolg warten können. Das Verhalten gleicht häufig dem von Kindern, die einen Apfelkern in einen Blumentopf stecken und am nächsten Morgen aufgeregt nachsehen, wie hoch die junge Pflanze bereits ist.

Viele orientieren sich bei ihrem Anlageverhalten vor allem an der Stimmung anderer – besonders gefährlich, da Stimmungen permanent wechseln. Sie kaufen nur jene Aktien, für die es ausschließlich Kaufempfehlungen gibt. Sie springen sofort ab, falls es Verkaufsempfehlungen gibt.

Bei der Auswahl von Fonds fällt mir auf, dass häufig jene ausgewählt werden, die in den letzten Monaten oder Jahren am besten gelaufen sind – ohne dass die Käufer verstehen, warum das so ist und dass der Hauptgrund einfach besondere, einmalige, glückliche Umstände waren, die sich so kaum wiederholen dürften. Und diese Aufzählung könnte ich endlos lange fortsetzen ...

Buchautor: „Aktienfonds für jedes Anlageziel"
Fondsmanager; www.autor-herbert-autengruber.de/

Andreas, was meinst du, weshalb werden solche und ähnliche Fehler an den Märkten immer wieder begangen? Welche Mechanismen sind dafür verantwortlich? Kannst du uns hier mit deiner Expertise einige Lösungsansätze präsentieren?

Verantwortliche Mechanismen und erste Lösungsansätze.
Von Andreas Fritsch

Zunächst möchte ich vorausschicken, dass eine wirklich fundierte Analyse von Mechanismen und Motivatoren auf der persönlichen Ebene, welche in den beschriebenen Fällen gezeigt wurden, nur möglich ist, wenn wir mehr über den Menschen wissen, als das hier der Fall ist. Ein umfassendes Gespräch, ein Persönlichkeitsprofil, einige weitere Hintergründe lassen Motive, Antreiber, Mechanismen vor einem ganz anderen Hintergrund erscheinen. Damit sind dann persönliche und nachhaltige Lösungsansätze möglich. Dennoch möchte ich gerne versuchen, diese Fälle quasi „von außen" zu betrachten und die allgemeinen Hintergründe herauszuarbeiten, die für viele Trader oder Investoren in vergleichbaren Situationen gelten können.

Das Verhalten, Thomas, das hier gezeigt wurde, ist nicht ungewöhnlich. Ich bin der Überzeugung, dass dabei Faktoren wie Gier, Rache, falsche Selbsteinschätzungen eine Rolle spielen.

Viel wichtiger sind aber zunächst die Auswirkungen. Diese sind in beiden von dir beschriebenen Fällen: Verluste! Denn Achtung: Aus mentaler Sicht sind echte Verluste und nicht gemachte Gewinne gleich zu bewerten. Das verstärkt in jedem Fall einen ganz wesentlichen Faktor: *Stress!* Dieser Stress, ausgelöst durch ganz individuelle Antreiber (dazu später mehr), verengt den Blickwinkel, fokussiert im Positiven. Bis zu einem bestimmten Punkt ist dieser „Fokussierungs-Stress" sehr hilfreich und wichtig, denn er macht uns aktiv, wachsam und handlungsfähig.

Er sorgt dafür, dass wir uns aufs Wesentliche konzentrieren, unwichtige Kleinigkeiten ausblenden und mit einem klaren Blick eine Lösung für unsere aktuelle Herausforderung finden. Biochemisch werden wir geflutet von einem Adrenalin- und Cortisol-Cocktail. Wenn der Stress aber zu lange anhält, wir kein geeignetes Ventil zum Abbau finden, dann verengt sich unser Blick derart, dass unsere Wahrnehmungs- und Beurteilungsfähigkeit massiv abnimmt. Unser körpereigenes Kontrollsystem schaltet auf Notprogramm. Wir sind dann oft nicht einmal mehr in der Lage, einfache Zusammenhänge zu erkennen und entsprechende Schlüsse zu ziehen. Fehler und Fehleinschätzungen häufen sich, verstärken die negativen Konsequenzen, erhöhen den Stress und lösen damit einen gefährlichen Kreislauf aus. Dann vergessen wir auch unsere guten Vorsätze, zum Beispiel den gefassten Entschluss, uns künftig an unser einmal definiertes System zu halten und konsequent nach diesem System zu arbeiten. In diesem Fall frisst die Emotion unser Hirn.

Wir werden überwältigt von allen nur denkbaren Gefühlswallungen und entscheiden häufig falsch. Eine intuitive (emotionale) Entscheidung kann an der Börse nur mit einem klaren Kopf getroffen werden, nicht in einer Situation, die uns spürbar unter Stress setzt und wichtige Empfänger einfach lahmlegt.

Aufbrechen können wir einen solchen Teufelskreis durch folgende Maßnahmen:

Bewusstmachen. Solange uns die genannten Mechanismen unbewusst erwischen, bleiben sie gefährlich. In dem Moment, in dem wir bewusst erkennen, was da gerade mit uns passiert, können wir auch aktiv gegensteuern. Sonst treibt es uns, wir geben die Selbstkontrolle ab und werden von unseren Antreibern gesteuert. Am besten lesen Sie hier im Kapitel „Antreiber" mehr über die dahinterliegenden Glaubenssätze und vor allem über die sogenannten „Erlauber", die uns helfen, aus diesem Kreislauf auszubrechen.

Entscheidungen ohne Stress. Sehr schwer, jedoch die einzige Möglichkeit, gute Entscheidungen zu treffen. Aber ich spreche hier nicht von jeder Art von Stress. Denn einige von Ihnen werden nun sagen: „So ein Quatsch! Unter Druck treffe ich immer die besten Entscheidungen!" Stress tritt nämlich nicht nur in seiner negativen Erscheinungsform auf – als sogenannter Di-Stress. Stress wirkt auf uns durchaus positiv und aktivierend.

Dieser positive Stress – der sogenannte Eu-Stress – ist nötig, um uns für kurze Zeit sehr konzentriert Dinge tun zu lassen, für die viel Aufmerksamkeit, temporäre Höchstleistungen und Fokus wichtig sind. Man spricht im Spitzensport vom sogenannten Flow-Zustand.[21] Wie wir diesen Flow-Zustand als Anleger erreichen können, erklären wir Ihnen im letzten Kapitel „Der Plan" anhand des Mental-Programms, denn auch der aktive Börsenhandel ist eine Art Spitzensport! Thomas zieht nun ein kurzes Resümee zu diesem spannenden Kapitel.

---

21 Buchempfehlung: Mihaly Csikszentmihalyi: „FLOW. Das Geheimnis des Glücks".

Fazit:

Wir haben nun anhand einiger praktischer Beispiele gesehen, welche Fehler von Börsianern immer wieder gemacht werden. Andreas hat uns dabei mit seiner Expertise erklärt, warum diese Fehler aus mentaler Sicht entstehen, was sie auslöst. Stress spielt dabei eine entscheidende Rolle. Aber rund um das Thema Fehler gibt es noch etwas ganz Wichtiges zu beachten: die Frage, wie wir reagieren, wenn wir einen Fehler begehen, wenn wir ihn als solchen erkannt haben. Sind wir sauer, zornig oder traurig? Oder begrüßen wir den Fehler, weil er uns weiterbringt? Sie meinen, das ist Blödsinn? Nein! Wir müssen uns mit unseren Fehlern arrangieren und dazu müssen wir sie willkommen heißen. Darüber sprechen wir im Anschluss. Denn wie sagt man so schön: „Aus Fehlern lernt man!" Wenn man dazu bereit ist. Und das können wir werden, wie uns Andreas auf den nächsten Seiten zeigen wird.

Fehler sind WILLKOMMEN

Fehler passieren. Immer wieder. Selbst erfahrenen Börsianern. Auch sie haben an der Börse schon viele wichtige Entscheidungen getroffen, gute wie schlechte, richtige wie falsche. Vielleicht kennen Sie die Geschichte von dem Trader, der für ein großes US-amerikanisches Investmenthaus gearbeitet hat. In seinem ersten halben Jahr hat er nach anfänglichen Erfolgen durch eine massive Fehleinschätzung eine Million Dollar verloren. Daraufhin begab er sich zu seinem Chef und wollte kündigen. Doch sein Chef sagte: „Sie sind wahnsinnig, Mann. Ich werde Sie doch nicht gehen lassen, wo ich doch eben eine Million Dollar in Ihre Ausbildung investiert habe!"

Unsere Wertewelt hat natürlich großen Einfluss darauf, wie wir persönlich mit Fehlern und Rückschlägen umgehen. Wir können besser werden, man kann immer besser werden und dazulernen, wenn wir unsere Fehler für uns arbeiten lassen. Aber dazu müssen wir auch eine gewisse Bereitschaft mitbringen, uns somit entwickeln *wollen*.

Sie werden jetzt vielleicht zu Recht einwerfen: Wer will das denn nicht? Stimmt, doch zum Wollen muss auch das Können kommen, was wir im folgenden Kapitel näher ausführen möchten.

Die Wahl, persönlich zu wachsen.

Was Resilienz bedeutet

Im Zusammenhang mit der Bewältigung von schwierigen Situationen und massiven Fehlern oder Fehlentscheidungen im Leben ist oft von Resilienz die Rede. Ursprünglich beschreibt Resilienz die Fähigkeit eines Werkstoffes, nach Belastung wieder in seinen Ursprungszustand zurückzufinden.

Im psychologischen Kontext wird Resilienz immer häufiger erwähnt, wenn es darum geht, zu erklären, wie Menschen mit schweren Krisen und persönlichen Schicksalsschlägen, mit Verlusten und Fehlern umgehen. Den einen gelingt das besser, anderen weniger gut.

Menschen wie Blade-Runner Oscar Pistorius („The fastest man on no legs") oder der ehemalige Skirennläufer Silvano Beltrametti, der nach einem schweren Rennunfall heute querschnittsgelähmt an den Rollstuhl gefesselt ist, Bill Clinton oder Ray Charles: sie alle eint – bei großen Unterschieden – vermutlich ihre große Resilienz.

Sie alle haben Schlimmes erlebt oder sind unter nicht optimalen bis katastrophalen Lebensumständen aufgewachsen, haben aber trotzdem Dinge im Leben erreicht, die nur ein kleiner Teil der Menschheit jemals erreichen kann oder wird. Aber warum? Was macht widerstandsfähige Menschen aus? Was macht sie stark in der Bewältigung von Krisen? Was beschert ihnen Erfolge, wo andere Menschen nur Niederlagen erleben? Sehen wir weiter.

Resilienz als Quelle unserer Widerstandsfähigkeit

Grundsätzlich kann man festhalten, dass sich resiliente Menschen durch folgende Charaktereigenschaften auszeichnen:

- Sie sind imstande, in Netzwerken zu denken und die Hilfe anderer Menschen zu nutzen.
- Sie halten Krisen für überwindbar, sie denken grundsätzlich positiv.
- Sie empfinden Veränderungen nicht als Bedrohung, sondern als elementaren Bestandteil persönlichen Wachstums.
- Sie wenden sich eigenen Zielen zu und sind überdurchschnittlich entscheidungsfreudig.
- Sie verfügen über ein hohes Maß an Selbstreflexionsfähigkeit. Sie können sich selbst und ihre Emotionen beobachten und verändern.
- Sie verfügen über ein positives Selbstbild und ein großes Maß an Selbstvertrauen.
- Sie sind realistisch und verfügen über eine hoffnungsvolle Grundhaltung.
- Sie achten auf sich selbst.

Für Börsianer stellt sich immer wieder die Frage: Wie gehe ich mit negativen Entwicklungen meiner Positionen, mit Rückschlägen, mit Verlusten allgemein um. Ein resilienter Händler wird mit großer Wahrscheinlichkeit anders mit einer negativen Situation umgehen als sein Kollege mit weniger Resilienz, was diese Eigenschaft zu einer der wichtigsten Grundvoraussetzungen für den aktiven Börsenhandel macht.

Denn wer es gelernt hat, Rückschläge entsprechend zu verarbeiten, wird aus einer negativen Erfahrung lernen und diese Erfahrung in positive Lernerfolge umwandeln können. Wenn das nicht der Fall ist, laufen die oft bekannten Mechanismen ab: Jede Entscheidung wird vor dem Hintergrund der negativen Erfahrung aus der Vergangenheit betrachtet und bewertet.

Viele dieser von außen oft unverständlich anmutenden Entscheidungen (oder besser: Nicht-Entscheidungen) werden sehr häufig aus

Angst getroffen. Meist entsteht diese Angst aus Unsicherheit (dem [erwarteten] Verlust von Sicherheit). Da das Bedürfnis nach Sicherheit eines der größten und ursprünglichsten Bedürfnisse der menschlichen Spezies ist, stellt die Möglichkeit eines Verlustes unserer Sicherheit auch eines der größten soziologischen Angstpotenziale überhaupt dar. Daher werden wir diesem Thema gegen Ende des Buches nochmals begegnen.

Wie im Kapitel „Typische Anlegerfehler und was sie auslöst" beschrieben, werden falsche Entscheidungen oftmals aus Angst oder Furcht getroffen. Den Umgang mit Angst/Furcht beziehungsweise die Fähigkeit, mit Rückschlägen und Verlusten entsprechend umzugehen, nennt man also Resilienz.

Testen Sie Ihre Resilienz-Fähigkeit

Es hilft, die eigene Resilienz-Fähigkeit besser kennenzulernen. Wir haben für Sie dazu – bevor wir uns Einstellungen und Überzeugungen etwas genauer ansehen – einen Selbst-Test entwickelt. Wenn Sie ein erster Einblick in Ihre persönliche Resilienz interessiert, machen Sie einfach den Test und Sie wissen mehr darüber.

Bedenken Sie, dass Sie diesen kleinen Test wirklich nur für sich selbst ausfüllen. Sie müssen niemandem etwas beweisen und es gibt kein Richtig oder Falsch. Je ehrlicher Sie zu sich selbst sind, umso hilfreicher sind die Ergebnisse, weil sie echte Erkenntnisse werden, auf denen Sie Ihre weiteren Mentalstrategien aufbauen können.

Sie werden sofort merken, dass der Test wirklich sehr durchschaubar ist. Die Versuchung kann also groß sein, die Fragen in die „gewünschte" Richtung zu beantworten. Das wäre aber die zweitbeste Alternative. Sehen Sie den Test nicht als tiefgreifende psychologische Nabelschau, sondern vielmehr als kinderleichtes, aber wirksames Instrument der Selbstreflexion und Maßnahmen-Erkenntnis: „Nur für mich!"

Wie stark stimmen Sie also den folgenden Aussagen zu (die Ausprägung 1 bedeutet: „Überhaupt nicht" die Ausprägung 6 bedeutet: „Kann ich zu 100 Prozent unterschreiben!")?

Der Resilienz-Test

Ausprägung	1	2	3	4	5	6
Verhalten:						
1. Ich denke regelmäßig in Netzwerken und nutze die Hilfe anderer Menschen.						
2. Ich halte Krisen für überwindbar, ich denke grundsätzlich positiv.						
3. Ich empfinde Veränderungen nicht als Bedrohung, sondern als elementaren Bestandteil persönlichen Wachstums.						
4. Ich wende mich eigenen Zielen zu und bin überdurchschnittlich entscheidungsfreudig.						
5. Ich verfüge über ein hohes Maß an Selbstreflexionsfähigkeit. Ich kann mich selbst und meine Emotionen beim Handeln beobachten und verändern.						
6. Ich verfüge über ein positives Selbstbild und ein großes Maß an Selbstvertrauen.						
7. Ich bin realistisch und verfüge über eine hoffnungsvolle Grundhaltung.						
8. Ich achte auf mich selbst.						

Sie werden außerdem in der Auswertung erkennen, dass eine hohe Resilienz auch ihre Kehrseiten haben kann. Es bedeutet also nicht unbedingt, dass ein Trader mit hoher Resilienz auch automatisch ein sehr erfolgreicher Trader sein muss. Er besitzt lediglich bestimmte Anlagen, die ihm dabei helfen, erfolgreich zu werden. Ausschöpfen und nutzen muss er dieses Potenzial aber selbst. Vor allem muss er auch die „Fallgruben" erkennen, die eine hohe Resilienz mit sich bringen kann, und damit ihre guten Seiten bestmöglich einsetzen. Besitzen Sie also nach Auswertung des Tests eine hohe Resilienz, Ihre Erfolge lassen aber noch auf sich warten, können Sie aus dieser Erkenntnis sehr wertvolle Handlungsalternativen ableiten!

Auswertung und Maßnahmen

Wir geben Ihnen nun eine Reihe von Bewertungsmöglichkeiten zu Ihren Ergebnissen. Zählen Sie zuerst die Ausprägungen zusammen, das heißt: Wie haben Sie Ihre persönliche Beobachtung mit einer 6, einer 5, einer 4 und so weiter bewertet? Zählen Sie diese Bewertungen zusammen. Der maximale Wert wäre 48 (wenn Sie acht Mal die höchste Ausprägung, die 6, angekreuzt hätten). Die geringste Ausprägung wäre folglich die 8. Wir sind uns sicher, dass Sie absolut ehrlich geantwortet haben. Der Test ist wirklich nur für Sie selbst bestimmt. Kein Mensch außer Ihnen bekommt die Ergebnisse zu sehen.

Wenn es Sie aber interessiert, dann bitten Sie einen oder mehrere Menschen, die Sie gut kennen und denen Sie vertrauen, Sie mit diesem Fragebogen aus der Fremdsicht zu beurteilen. Das heißt, wie schätzen diese Menschen Sie ein, wie nehmen diese Menschen Sie im Umgang mit ihnen, in der Familie, am Arbeitsplatz, unter Traderfreunden wahr. Bitten Sie Ihre Freunde, ehrlich zu antworten. Das Ergebnis kann Ihnen sehr helfen, Selbstbild und Fremdbild aufeinander abzustimmen und mehr darüber zu erfahren, wie Sie in Ihrem Verhalten nach außen wirken. Sehr häufig spiegelt diese Wirkung – das wurde statistisch belegt – eher die Realität wider als unsere persönliche Einschätzung von uns selbst.

In vielen wissenschaftlichen Untersuchungen hat man darüber hinaus festgestellt, dass die Abweichungen bei besonders erfolgreichen Menschen geringer sind als bei weniger erfolgreichen Menschen.

Das kann zum einen daran liegen, dass sehr erfolgreiche Menschen ein gutes Sensorium für ihre eigenen Kompetenzen und Fähigkeiten besitzen und auch persönliche Optimierungspotenziale recht gut einschätzen können, zum anderen daran, dass die Selbstüberschätzung hier nicht in dem Maße greift wie oftmals bei weniger erfolgreichen Menschen. Sie haben den Erfolg bereits bewiesen. Dieser ist nach außen erkennbar und ihnen selbst bewusst. Daher liegen in diesen Fällen Selbst- und Fremdbild häufig enger beieinander.

Sofern Sie also diese Möglichkeiten des Feedbacks von außen nutzen, bilden Sie aus den Antworten Ihrer Feedback-Geber einen Durchschnitt. Sie können sich selbst dazuzählen (und wieder einen Schnitt bilden) oder, noch besser, Ihre Selbstbeurteilung den Durchschnittswerten der Fremdeinschätzung gegenüberstellen. Viel Spaß dabei!

Nun möchten wir Ihnen aber die Grundlagen für die Auswertung vorstellen und Ihnen direkt im Anschluss wichtige Tipps mit auf den Weg geben, wie Sie mit hohen oder niedrigen Ausprägungen am besten umgehen sollen, welche Maßnahmen Sie ergreifen können, um Ihre Resilienz entsprechend zu steigern beziehungsweise richtig einzusetzen, und welche Fallgruben es geben könnte, wenn Resilienzen sehr hoch oder sehr niedrig ausgeprägt sind.

In der folgenden Tabelle finden Sie fünf einfache Einteilungen in unterschiedlich hohe Resilienz-Ausprägungen:

1. *Sehr hohe Resilienz:*   *40 bis 48 Punkte*
2. *Hohe Resilienz:*   *30 bis 39 Punkte*
3. *Noch verfügbare Resilienz:*   *20 bis 29 Punkte*
4. *Geringe Resilienz:*   *11 bis 19 Punkte*
5. *Sehr geringe Resilienz:*   *bis 10 Punkte*

Zu den jeweiligen Abstufungen haben wir Ihnen folgende Beobachtungsfelder beschrieben:

- *Wirkung der Ausprägung*
- *Negative Wirkung der Ausprägung / mögliche Fallgruben*
- *Verhaltenstipps*

Eine hohe Resilienz ist sehr häufig angeboren beziehungsweise im Laufe unserer prägenden (Kindheits-)Jahre durch das Vorbild unserer Eltern erlernt. Haben wir sehr oft erlebt, dass in unserem näheren Umfeld mit Herausforderungen positiv umgegangen wurde, und haben wir gesehen, dass dies auch zu entsprechend guten Ergebnissen geführt hat, ist die Wahrscheinlichkeit groß, dass wir diese Verhaltensmuster später auch in unserem eigenen Umfeld anwenden und entsprechende Erfolge damit erzielen.

Aber Resilienz ist auch trainierbar. Sie können sich mit Ausdauer und Konsequenz Ihre Erfolgserlebnisse „machen", mit Werkzeugen zu mentaler Stärke immer mehr den Sinn und den Spaß in Ihrem Tun erkennen und damit den positiven Kreislauf auslösen, der zu Bestätigung, neuen, wertvollen Erfahrungen, erreichten Zielen führt.

Nutzen Sie folgende Punkte als „Dauerbrenner" bei Ihrer Arbeit an Ihrer persönlichen Resilienz. Führen Sie sich Soll- und Ist-Zustände in Ihrem Leben immer wieder entsprechend vor Augen. Sie werden dadurch zum echten Resilienz-Sucher.

- Rückschläge verkraften
- Aus Fehlern lernen
- Um Hilfe bitten
- Gelassen bleiben
- Ein positives Selbstbild behalten
- Die eigene Energie richtig einschätzen
- Die eigenen Fähigkeiten richtig einschätzen
- Dauerhaft leistungsfähig bleiben
- Über eine gute Intuition verfügen

1. Kategorie: 40 bis 48 Punkte / „Sehr hohe Resilienz"

Wirkung der Ausprägung	Negative Wirkung der Ausprägung / mögliche Fallgruben	Verhaltenstipps
Sie sind ein Stehaufmännchen / -weibchen. Sie lassen sich in Ihren Entscheidungen nicht beirren. Rückschläge spornen Sie an, weil es sich für Sie dabei um Herausforderungen des täglichen Lebens handelt, die es zu lösen gilt. Immer wenn es in Ihrer Arbeit oder in Ihrem privaten Umfeld zu Rückschlägen kommt (am Rande bemerkt: vermutlich hatten Sie in Ihrem Leben nicht sehr viele Rückschläge), denken Sie nach, schütteln sich kurz und ergreifen die Initiative. „Love it, change it, leave it" ist für Sie kein Prozess, über den es lange nachzudenken gilt. Es ist für Sie normal, Situationen zu bewerten und fast immer das Beste daraus zu machen. Mit großer Wahrscheinlichkeit werden Sie Ihre Herausforderungen nicht immer alleine lösen. Sie nutzen Ihre Netzwerke – auch Ihre kleinen – und fragen um Rat, wenn Sie für bestimmte Situationen nicht sofort eine Lösung wissen. Dennoch treffen Sie Ihre Entscheidungen	Bei sehr hoher Ausprägung dieser resilienten Charaktereigenschaften kann es in bestimmten Situationen zu Selbstüberschätzungen kommen. Dadurch, dass Ihre Aufsteher-Qualitäten aber sehr hoch sind, kann es sein, dass Sie solche Situationen nicht als ausreichend unangenehm empfinden, um etwas daran zu ändern. Die Belohnung durch Schmerzvermeidung ist in diesen Fällen nicht groß genug. Sehr resiliente Menschen können in Extremfällen dazu neigen, ihre körperliche Leistungsfähigkeit aufgrund ihrer großen mentalen Stärke zu überschätzen. Daher kann es auch bei solchen Menschen bei lang andauernder großer physischer Belastung zu Burn-out-ähnlichen Symptomen kommen. Es kann sein, dass Sie bestimmte negative Situationen recht ungerührt „hinnehmen". Das bedeutet nicht: ohne Emotionen. Es kann aber sehr wohl bedeuten, dass Sie sich sagen: „Das ist halt nun mal so. Kann man nicht ändern."	Nutzen Sie Ihre grundpositive Einstellung. Sie verfügen über sehr viele gute, positive Glaubenssätze. Versuchen Sie, diese guten Glaubenssätze aktiv zu erkennen, aufzuschreiben und bewusst einzusetzen. Damit gelingt es Ihnen, die Wirkung dieser Glaubenssätze noch zu verstärken. Sollten Sie Rückschläge erfahren haben: Analysieren Sie die Situation am besten zusammen mit einem vertrauenswürdigen Menschen und entwickeln Sie einen klaren Plan, um aus den Rückschlägen zu lernen. Die Bereitschaft, aus Fehlern zu lernen, bringen Sie in sehr ausgeprägtem Maße mit. Daher wird Ihnen das sehr leichtfallen. Nutzen Sie in neuen Situationen, die Sie angehen und die ein gewisses Risiko bergen, Tools zur Analyse wie zum Beispiel die SWOT-Analyse, die in Form einer Matrix „Strengths" (innen), „Weaknesses" (innen), „Opportunities" (außen) und „Threats" (außen) eines Projektes, einer Entscheidung, einer Unternehmensgründung beleuchtet.

Wirkung der Ausprägung	Negative Wirkung der Ausprägung / mögliche Fallgruben	Verhaltenstipps
eigenständig und sind in Ihrem Inneren nicht abhängig von Vorbildern und den Meinungen anderer. Veränderungen in Ihrem persönlichen Umfeld empfinden Sie meist als Bereicherung. Sie glauben an sich, sind selbstsicher in dem, was Sie tun. Dennoch können Sie auch Ihre Grenzen gut und realistisch einschätzen.	Machen wir das Beste draus!" In bestimmten Situationen kann das dazu führen, dass Menschen mit einem sehr hohen Maß an Resilienz stoisch oder unbeteiligt wirken können. Sie spüren den Schmerz einer Situation nicht so stark wie manch anderer und verspüren daher mitunter weniger Handlungsbedarf. Eine große potenzielle Gefahr gibt es für sehr resiliente Menschen: Viele Menschen mit hoher Resilienz gehen so gut und erfolgreich durchs Leben, dass alles wie geschmiert läuft. Kämpfen ist nicht erforderlich. Sollte es im Leben zu einer wirklich großen Herausforderung kommen, kann es sein, dass der lebenslang Resiliente plötzlich vor einer „Prüfung" steht, auf die er technisch nicht vorbereitet, nicht trainiert ist.	Besprechen Sie die Ergebnisse mit einem kompetenten Partner. Dadurch beleuchten Sie „Blinde Flecken", auf die Sie dann aktiv reagieren können. Mut besitzen Sie genug. Selbst wenn durch eine solche Analyse bislang unbekannte Risiken offenbar werden, wird es Sie nicht von der Entscheidung abhalten. Sie sind dann aber besser vorbereitet. „Sammeln" Sie Erfolge und verstärken Sie weiter Ihre Resilienz.

2. Kategorie: 30 bis 39 Punkte / „Hohe Resilienz"

Wirkung der Ausprägung	Negative Wirkung der Ausprägung / mögliche Fallgruben	Verhaltenstipps
Sie verfügen über ein noch hohes Maß an Resilienz. Rückschläge führen dazu, dass Sie etwas länger darüber nachdenken, warum eine bestimmte Situation passiert ist, und dann mit einer Lösung für weitere ähnliche Situationen kommen. Es kann sein, dass Sie ein wenig brauchen, bis Sie sich aktiv Hilfe von außen holen. Da Sie sehr lösungsorientiert sind, beginnen Sie zuerst, selbst an der Lösung eines bestimmten Problems zu arbeiten. Nach einigem Nachdenken entstehen gute Ansätze, die Sie meist auch umsetzen. Den meisten Situationen können Sie etwas Positives, einen gewissen Sinn abgewinnen. Nicht immer auf Anhieb, aber nach einer kleinen Denkphase. Mit Veränderungen können Sie recht gut umgehen. Besser umgehen können Sie wahrscheinlich mit denjenigen Veränderungen, auf die Sie selbst durch Ihr aktives Zutun einen gewissen Einfluss haben. Sie sind sehr gut darin, Ihre persönlichen Stärken und Schwächen in einem sehr realistischen Licht zu beleuchten. Sie wissen, was Sie wissen, was Sie können, Sie kennen Ihren (realistischen) Marktwert.	Viele unglaubliche Erfolge entstehen, weil Menschen sich nicht vergegenwärtigt haben, dass sie das, was sie planen, aufgrund ihrer Fähigkeiten, Kompetenzen und Kenntnisse gar nicht umsetzen und erreichen können. Könnten. Denn tatsächlich haben sie Ihr Ziel erreicht. Wir sprechen hier vom sogenannten *Hummel-Prinzip*: Die Hummel ist dick und schwer und hat kleine Stummelflügel. Aufgrund ihrer Proportionen ist sie physikalisch nicht in der Lage zu fliegen. Sie weiß es aber nicht … Menschen in dieser Resilienz-Kategorie können dazu neigen, ihre Fähigkeiten derart realistisch einzuschätzen, dass es sie konsequent vor dem wirklich großen Erfolg abhält. Auch können diese Menschen sich stärker an äußeren Urteilen und Einschätzungen orientieren als die Personengruppe aus Kategorie 1. Das kann unter Umständen dazu führen, dass den Rat oder den Bedenken von Außenstehenden mehr Bedeutung beigemessen wird und dies möglicherweise bremsend wirkt.	Suchen Sie sich daher Ihre Gesprächspartner, Tippgeber, Vorbilder gut aus. Achten Sie darauf, dass andere Menschen Sie nicht zu sehr ausbremsen beziehungsweise Sie sich nicht zu sehr in Ihrem eigenen Optimismus ausbremsen lassen. Nutzen Sie ähnliche Möglichkeiten, wie wir sie der Gruppe in Kategorie 1 empfohlen haben. Auch Ihnen kann beispielsweise eine SWOT-Analyse sehr helfen, Tipps und Ratschläge von außen zu relativieren und Ihr Ziel in einem realistischen Licht erscheinen zu lassen. Denken Sie dabei immer ein wenig an die Hummel. Stellen Sie Ihr Licht nicht unter den Scheffel.

3. Kategorie: 20 bis 29 Punkte / „Noch verfügbare Resilienz"

Wirkung der Ausprägung	Negative Wirkung der Ausprägung / mögliche Fallgruben	Verhaltenstipps
Sie lassen sich von Rückschlägen zunächst schon beeinflussen. Diese Beeinflussung kann sich unterschiedlich äußern. Bei Ihrem Resilienz-Maß können wir davon ausgehen, dass Sie viel Zeit damit verbringen, über das Problem als solches und über seine Auswirkungen nachzudenken, weniger darüber, es schnell und konsequent zu lösen. Sie greifen dabei wenig auf externe Ressourcen wie kompetente Kollegen oder Spezialisten zurück. Es kann gut sein, dass Sie bei Krisen, bei Rückschlägen oder generellen Herausforderungen die Probleme zunächst bei sich selbst suchen und auch sehr stark das Gefühl haben, diese Probleme durch harte Arbeit selbst lösen zu können. Dabei gelingt es Ihnen auch fast immer, diese Herausforderungen in den Griff zu bekommen. Ihr Stolz kann sich dabei aber in Grenzen halten. Es ist durchaus denkbar, dass Sie zu folgender Aussage neigen: „Okay, Glück gehabt. Noch mal gut gegangen. Aber Achtung: Beim nächsten Mal kann es sein, dass ich nicht so viel Glück habe!"	Achten Sie sehr auf Ihren Energiehaushalt. Wenn es Ihnen gut geht, können Sie Probleme gut lösen. Wenn es Ihnen schlecht geht, kann es sein, dass Sie den Wald vor lauter Bäumen nicht mehr sehen und daher zum eigentlichen Kern eines Problems und der eigentlichen Lösung keinen Zugang finden. Ihre noch verfügbare Resilienz gibt Ihnen immer wieder den „Tritt in den H…", es wieder anzugehen, Probleme mit harter Arbeit zu lösen. Das kann über viele Jahre hervorragend gelingen. Wenn Sie allerdings zu sehr an Ihre Substanz gehen, Ihre Batterien zu selten wieder aufladen, kann das dramatische Konsequenzen physischer und psychischer Art haben. Sehr viele Probleme und Herausforderungen gleichzeitig können für Sie so wirken, als würden Sie davon überwältigt. Wenn Sie sich sehr gestresst fühlen, kann es sein, dass Ihre Sensorik, Ihre Wahrnehmungsfähigkeit für Lösungen und logische Zusammenhänge stark leidet.	Achten Sie auf Ihre Glaubenssätze (siehe nächstes Kapitel). Sind Sie bereit, sich auch selber für bestandene Herausforderungen und gemeisterte Probleme zu loben? Achten Sie auf das Phänomen der „Selffulfilling Prophecy". Glaubenssätze wie „Ich hab's ja kommen sehen!" oder „Hab ich mir fast gedacht!" sollten Sie aus Ihrem Sprachschatz verbannen (wie Sie mit diesen Glaubenssätzen am besten umgehen, zeigen wir Ihnen im nächsten Kapitel). Achten Sie auf Ihre Gesundheit. Achten Sie auf ausreichend Bewegung. Lesen Sie sich das Kapitel zum Thema Life Balance aufmerksam durch und entwickeln Sie einen Plan für sich, wie Sie die vier großen Themen dort in Balance bringen können. Gehen Sie Probleme zeitnah an. Schieben Sie nichts auf die lange Bank.

117

Wirkung der Ausprägung	Negative Wirkung der Ausprägung / mögliche Fallgruben	Verhaltenstipps
Sie sind durchaus imstande, Ihre Emotionen und Handlungen zu reflektieren. Dabei neigen Sie allerdings mehr zum „halbleeren" als zum „halbvollen" Glas. Der Kollege in der Kategorie 2 würde hier eher das halbvolle Glas sehen, der Kollege in Kategorie 1 würde nur an ein volles Glas denken. Es fällt Ihnen manchmal schwer, Entscheidungen zu treffen. Als große Stärke kann es sich erweisen, dass Sie Risiken vorab erkennen und diese entsprechend eingrenzen können. Durch harte Arbeit werden Sie tatsächlich sehr viele Probleme und Herausforderungen lösen.	Es kann dann zu einem echten Teufelskreis führen, aus dem Sie nur schwer alleine wieder herausfinden.	Kümmern Sie sich um ein gutes und aktives Zeit- und Aufgaben-Management. Dabei kann Ihnen die „Eisenhower-Matrix" sehr helfen, Ihre Aufgaben nach Dringlichkeit und Wichtigkeit zu unterteilen und entsprechend abzuarbeiten (wir beschreiben sie später detailliert).

4. Kategorie: 11 bis 19 Punkte / Geringe Resilienz

Wirkung der Ausprägung	Negative Wirkung der Ausprägung / mögliche Fallgruben	Verhaltenstipps
Es fällt Ihnen oft schwer, Rückschläge und Niederlagen wegzustecken. Sobald sich eine neue Herausforderung einstellt, ziehen Sie vermutlich Parallelen zu einer bereits durchlaufenen Situation, die Sie damals nicht zu lösen imstande waren. Sie werden vermutlich die neue Situation anhand der damals gemachten Erfahrungen bewerten und sich vor der neuen Herausforderung fürchten. Daraus kann Angst entstehen, Fehler zu machen. Die Energie, die Sie aufwenden, diese Fehler zu vermeiden, kann sehr groß sein. Wir wissen, dass sich Vermeidungsenergie immer auf das fokussiert, was vermieden werden soll. Eine Art Negativspirale kann beginnen („Denken Sie NICHT an einen rosaroten Elefanten!"). Wenn Sie sich in dieser Kategorie befinden, greifen Sie wirklich sehr selten auf hilfreiche Ressourcen von außen zurück. Wenn Sie das tun, dann erwarten Sie von diesen Personen ganz konkrete Hilfe. Sie erwarten unter Umständen sogar, dass diese Personen das Problem für Sie lösen, und verlassen sich dann sehr stark auf diese Unterstützung. Sie glauben in diesem Zusammenhang nicht an Ihre eigenen Fähigkeiten und Talente.	Menschen mit einer geringen Resilienz haben die Tendenz zur Abwärtsspirale. Probleme verschlimmern sich immer weiter, der Tunnel verengt sich zusehends, Lösungen sind nicht mehr in Sicht. Das kann natürlich negative Sichtweisen in Bezug auf die eigene Kompetenz, die Kooperationswilligkeit anderer und die Erfolgsaussichten bei Aufgaben und Projekten sehr verstärken. Rückschläge werden von Menschen mit geringer Resilienz sehr intensiv erlebt. Niederlagen erzeugen negative emotionale Reaktionen (nicht immer nach außen erkennbar), die dazu führen, dass man keine Risiken mehr eingeht und sich auf das Vermeiden von Fehlern, die Abwehr von „Feinden" und die Reduktion von Gefahren konzentriert.	Treffen Sie Entscheidungen. Wenn Sie bestimmte Situationen als unangenehm oder belastend empfinden, prüfen Sie Ihren persönlichen Anteil an dieser Situation. Schauen Sie, was Sie selbst dazu beitragen können, diese Situation zu klären. Wenn es nichts gibt, handeln Sie und verlassen Sie die Situation (Trennung, Kündigung und so weiter). Aber treffen Sie Entscheidungen. Ziehen Sie dabei hilfreiche Menschen zu Rate. Meiden Sie Menschen mit Jammertendenz. Diese Menschen helfen Ihnen nicht weiter. Sie sind echte Energie-Vampire. Wenn Sie jemanden gefunden haben, der Ihnen bei schwierigen Entscheidungen kompetent zur Seite steht, lassen Sie ihn auch wieder los. Handeln Sie dann selbst und erkennen Sie den Wert Ihres eigenen Handelns!

119

Wirkung der Ausprägung	Negative Wirkung der Ausprägung/ mögliche Fallgruben	Verhaltenstipps
Sie glauben, dass Sie selber nicht in der Lage sind, das Problem zu lösen, und geben die Lösungsverantwortung ab – sofern Sie sich dazu durchringen können, Hilfe in Anspruch zu nehmen. Es ist gut möglich, dass Sie einerseits nicht an Ihre eigene Problemlösungskompetenz glauben, an sich zweifeln, aber auf der anderen Seite die Ursachen des Problems vor allem bei den äußeren Umständen zu finden glauben (anderen Menschen, Kollegen, Partner, dem Chef, der Firma, den wirtschaftlichen Rahmendaten, dem Wetter und so weiter). Wenn Sie sich in dieser Kategorie befinden, kann es sein, dass es Ihnen oftmals sehr schwerfällt, Entscheidungen zu treffen, und dass Sie daher auch wichtige Entscheidungen mit einer gewissen Dringlichkeit lange vor sich herschieben. Das kann wiederum zu negativen Konsequenzen von außen führen, die Sie auch in den äußeren Verantwortungsbereich abgeben.	Meist fällt es besonders in schwierigen persönlichen Situationen schwer, an die eigenen Stärken zu glauben beziehungsweise solche überhaupt erst zu erkennen.	Konzentrieren Sie sich auf Ihre persönliche Entwicklung, das Erkennen von Freunden und wertvollen, hilfreichen Ressourcen, guten Projekten, Chancen und ganz besonders Ihrer persönlichen Stärken.

5. Kategorie: bis zehn Punkte / „Sehr geringe Resilienz"

Wirkung der Ausprägung	Negative Wirkung der Ausprägung / mögliche Fallgruben	Verhaltenstipps
Die Wirkungen dieser Ausprägung ähneln sehr stark den Wirkungen der Kategorie 4. Mit einem entscheidenden Unterschied: Befindet sich Ihr Resilienz-Wert tatsächlich unter zehn Punkten, ist unbedingt externe Unterstützung notwendig. Es kann durchaus sein, dass Sie in der Vergangenheit eine oder mehrere Phasen sehr großer Rückschläge in unterschiedlichen Lebensbereichen erlebt haben und dass sich durch diese mehrfachen Negativerlebnisse Empfindungen wie Mutlosigkeit, Hoffnungslosigkeit, Niedergeschlagenheit, Lustlosigkeit über einen längeren Zeitraum einstellen. Sehr geringe Resilienzwerte stellen wir daher besonders bei Menschen fest, die bereits deutliche Anzeichen eines Burn-out[22] mitbringen.	Die negativen Ausprägungen eines sehr geringen Resilienzwertes in diesem Test können durchaus dramatische Züge mit entsprechenden Konsequenzen annehmen. Es kann in solchen Fällen eine große emotionale Erschöpfung mit stark reduzierter körperlicher und geistiger Leistungsfähigkeit einhergehen. Sie fühlen sich (emotional) ausgebrannt, leiden unter starkem Antriebsmangel, sind sehr oft sehr leicht reizbar. Häufig gehen solche Anzeichen mit einer starken Distanzierung zu anderen Menschen (Freunde, Kollegen) einher. Oft verhalten sich Menschen mit diesem Grad an Resilienz zynisch gegenüber ihrem Umfeld und auch gegen sich selbst. Dieser Zynismus kann bis zur völligen Gleichgültigkeit gehen, was die Distanzierung zu anderen Menschen immer weiter verstärkt. Dadurch wird es immer schwerer, neutrale Hilfe von außen zu holen und anzunehmen. Die Betroffenen haben sehr häufig das Gefühl, dass sie auf der Stelle treten, dass Sie trotz Anstrengung und Überlastung nicht weiterkommen.	Menschen, die über einen derart geringen Resilienz-Wert verfügen, brauchen Hilfe von außen. Diesen Teufelskreis zu durchbrechen, der durch entsprechende Glaubenssätze und Erfahrungen entstanden ist und sich in der Wahrnehmung des Betroffenen etabliert hat, gelingt nur mit entsprechender Unterstützung. „Wenn du es eilig hast, gehe langsam!" Dieser Tipp (ein Buchtitel von Lothar J. Seifert zum Thema Zeitmanagement) mag Ihnen im Moment wie purer Zynismus vorkommen, trifft jedoch genau den Punkt. Entschleunigung ist für Sie jetzt das einzig probate Mittel, um sich wieder einen Überblick über Ihre Gesamtsituation zu verschaffen.

22 Lesen Sie mehr zum Thema Burn-out zum Beispiel in Spiegel Online unter: http://www.spiegel.de/thema/burnout_syndrom/ beziehungsweise auf Wikipedia unter: http://de.wikipedia.org/wiki/Burnout-Syndrom; hier finden Sie auch Hinweise auf Burn-out-Merkmale und Testverfahren, die helfen, einen Burn-out zu erkennen. Wichtig bei Burn-out-Verdacht: Holen Sie sich aktiv medizinische Hilfe!

Wirkung der Ausprägung	Negative Wirkung der Ausprägung/ mögliche Fallgruben	Verhaltenstipps
	Es fehlen Erfolgserlebnisse, die sich aufgrund der mentalen Gesamtkonstellation auch immer weniger einstellen können. Besonders Menschen, die sich in ihrem Beruf über Wirksamkeit und Messbarkeit definieren, leiden sehr stark unter diesem Gefühl der Ineffizienz, des wahrgenommenen Stillstands. Wenn diese beschriebenen Symptome über einen Zeitraum von mehreren Wochen oder gar Monaten anhalten, muss gehandelt werden. Ohne kompetente Hilfe von außen kommen sie aus diesem Teufelskreis nicht mehr heraus.	Und das bitte nicht alleine. Auch wenn Sie das Gefühl haben, das Thema selbst angehen zu können (oder zu müssen): Verzichten Sie keinesfalls auf die Unterstützung und den Blickwinkel eines Externen. Bringen Sie Ruhe und Ordnung in Ihr Leben und starten Sie mit einer neuen Perspektive.

Ein ganz zentraler Faktor im Umgang mit Ihren persönlichen Fallgruben, die wir in der Tabelle zum Resilienz-Test beschrieben haben, besteht in der Kenntnis von und im richtigen Umgang mit Ihren persönlichen Glaubenssätzen. Wir werden uns daher im nächsten Kapitel den entsprechenden Hintergründen zu Glaubenssätzen widmen, indem wir ein wenig auf unsere eigene Vergangenheit blicken. Gehen Sie gerne auch das Kapitel „Resilienz" danach noch mal mit dem vertieften Wissen über die Funktionsweise von Glaubenssätzen durch, sodass Sie direkt Werkzeuge und Anleitungen finden, Ihre Resilienzfähigkeit entsprechend zu verbessern.

Hier die QR-Codes zu den Büchern „*Die unsichtbare Gorilla*" von Daniel Simons und Christopher Chabris (S. 79) und „*Affenscharf*" von Richard Wiseman (S. 79).

Hier der QR-Code zum Buch „*FLOW. Das Geheimnis des Glücks*" von Mihaly Csikszentmihalyi (S. 105).

123

Teil 5

Wie wir gestrickt sind, wo wir herkommen, was uns ausmacht

Unser Verhalten ist stark von dem geprägt, was in uns vorgeht. Das heißt, unsere Einstellung, unsere Werte unsere Überzeugungen bestimmen das, was wir tun, und das, was wir sind. Sie entscheiden über unsere Erfolge und Misserfolge.

Greifbar werden unsere Einstellungen über sogenannte Glaubenssätze. Das sind unbewusste Sätze, die uns ständig begleiten, die wir uns selbst in so vielen Situationen vorsagen – meist ohne es (bewusst) zu merken.

Diese Glaubenssätze bestimmen alle unsere Lebensbereiche. Sie beeinflussen unsere Beziehungen, unsere berufliche Entwicklung, unseren wirtschaftlichen Erfolg. Im Börsenhandel beeinflussen diese Glaubenssätze Beobachtungs- und Analysevermögen, lösen Ängste aus oder verhindern sie, machen uns verzagt oder mutig, gierig oder zurückhaltend und sorgen dafür, dass Entscheidungen in die eine oder in die andere Richtung getroffen werden. Sie entscheiden letztlich über den Erfolg oder den Misserfolg unserer Geldanlage.

Meist sind solche Glaubenssätze negativ geprägt:

- „Ich kann das nicht."
- „Geld macht nicht glücklich."
- „Ich werde nie erfolgreich."
- „Ich hab es ja kommen sehen."
- „Ich habe den Erfolg nicht verdient."

Über unsere Glaubenssätze ziehen wir Dinge in unser Leben, die wir (bewusst oder unbewusst) erwarten. Denn wir alle suchen Bestätigung in unseren Überzeugungen und Werten. Dummerweise machen wir das auch, wenn diese Überzeugungen bestimmte Dinge verhindern, die uns wichtig sind. Thomas hat dazu für uns ein Praxisbeispiel.

Vor ein paar Jahren coachte ich einen Klienten aus Norddeutschland. Nach einigen Monaten, in denen er zum Teil herbe Verlusten einstecken musste, sagte er mir in einem Gespräch: „Schön langsam habe ich das Gefühl, dass ich verlieren will …", und mit dieser Annahme lag er gar nicht mal so falsch. Er wollte mit dem Kopf durch die Wand, obwohl er schwarz auf weiß den Beweis aus seinen Aufzeichnungen (Track Record) vor sich hatte, dass seine Strategie zu aggressiv war. Trotzdem fiel er immer wieder in gleiche Verhaltensmuster zurück und beging ständig dieselben Fehler.

Eine Persönlichkeitsanalyse (TMA Talent- und Motivationsanalyse für Trader[23]) brachte sein geringes Selbstwertgefühl ans Tageslicht, aber bei ihm hätte man das auch so gemerkt. Er definierte sich einzig und alleine als erfolgreicher Trader, wenn er keine Verluste produzierte. Da man seine Verluste aber nicht verhindern kann, weil sie zum Erwartungswert eines Systems dazugehören, konnte er mit dieser Einstellung unmöglich die Geisteshaltung eines erfolgreichen Traders einnehmen.

Er zog die negativen Erlebnisse förmlich an („Ich bin nichts wert"), weil er sie unbewusst herbeiführen wollte. Und das tat er dann auch. Er entschied sich somit gegen seinen Erfolg, um den Preis, recht zu behalten. Und dieses Verhalten kennen wir nicht nur an den Märkten. Andreas, erzähle uns bitte von Situationen aus dem täglichen Leben, wo dir solche Verhaltensweisen auffallen.

---

23 Mehr zur TMA finden Sie auch auf der Website von Andreas Fritsch: http://www.fritsch-consulting.at/kernkompetenzen/talent-und-motivationsanalyse/

Auch im Alltag gibt es solche Fälle immer wieder, die wir alle in irgendeiner Form kennen:

- Der Mann, dessen Auto aufgebrochen wird, weil er immer schon gewusst hat, wie oft Autos aufgebrochen werden und er täglich in dieser Angst lebt.
- Die Frau, die immer genau die Männer anzieht, die ihr schaden, weil sie sich sagt, dass es kein Mann ernst mit ihr meint.
- Der Autofahrer, der nie einen Parkplatz findet, weil er genau weiß, dass man eben in der Innenstadt nie einen Parkplatz findet.
- Der Chef, der sich nur von Unfähigen umgeben fühlt, weil er „genau weiß", wie dumm und unfähig seine Mitarbeiter sind.
- Der Kollege, der seinen Job verliert, weil er immer schon gewusst hat, dass er als Erster dran sein wird.

Das klingt auf den ersten Blick vielleicht ein wenig nach einem umgedrehten Ursache-Wirkungs-Zusammenhang. Schauen wir jedoch genauer hin, werden wir feststellen, was es mit diesen selbsterfüllenden Mechanismen auf sich hat.

Woher kommen also diese Glaubenssätze? Dazu müssen wir unsere Mitmenschen nur ein klein wenig beobachten. Haben Sie schon einmal Eltern auf dem Spielplatz zugesehen? Kommen Ihnen folgende Aussagen bekannt vor?

- „Kletter da nicht rauf, du fällst runter!"
- „Lauf nicht so schnell, du fällst hin!"
- „Du tust dir weh!"
- „Das kannst du nicht, du bist zu klein!"
- „Ich hab dir immer schon gesagt, dass du das nicht kannst!"
- „Ich hab es ja kommen sehen!"

Die armen kleinen Geschöpfe. Wie sollen sie selbst Erfahrungen sammeln und aus ihren Fehlern lernen? Wie sollen sie sich dabei auf die guten Dinge konzentrieren, wenn ihnen die schlimmsten Konsequenzen permanent vorgebetet werden? Als Eltern-Gebote haben diese Botschaften für Kinder aber einen Absolutheitscharakter, der nicht angezweifelt wird, denn ihre Nicht-Einhaltung könnte zur Folge haben, nicht mehr geliebt zu werden. Thomas, kennst du Situationen, bei denen ein Händler diese Eltern-Botschaften auch täglich in den aktiven Börsenhandel mitnimmt?

Ich habe einen guten Freund, der als Kind unter dem Verhalten seiner Eltern sehr gelitten hat. Sie waren nicht gewalttätig, doch ständig wurde er als dumm hingestellt und harsch zurechtgewiesen. Für nichts war er gut genug und ständig hörte er von seiner Mutter Sätze wie „Gib her, lass mich das machen. Du kannst das nicht." Oder „So langsam, wie du bist, werden wir heute nicht mehr fertig. Geh lieber in dein Zimmer".

Natürlich hatte seine Mutter recht, er konnte es wirklich nicht. Doch man sollte eher sagen: noch nicht, denn er hatte keine Möglichkeit, es zu lernen. Er durfte keine Fehler machen, denn dann wurde er verbal bestraft. Heute ist er über 50 und besitzt noch immer ein geringes Selbstwertgefühl. Er ist ständig bestrebt, von anderen Komplimente zu erhalten, will allen gefallen und es allen recht machen.

Er hat auch keine eigene Meinung. Besser gesagt: Er hat schon eine eigene Meinung, traut sich aber nicht, sie kundzutun, weil er Widerstand fürchtet. So mögen ihn zwar alle, wirklich schätzen tut ihn aber niemand. Er ist nach wie vor davon überzeugt, für viele Dinge „zu dumm" zu sein, wie er es immer formuliert. Dabei ist er hochintelligent, kreativ und besitzt gute Umgangsformen und legt ein höfliches Verhalten an den Tag. Nur an den Märkten hat er aufgrund seiner Kindheit große Probleme. Er möchte sozusagen von der Börse gemocht werden, indem er versucht, es in jeder Situation richtig zu machen. Wir werden das später bei den Antreibern noch sehen, aber mit diesem Verhalten wird er im Trading nie auf einen grünen Zweig kommen. So hart das klingt: Die Märkte scheren sich nicht darum, wie Ihre Befindlichkeiten aussehen. Andreas zeigt uns, warum das so ist und wie sozusagen ein „mentales Naturgesetz" aussieht, das uns beim Börsenhandel sehr oft im Weg steht.

Energie folgt der Aufmerksamkeit, das bedeutet, wir lenken unsere Aufmerksamkeit auf die Dinge, auf die wir achten, über die wir sehr viel nachdenken, die unseren Alltag prägen. Ob sie nun gut sind oder schlecht, spielt dabei keine Rolle. Wir alle kennen dieses Prinzip als „Selffulfilling Prophecy!" (sich selbst erfüllende Prophezeiung). Unbewusste Glaubenssätze, die uns ständig begleiten, lösen genau diesen Mechanismus aus. Immer wieder, wenn wir solche Botschaften hören, festigen sich die Ergebnisse noch mehr. Ein permanentes Bombardement schlechter Botschaften führt natürlich zwangsläufig dazu, dass sie sich irgendwann auch einstellen.

Sehr häufig sabotieren also unsere Glaubenssätze aus unserer Vergangenheit Dinge, die uns heute im Leben sehr wichtig geworden sind, und verbauen Ziele, die wir erreichen wollen.

Unsere alten Glaubenssätze sind vielleicht längst überholt, wirken aber mit oft dramatischen Konsequenzen nach, wenn wir sie nicht bewusst analysieren und korrigieren. Unbewusst versuchen wir daher auch als Erwachsene im Privat- wie im Berufsleben die Forderungen der Gebote zu erfüllen – als ob wir unter einem geheimen Zwang stünden. Thomas meint dazu:

Bei vielen Börsianern hat man den Eindruck, dass ihnen jemand einflüstert: „Die Börse – das ist nichts für dich. Es ist ein schmutziges Geschäft. Damit kannst du nur verlieren. Lass die Finger davon und gehe einer vernünftigen Beschäftigung nach. Arbeite von morgens bis abends hart oder lerne fleißig, damit aus dir mal was wird." Und dann handeln diese Menschen auch so, dass es sich bewahrheitet. Sie treffen schlechte Entscheidungen und produzieren dadurch Verluste, die sie sich nachher nicht erklären können. Und dafür bekommen sie das, was sie eigentlich haben wollten: nicht Gewinne – nein – Bestätigung! Andreas zeigt uns nun, dass diese Menschen von ihrem Umfeld im negativen Sinne auch noch zu diesem Verhalten ermuntert werden.

Präziser müsste man sagen: Die Kommentare aus unserem Freundes- und Bekanntenkreis, von Eltern und Partnern bekommen einen anderen Stellenwert. Energie folgt der Aufmerksamkeit auch hier, Glaubenssätze schaffen permanente Aufmerksamkeit.

Bitte verstehen Sie uns nicht falsch: Glaubenssätze sind keinesfalls immer schlecht. Sie sind oftmals wichtige Regulatoren für unser Leben. Sie geben uns Orientierung und Halt. Wenn wir aber verstehen, dass es auch andere, unnötige Glaubenssätze gibt, die uns seit vielen Jahren prägen und unsere fruchtbare Entwicklung verhindern, dann haben wir den ersten Schritt zum Erfolg als Börsianer bereits getan. Denn diese Glaubenssätze sind das kleine Männchen auf unserer Schulter, das uns permanent erzählt: „Das kannst du nicht! Das hast du nicht verdient! Du wirst schon sehen, was du davon hast! Freu dich nicht zu früh! Besser den Spatz in der Hand als die Taube auf dem Dach!"

Fast immer stammen solche negativen Glaubenssätze von Personen, die uns geprägt haben, meist von unseren Eltern oder Großeltern. Wenn ich Ihnen nun sage, dass die ersten sechs Jahre im Leben eines Menschen das mentale Grundgerüst für das weitere Leben darstellen, dann verstehen Sie sicher, wie sehr uns diese Glaubenssätze unserer Kindheit auch heute noch prägen.

Die schlechte Nachricht: Glaubenssätze wirken meist unbewusst. Sie sabotieren unseren Erfolg, ohne dass wir genau wissen, warum. Wir sehen nur das Ergebnis. Das heißt: Zunächst – ohne die Funktionsweisen solcher Glaubenssätze zu kennen – werden wir von ihnen gesteuert. Die innerliche Botschaft, auf ein negatives Ergebnis gleich welcher Art, ist bei fast allen negativen Glaubenssätzen die gleiche: „Wusste ich's doch!"
Leider fällt diese Botschaft nicht immer deutlich aus. Umso mehr prägt sie aber die nächste und übernächste Situation – so lange, bis wir diesen verzwickten Mechanismus erkennen, durchschauen und etwas daran ändern. Es entsteht zuvor aber sehr oft das Gefühl, dass man an der Situation und an den Ereignissen ohnehin nichts ändern kann, dass man den Marktmechanismen ausgeliefert ist. Allerdings ist man das nur so lange, wie man den Teufelskreis nicht erkennt und nicht durchbricht.

> **„Wir können nicht immer bestimmen, was mit uns passiert.**
> **Wir können aber immer bestimmen, wie wir damit umgehen!"**

Thomas, wie erlebst du das praktisch? Anleger haben ja oft das Gefühl, dem Marktumfeld hilflos „ausgeliefert" zu sein, weil sie selbst die Kurse nicht beeinflussen können. Wie geht man als Profi praktisch damit um?

Börsianer sind dem Geschehen auf den Märkten hilflos ausgeliefert, das ist – aus fachlicher Sicht – korrekt. Sie können stundenlang Bilanzen analysieren und das Unternehmen mit den besten Kennzahlen kaufen oder die Charts durcharbeiten: Wenn wir in einer Baisse stecken, wird auch die Notierung Ihres ausgewählten Unternehmens zurückgehen. Wenn die Märkte fallen, Sie aber long gegangen sind, nützen Ihnen die besten

Indikatoren-Einstellungen nichts. Sie werden einen Verlust realisieren müssen. Doch darauf sind die meisten Menschen nicht vorbereitet. Sie verlassen sich auf ihr Fachwissen, darauf, dass die Märkte machen, was sie möchten. Sie vergessen aber, dass auf die Börse kein Verlass ist, was ja schon im Kapitel „Paralleluniversum Börse" im Detail ausgeführt wurde.

Wie Thomas das erläutert hat und wie wir alle wissen, können wir die Märkte und die Rahmenbedingungen tatsächlich nicht beeinflussen. Nur die wenigsten von uns verfügen über eine Manövriermasse wie George Soros oder Warren Buffett. Oft haben wir aber auch das Gefühl, dass wir überhaupt nichts machen können und dass wir als Statisten das ganze Spiel nur von außen beobachten können. Dennoch begeben wir uns auf das Spielfeld und müssen irgendwann damit beginnen, die Konsequenzen unseres Handelns zu hinterfragen. Und diese verflixten alten Glaubenssätze helfen uns nicht gerade dabei. Sie sind Salz in unseren Traderwunden.

Die gute Nachricht: Da die Glaubenssätze von uns selbst stammen, können wir sie auch selbst ändern. Wir brauchen dazu keinen Therapeuten. Es ist dazu nur nötig, diese Glaubenssätze zu analysieren und zu hinterfragen, und dabei spielt unsere Umwelt beziehungsweise die Art und Weise, wie wir diese Umwelt sehen, eine große Rolle. Das werden wir in den nächsten Kapiteln für Sie aufzeigen.

Unser Weltbild bestimmt unsere Realität

Was viele Menschen dramatisch unterschätzen: Sie haben die Wahl. Immer – aber nur, wenn sie wirklich wählen. Wenn sie sich von den Entscheidungen anderer abhängig machen oder sich von den Gegebenheiten auf den Kapitalmärkten treiben lassen, verlieren sie viele Optionen der persönlichen Einflussnahme.

Das gilt ganz besonders für unser „Weltbild", für unsere tief veran-
kerte Beurteilung unserer Umwelt und uns selbst, die natürlich all
unsere Entscheidungen massiv beeinflusst. Denn wir treffen unsere
Entscheidungen immer aus Sicht unseres „Weltbilds" – nennen wir
es einfach mal: unserer Einstellung. Diese Einstellung ist aufgrund
unserer Erziehung, aufgrund von vielen Jahren Lebenserfahrung,
aufgrund zahlloser Erlebnisse – positiver wie negativer – ziemlich
fest in uns verankert.

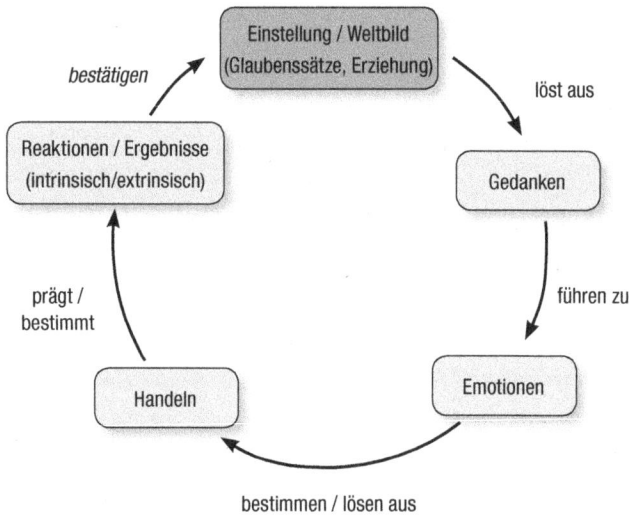

Abbildung 1: Unser Weltbild bestimmt, was wir tun und wie wir etwas tun.

Dieser Kreislauf kann wunderbar sein. Er kann uns mit Energie
förmlich überschütten und alles, was wir anfassen, zu Gold machen.
Er kann aber auch in die andere Richtung gehen. Wenn unsere Glaubenssätze eine negative innere Grundhaltung reflektieren und unsere Gedanken permanent im Vokabular dieser Grundhaltungen

kreisen („Menschen mit Geld sind schlecht. Was sollen denn meine Freunde denken, wenn ich auf einmal viel Geld habe? Sie werden neidisch. Sie mögen mich nicht mehr ..."). Diese Gedanken, die wir dann permanent weiter ausspinnen, machen etwas mit uns. Sie prägen unsere Gefühle. Gute Gedanken lassen gute Gefühle entstehen, schlechte Gedanken erzeugen schlechte Gefühle. So einfach ist das. Was nun passiert, ist eine logische Konsequenz: Unsere Emotionen prägen unser Handeln. Und Thomas hat oft erlebt, dass das gar nicht gut ist.

Unsere Entscheidungen an den Märkten sollten einem bestimmten Regelwerk unterliegen und nicht gefühlsbedingt variieren. Weder ein erfolgreicher Trader noch ein erfolgreicher Investor lassen sich von jüngsten Erfolgen oder Misserfolgen verwirren, sondern handeln weiter nach Plan. Wie Sie bereits wissen, besitzt jeder Handelsansatz einen bestimmten Erwartungswert. Das heißt: Wird kurzfristig weit mehr oder weit weniger erreicht, handelt es sich um eine temporäre Abweichung oder Übertreibung der Systemerwartung. Der Börsenerfolg beruht auf einer sauberen Exekution bestimmter Regeln und er beruht auf Statistik – mehr steckt einfach nicht dahinter! Wie Andreas weiß, denken die meisten Börsianer aber in vielen Fällen anders.

Stimmt. Denn viele Anleger handeln permanent unter dem Diktat ihrer emotionalen Momentaufnahme. Das zu verstehen ist sehr wichtig. Denn eindeutig gilt: Natürlich führt die jeweilige Handlung auch zu Ergebnissen. In den meisten Fällen werden die negativen Emotionen zu mehr oder weniger negativen Ergebnissen führen. Unser Unterbewusstsein sagt uns aber nun: „Perfekt. Du hattest recht. Ich hab's gleich gesagt!", und bestätigt damit unsere

Einstellungen und Glaubenssätze. Der Kreislauf schließt sich und kann zu einem fatalen Teufelskreis und brutalen Erfolgsverhinderer werden. Wenn wir uns diesen Zusammenhang bewusst machen können, sind wir auch schon der Lösung ein gutes Stück nähergekommen. Ein ganz spezieller Impuls in die andere Richtung kann nämlich unser Weltbild aufbrechen. Diese bewusste Entscheidung lässt dann künftig Erfolge zu und öffnet guten Dingen in unserem Leben die Tür. Solange wir das nicht schaffen, bleiben wir im Hamsterrad. Solange wir nicht bereit sind, die Verluste, aber auch die Gewinne zu akzeptieren, werden wir nie den Erfolg erzielen, den wir verdienen.

Achten Sie daher auf Ihre Sprache. Wie sprechen Sie mit sich selbst? Was sagen Sie sich, wenn ein Geschäft misslingt? Was geht in Ihnen vor, wenn Sie den Verlust realisieren? Was sagen Sie sich, wenn Sie einen großen Erfolg erzielen? Nehmen Sie die Profite der Märkte dankbar an oder haben Sie das Gefühl, etwas regelrecht gestohlen zu haben? Denken Sie, Sie verdienen die Gewinne? Oder sagen Sie sich selbst, dass das nur Zufall oder Glück war? Unsere Sprache schafft Realität, ganz besonders die Art der Sprache, in der wir mit uns selbst sprechen:

- „Was bin ich doch für ein Trottel, wie konnte ich nur?"
- „Und schon wieder so ein Fehler. Ich wusste es doch!"
- „Ich bin echt nicht fähig, Geld zu verdienen!"
- „Verdammt, ich Riesenhirsch!"
- „Ich bin zu blöd!"
- „Verdammt noch mal, wie kann man nur!"
- „Das ist ja normal. Kann jeder!"
- „Schon okay, aber morgen geht's bestimmt wieder schief!"
- „Nichts Besonderes."

- „Ich hab's nicht anders verdient!"
- „Ich hatte bloß Glück!"

Wenn Sie ein solcher oder ähnlicher Satz in Zukunft erreicht, reagieren Sie aktiv. Sobald Ihnen wieder eine derartige Aussage bewusst wird, arbeiten Sie mit einer Korrektur. Zum Beispiel sagen Sie dann nicht mehr: „Ich bin zu blöd!" Sagen Sie sich selbst „Korrektur: Ich habe einen Fehler gemacht und daraus fürs nächste Mal gelernt!"

Achten Sie auf Ihre Körperhaltung. Sitzen Sie eher aufrecht am Bildschirm oder hängen Ihre Schultern nach vorne und Ihr Rücken ist gebeugt? Ändern Sie die Position Ihres Bildschirmes so, dass Sie möglichst aufrecht sitzen können.

Gerade aktive Börsianer verbringen sehr viel Zeit vor dem Computer. Daher ist es wichtig, dass Sie sich an Ihrem Arbeitsplatz wohlfühlen. Natürlich dient es auch Ihrer Gesundheit, wenn Sie beim Handeln eine vernünftige Körperhaltung einnehmen. Aber auch Ihre Psyche wird davon profitieren, wenn Sie eine optimale Sitzhaltung haben: mit gestrecktem Rücken, beide Füße mit den Fußflächen auf dem Boden, die Schultern leicht nach hinten (so, als würde man seine „Flügel" spreizen), den Kopf gerade (die Kopfkrone zieht wie an einem Faden nach oben) mit leicht nach vorne gesenktem Blick (sodass der Faden am Kopf schön nach oben zieht). Sie werden merken, dass Sie sich gleich besser fühlen, dass Sie stärker werden und dass die Atmung (vor allem die Bauchatmung) besser funktioniert. Sie werden größer, äußerlich wie innerlich. Der Körper sendet entsprechende Signale ans Hirn und löst biochemische Funktionen aus. Wichtig ist dabei eine „Nebensächlichkeit": die Position des Bildschirms. Richten Sie Ihren Bildschirm der beschriebenen Körperhaltung entsprechend aus. Wenn Sie mit dem Laptop arbeiten, schaffen

Sie sich einen externen Monitor an, der Ihrer aufrechten Körperhaltung gut angepasst werden kann. Sie werden sehr bald merken: Verspannungen im Schulter- und Nackenbereich lösen sich, Blockaden verschwinden, die Konzentrationsfähigkeit erhöht sich.

Achten Sie auf Ihre Gedanken. Ihre Gedanken haben einen ähnlichen Effekt wie Ihre „Kommunikation" mit sich selbst. Nur sind sie ein bisschen leiser und damit nicht ganz so auffällig. Im nächsten Kapitel setzen wir uns mit den Glaubenssätzen, Antreibern und Affirmationen auseinander, die wir gedanklich steuern können.

Achten Sie auf Ihren Gesichtsausdruck. Unglaublich, aber wahr: Unser Gesichtsausdruck beeinflusst unsere Stimmung. Und das nicht nur, wenn wir vor dem Spiegel stehen. Die Gesichtsmuskulatur signalisiert unseren inneren Systemen das, was diese selbst nicht unmittelbar wahrnehmen können. Optisch liegt ja keine erkennbare Bedrohung vor (das Auge sieht einen Bildschirm und keinen Tiger), dennoch verzerren wir unser Gesicht und unsere körperlichen Funktionen bekommen das Signal „Bedrohung", „Ärger", „Furcht" und so weiter.

Man spricht in der Psychologie auch von „Facial Feedback". Davon gibt es zwei Versionen:

1. Die schwache Version: Facial Feedback verstärkt oder schwächt das Erleben einer bereits vorhandenen Emotion.
2. Die starke Version: Facial Feedback erzeugt die vollständige Emotion.

Auch durch so banal erscheinende Mechanismen wie den eigenen Gesichtsausdruck können wir also unsere Emotionen steuern und uns letztlich selbst zu mehr Gelassenheit und damit zu mehr Konzentrations- und Entscheidungsfähigkeit verhelfen. Dies ist eine Erfahrung, die Thomas auch gemacht hat:

Ich habe manchen meiner Klienten schon geraten, einen kleinen Spiegel neben dem Computerbildschirm aufzustellen. Betrachten Sie sich einmal darin, wenn Sie gerade einen Verlust realisiert haben. Wie schauen Sie drein? Wie möchten Sie dreinschauen? An dieser Stelle verweise ich auf mein Buch „Das Trader-Coaching". Auf Seite 33 finden sich ein paar Abbildungen zu diesem Thema, die vom meiner Lebensgefährtin Marianne gezeichnet wurden. Erkennen Sie sich in diesen Gesichtern? Andreas, was können wir sonst noch in diese Richtung tun?

Natürlich können wir Verluste an den Märkten nicht einfach weggrinsen. Das ist völlig klar. Versuchen Sie dennoch, immer wieder bewusst zu lächeln. Auch in Situationen, wo Ihnen nicht unbedingt danach ist. Schieben Sie eine kurze Lächel-Pause von zwei Minuten ein, stellen Sie sich vor den Spiegel und lächeln Sie sich freundlich an. Nehmen Sie einmal bewusst wahr, was dann passiert. Sie werden feststellen, dass sich Ihre Stimmung verändert. Die nun aufkommenden Wirkungen von Dopamin und Serotonin beschreiben wir ebenfalls noch. (Keine Angst: Es handelt sich nicht um Drogen für Börsenhändler, die Sie in dunklen Gassen erwerben müssen, sondern um hausgemachte, körpereigene Stimmungsmacher, die Sie nur selbst aktivieren müssen.) Es wird Ihre Stimmung garantiert zumindest ein wenig aufhellen.

Wir haben nun erfahren, welchen Einfluss unser Weltbild auf unsere Realität besitzt. Wir wissen auch, wie wir mit so einfachen Mitteln wie unserer Sprache, unserem Denken und unserer Körperhaltung darauf einwirken können. Aber nun gehen wir tiefer und betrachten eine ganz bestimmten Art von Glaubenssätzen, die eine entscheidende Rolle dabei spielen, ob und wie wir unsere Ziele erreichen: unsere Antreiber!

Unsere inneren Antreiber: Was uns erfolgreich macht und auf die Palme bringt

Stellen wir uns nicht immer wieder die Frage, was uns zu bestimmten Handlungen treibt? Was uns anstachelt und zu guten, aber auch immer wieder zu schlechten Ergebnissen führt? Auf unserer Schulter sitzen sie permanent: diese kleinen Männchen, die uns Botschaften ins Ohr flüstern wie: „Das kannst du noch besser!", „Das ist noch nicht gut genug!", „Ein Indianer kennt keinen Schmerz!". Wir kennen sie alle, die Einflüsterer in ganz unterschiedlicher Form. Doch wo kommen sie her, wie können wir sie nutzen und wie können wir ihre negativen Folgeerscheinungen verringern?

Hintergründe zu unseren Antreibern

Diese Einflüsterer als eine Form unserer Gedanken und Glaubenssätze nennen sich auch *„Antreiber"*. Das Modell der Antreiber stammt aus der von Wilder Penfield[24], Thomas Harris[25] und Eric Berne[26] begründeten Transaktionsanalyse[27], die darunter bestimmte elterliche Forderungen und Botschaften versteht, mit denen bestimmte konventionelle, kulturelle und soziale Vorstellungen verbunden sind.

---

24 Penfield, Wilder (1975); zum Beispiel „The Mystery of the Mind: A Critical Study of Consciousness and the Human Brain", Princeton: Princeton University Press.

25 Harris, Thomas A. (1975); zum Beispiel „Ich bin o.k. Du bist o.k.", Rowohlt, Reinbek.

26 Berne, Eric (1967); zum Beispiel: „Spiele der Erwachsenen", Rowohlt, Reinbek.

27 Wenn Sie Hintergründe zur Transaktionsanalyse interessieren, werfen Sie am besten auch einen Blick auf die entsprechende Beschreibung auf Wikipedia: http://de.wikipedia.org/wiki/Transaktionsanalyse.

Dadurch sollen es uns diese Antreiber mittels bestimmter „Anweisungen" ermöglichen, unser Leben zu meistern. Diese Anweisungen werden uns als Einschärfungen durch Worte und durch beispielhaftes Tun der Eltern und später von Lehrern und Vorgesetzten übermittelt.

Ziel der Transaktionsanalyse ist es, dass wir uns mit diesen Elternbotschaften zunehmend bewusst und realistisch auseinandersetzen können. Um ein bestimmtes Ziel zu erreichen, ist es nämlich durchaus sinnvoll, diesen Vorgaben (Antreibern) zu entsprechen. Dazu zählen: vorübergehend perfekt zu sein, sich anzustrengen, sich zu beeilen, sich anzupassen oder Stärke zu beweisen.

In dem Augenblick aber, in dem es zum Zwang wird, zum Beispiel ständig perfekt sein zu müssen ohne Rücksicht auf die Situation, in dem Augenblick stehen wir unter dem Einfluss eines Antreibers, der uns davon abhält, uns bewusst mit einer Situation auseinanderzusetzen. Antreiber lösen dabei oft Angst und Druck aus. Im Falle des Antreibers „Sei perfekt" bedeutet dies beispielsweise, dass wir stets nach Perfektion streben, diese aber nicht erreichen werden, zumindest nicht in dem Maße, in dem unser Antreiber uns das suggeriert. Wir geraten in ein Hamsterrad, wollen alles noch besser und perfekter machen. 100 Prozent genügen uns nicht mehr. Das Resultat: Der Antreiber setzt uns unter massiven Stress, die Wahrnehmungs- und Urteilsfähigkeit nimmt ab, Signale, Chancen oder Risiken werden nicht mehr erkannt. Hier wirken Antreiber als Stopper und Saboteure. Sie setzen uns massiv unter Druck und verhindern, dass wir unser volles Potenzial an den Märkten oder in anderen Lebensbereichen entfalten können.

Damit Sie diese Antreiber besser kennenlernen und vor allem, um Ihre persönlichen Antreiber herausfinden zu können, haben wir einen kleinen Antreibertest für Sie vorbereitet.

Der Antreibertest für Börsianer

Unter www.tradingnetzwerk.de/antreibertest finden Sie einen kostenlosen Download mit den Fragen zum Antreibertest. Drucken Sie sich den Fragenkatalog aus und nehmen Sie sich circa 20 Minuten Zeit, die dort gemachten Aussagen zwischen 1 und 5 zu bewerten, wobei 1 bedeutet: „Trifft auf mich überhaupt nicht zu!", 5 bedeutet: „Trifft voll und ganz auf mich zu!"

Antworten Sie dabei möglichst spontan, ohne großartig nachzudenken. Und seien Sie ehrlich zu sich selbst. Die Ergebnisse kennen nur Sie selbst. Wenn Sie Ihre Performance an den Märkten dauerhaft verbessern wollen, ist ein wichtiger Baustein in dieser Entwicklung, dass Sie Ihre persönlichen inneren Mechanismen besser kennen, die Ihnen unter Umständen unbewusst immer wieder Fallen stellen und Ihren ganz großen und dauerhaften Erfolg bislang vielleicht verhindert haben. Aber auch für Ihre ganz persönliche Life-Balance und Ihr aktives Stress-Management sind die Erkenntnisse des Antreibertests eine wertvolle Hilfestellung, wie wir später noch sehen werden. Bitte nehmen Sie sich also diese 20 Minuten Zeit, um den Anteibertest durchzuführen. Er wird Ihnen wertvolle Erkenntnisse zu den Mechanismen und Hintergründen Ihres persönlichen Handelsstils geben und Ihnen helfen, Ihr eigenes Erfolgssystem weiterzuentwickeln.

Im Folgenden beschreiben wir die Antreiber und einige Mechanismen dahinter genauer. Es ist sinnvoll, dass Sie den Antreibertest machen, *bevor* Sie weiterlesen. Sonst leidet die objektive und spontane Bewertung der Aussagen. Und darunter leidet natürlich die Ergebnisqualität.

Was sind Antreiber?

Antreiber sind Stressprogramme. Um in den Antreiber zu kommen, ist Stress notwendig. Antreiber haben keinen Maßstab. Antreiber versprechen Erfolg und Bestätigung, halten dies aber nicht, insbesondere nicht, weil sie kein Maß kennen, wann etwas genug ist. Antreiber werden von Autoritätspersonen verbal oder durch Vorbild vermittelt. Es geschieht durchwegs im aufrichtigen Glauben, dass man so gut durchs Leben kommt. Antreiber sind interne, in der Kindheit gelernte Anweisungen, die wir – ohne rechte Bewusstheit – uns selber geben, wenn wir unter Stress kommen beziehungsweise wir uns in unserem Selbstbewusstsein beeinträchtigt fühlen.

Der Umgang mit Antreibern
Der erste Schritt im Umgang mit Antreibern ist die Bewusstheit ihrer Existenz und ihrer Beschaffenheit. Wir müssen uns also darüber klar werden, dass unser Verhalten in wichtigen Bereichen von unseren Antreibern bestimmt wird. Dort, wo sie besonders stark ausgeprägt sind, schaden sie uns mehr, als sie helfen.
Hier gilt es anzusetzen, um den gewohnten Ablauf zu durchbrechen. Antreiber schaffen Routine, die wiederum zu Gewohnheiten führt. Über viele Jahre ausgeprägte Gewohnheiten können wir nur sehr schwer wieder abstellen. Es ist daher wichtig, der Routine bewusst entgegenzuwirken. Durch innere Gegenbotschaften – sogenannte Erlauber oder Affirmationssätze – schaffen wir diesen Routine-Bruch (siehe Tabelle S. 147ff.). Erlauber machen Antreiber überflüssig. Sie sind wie Lizenzen (wie ein Führerschein), man darf sie einsetzen, man muss aber nicht.
Zum Umgang mit unseren inneren Antreibern hilft auch ein Blick zurück in die Transaktionsanalyse, welche die wissenschaftliche Basis der Antreiber bildet. Weil das Modell der Antreiber sehr stark auf Erinnerungen aufbaut, die wir während unserer Kindheit abgespeichert haben (von ganz besonderer Bedeutung sind hier die Erinnerungen bis etwa zum sechsten Lebensjahr), hat Eric Berne verschiedene Ebenen definiert, die uns heute sehr helfen können,

mit den abgespeicherten Eltern-Botschaften umzugehen. Berne entwickelte nämlich ein Modell, das drei verschiedene „Ich-Zustände" definiert:

- Das Eltern-Ich
- Das Kindheits-Ich
- Das Erwachsenen-Ich

Das *Eltern-Ich* sammelt dabei Erinnerungen, die bis etwa zum sechsten Lebensjahr von außen (also meist von unseren Eltern) an uns herangetragen werden. Thomas Harris bezeichnet das Eltern-Ich dabei als eine ungeheure Sammlung von Aufzeichnungen im Gehirn über ungeprüft hingenommene oder aufgezwungene äußere Ereignisse, die ein Mensch in seiner Kindheit wahrgenommen hat. Wichtig für den späteren Umgang mit den Antreibern ist dabei die Betonung auf „ungeprüft" und „aufgezwungen". Denn in erster Linie handelt es sich dabei um Befehle und Verhaltensregeln, die wir von Autoritätspersonen erhalten haben und denen wir uns als Kind nur schwer oder gar nicht entziehen konnten. Im Eltern-Ich sind damit alle Verhaltensregeln, Gebote und Verbote gespeichert, die wir als Kind von unseren Eltern zu hören bekommen haben oder – fast noch wichtiger – die uns vorgelebt wurden. Einen großen Teil der alltäglichen Tätigkeiten – und damit natürlich auch unsere beruflichen Aktivitäten oder unseren Börsenhandel – verrichten wir unter dem (unbewussten) Eindruck dieser Verhaltensregeln.

Das *Kindheits-Ich* wiederum zeichnet parallel zu diesen aufgenommenen Botschaften des Eltern-Ichs die eigenen kindlichen Reaktionen auf diese Botschaften auf. Es entsteht dadurch eine reichhaltige Sammlung an persönlichen Mustern, die aus den Reaktionen auf die elterlichen Gebote und Verbote gespeist werden. Gerät man später in eine ähnliche Situation, wie man sie schon in dieser frühen Zeit erlebt hat, so wirkt dies wie ein Reiz. Man erlebt die ursprüngliche Situation noch einmal.

Die meisten der darauf folgenden Reaktionen bestehen aus Gefühlen, weil der kleine Mensch eben noch nicht über die sprachlichen Kapazitäten verfügt, diese Gefühle verbal auszudrücken. Harris meinte, dass das Hauptgefühl in diesem Zusammenhang die *Hilflosigkeit* ist, weil sie die anderen Gefühle weitgehend überdecken kann. Harris nahm an, dass jedes Kind daher zwangsläufig – mehr oder minder stark – zu einer inneren Botschaft gelangt wie „Ich bin nicht okay".

Diese Überzeugung trägt laut Harris also jeder Mensch quasi als Hypothek seiner Kindheit in seinem Kindheits-Ich mit sich herum. Gerät man in seinem späteren Leben dann in eine scheinbar ausweglose Situation – und diese gibt es an der Börse ja immer wieder einmal –, dann sind es die Gefühle, die im Kindheits-Ich gespeichert sind, welche wieder erlebt werden und ziemlich konsequent die Führung übernehmen.

Damit kommen wir zum Lösungsansatz über das *Erwachsenen-Ich*. Denn das Erwachsenen-Ich stellt den bewussten und rationalen Zugang zu all den Dingen dar, die uns auf der emotionalen Ebene negativ beeinflussen und die vom Kindheits- und Eltern-Ich von außen und aus dem Unterbewusstsein auf uns wirken. In dem Moment, in dem wir in etwas fortgeschrittenerem Alter merken, dass wir uns selbst aktiv Informationen beschaffen und aktiv selbst Entscheidungen treffen können, die nicht mehr von elterlichen Botschaften abhängig sind, übernimmt das Erwachsenen-Ich.

Das Erwachsenen-Ich hat damit die wichtige Funktion, die Botschaften des Eltern-Ichs auf ihre heutige Gültigkeit und Relevanz zu überprüfen und zu bewerten. Oft erkennt es Eltern-Botschaften als tauglich und relevant an, entlarvt aber andere Eltern-Botschaften aufgrund eigener Informationen als nicht mehr für die eigene Lebenssituation bedeutungsvoll, ja sogar als schädlich.

Für Sie als Börsianer heißt das: Glaubenssätze, die sich negativ auf Ihre Lebenssituation auswirken, erkennen und bewusst dagegen arbeiten. Der Kanal an dieser Stelle ist das Erwachsenen-Ich. Denn heute stehen Ihnen viele Informationen zur Verfügung, zu denen Ihre Eltern nicht einmal Zugang hatten. Heute hat sich Ihr Leben unter Umständen stark verändert. Ihre Ziele und Ihr Lebensentwurf entsprechen nicht mehr den Zielen und Lebensentwürfen Ihrer Eltern. Vieles davon mag nach wie vor Gültigkeit besitzen. Einiges kann Ihnen aber heute im Wege stehen und Ihre Erfolge an den Märkten von innen massiv sabotieren.

Fassen wir diese Gedanken nun in zwei Tabellen zusammen, in denen die „Antreiber", der innere Glaube dahinter, der dazu passende „Erlauber" sowie die negative als auch die positive Wirkung dargestellt werden. Die nebenstehend abgedruckte Tabelle 1 zeigt dies aus einem allgemeinen Blickwinkel, Tabelle 2 auf Seite 149f. aus der Sicht eines Börsianers.

Antreiber: Wirkung, interner Glaube und Erlauber für jedermann

Wir haben im Kapitel „Typische Anlegerfehler und was sie auslöst" bereits darauf hingewiesen, wie stark sich einmal erlebte Situationen auf die Bewertung von neuen Ereignissen an den Märkten niederschlagen können, weil wir automatisch in die Emotionen der einmal erlebten Situation „hineinfallen". Und hier spielen ja Glaubenssätze und Affirmationen eine ganz wesentliche Rolle.

Thomas, mich würde interessieren, wie du diese Antreiber konkret in deiner Arbeit als Trader erlebst und welche Erfahrungen du bei deinen Klienten gemacht hast. Viele dieser Antreiber kommen ja in den meisten deiner Trader-Coachings vor.

Antreiber	Interner Glaube dahinter	Erlauber / Affirmation	Negative Wirkung	Positive Wirkung
„Sei perfekt!"	„Ich müsste eigentlich alles noch besser machen, ich bin nicht gut genug."	„Ich darf Fehler machen und aus ihnen lernen. Ich bin gut genug."	80 Prozent sind nie genug. 100 Prozent sind gerade gut genug, 150 Prozent sind immer besser! Ziele **müssen** übererfüllt werden.	Hilft bei Aktivitäten, bei denen Sorgfalt, Genauigkeit, Kompetenz und Perfektionismus erforderlich sind. Hohe Leistungsorientierung.
„Mach schnell!"	„Ich müsste eigentlich viel fixer sein, ich werde nie fertig werden."	„Ich darf mir die Zeit nehmen, die ich brauche. Ich darf meinen Rhythmus und meine Form berücksichtigen."	Wenig Zeit nehmen, ständig unter Strom stehen; Tendenz zur Oberflächlichkeit, Mangel an sozialen Kontakten.	Entscheidungen werden schnell getroffen, Dinge werden schnell und meistens sehr eigenmotiviert erledigt.
„Streng Dich an!"	„Ich muss mich wenigstens bemühen, wenn ich es auch nicht schaffe."	„Ich darf locker und mit Zielorientierung arbeiten. Ich darf erfolgreich sein und Erfolge genießen."	Nicht zufrieden, wenn es gut läuft; Erfolge schwer genießen und annehmen; Tendenz zum Verbeißen, zu viel des Guten.	Hindernisse überwinden, auch bei Widerständen nicht aufgeben.
„Mach es allen recht!"	„Ich muss alle zufriedenstellen, sonst bin ich wertlos."	„Ich darf mich selber und meine Bedürfnisse ernst nehmen. Ich bin o.k., auch wenn jemand unzufrieden mit mir ist."	Kann nicht nein sagen; Tendenz, ausgenutzt zu werden, eigene Bedürfnisse werden zurückgestellt.	Gute soziale Kontakte, ausgleichend in Gruppen, gefühlsbetont, beliebt.
„Sei stark!"	„Niemand darf es merken, dass ich schwach, empfindlich, ratlos bin."	„Ich darf offen sein für Zuwendung und auch für Konfrontation. Ich darf mir Hilfe holen."	Tendenz zur Selbstüberschätzung; Schwächen gelten nicht und werden nicht gezeigt; Schwierigkeiten, Hilfe anzunehmen; kommt selbst zu kurz. Burn-out-Gefahr.	Zuverlässig auch bei großen Widerständen; eigenverantwortlich, stark.

Diesen Antreibern begegne ich bei meiner Arbeit mit den Tradern in der Tat immer wieder. Daher möchte ich Sie gerne dazu einladen, die Tabelle nun aus Sicht eines Börsianers zu betrachten. Dabei wurden die Spalten Antreiber, Negative Wirkung und Positive Wirkung unverändert belassen. Lediglich der Interne Glaube und der dazugehörige Erlauber wurden börsenspezifisch adaptiert. Im Anschluss an diese Tabelle sehen wir uns dann anhand einiger Beispiele an, wie Antreiber unsere Arbeit an den Märkten beeinflussen. Wichtig ist zu verstehen, dass es sehr individuelle Ausprägungen des gleichen Antreibers gibt. Wir haben uns in der Tabelle jeweils auf einen Glaubenssatz beschränkt.

Antreiber: Wirkung, interner Glaube und Erlauber für Börsianer

Aus Platzgründen konnte ich in der Tabelle vorhin manche Situationen nicht in dem Ausmaß beschreiben, wie ich es gewollt hätte. Da es sich aber um ein wichtiges Thema handelt, möchte ich diese Ausführungen unbedingt fortsetzen, um ein tieferes Verständnis zu schaffen. Daher werde ich hier noch ein paar Beispiele dazu bringen, wie manche Antreiber bei unserer Arbeit an der Börse ein echter Spielverderber sein können.

Anmerkung: In diesem Zusammenhang können Sie auch gerne nochmals im Kapitel „Typische Anlegerfehler und was sie auslöst" nachsehen. Nachdem Sie nun die Bekanntschaft mit Antreibern gemacht haben, können Sie vielleicht den einen oder anderen vorhin beschriebenen Fehler besser einordnen.

„Sei perfekt!"

Ich kenne Trader, die deswegen wenig oder gar nicht handeln, weil sie Angst haben, Fehler zu begehen. Sie wagen es nicht, ein neues Engagement zu starten, weil sie ständig in der Sorge leben, etwas falsch zu machen. Doch wenn sie nicht riskieren, Fehler zu machen, werden sie sich

Antreiber	Interner Glaube dahinter	Erlauber / Affirmation	Negative Wirkung	Positive Wirkung
„Sei perfekt!"	„Ich will Verlustphasen verhindern, indem ich bessere Analysen mache und noch perfektere Systeme entwickle."	„Ich darf Verluste machen. Sie gehören zum System. Wichtig ist, ich verdiene unter dem Strich Geld. Das System weiter zu optimieren würde bedeuten, Curve Fitting[28] zu betreiben."	80 Prozent sind nie genug, 100 Prozent sind gerade gut genug, 150 Prozent sind immer besser! Ziele müssen übererfüllt werden.	Hilft bei Aktivitäten, bei denen Sorgfalt, Genauigkeit, Kompetenz und Perfektionismus erforderlich sind. Hohe Leistungsorientierung.
„Mach schnell!"	„Es dauert mir zu lange, bis meine Positionen in den Gewinn laufen. Ich muss mein Timing verbessern."	„Jedes Geschäft braucht Zeit und Raum, sich zu entwickeln. Wenn ich es erzwinge, erreiche ich genau das Gegenteil."	Wenig Zeit nehmen, ständig unter Strom stehen; Tendenz zur Oberflächlichkeit, Mangel an sozialen Kontakten.	Entscheidungen werden schnell getroffen, Dinge werden schnell und meistens sehr eigenmotiviert erledigt.
„Streng Dich an!"	„Ich muss alles an Fachliteratur lesen, was derzeit am Markt existiert. Nur so werde ich erfolgreich."	„Ich weiß alles, was ich wissen muss. Ich muss nicht jedes Detail kennen, um an der Börse Geld zu verdienen. Weniger ist mehr!"	Nicht zufrieden, wenn es gut läuft; Erfolge schwer genießen und annehmen; Tendenz zum Verbeißen, zu viel des Guten.	Hindernisse überwinden, auch bei Widerständen nicht aufgeben.
„Mach es allen recht!"	„Ich mache mein Investing nicht für mich, sondern weil ich von anderen für meine Erfolge und für mein Tun gemocht werden will!	„Ich handle für mich und meinen persönlichen Erfolg! Die Meinung anderer ist mir egal.	Kann nicht nein sagen; Tendenz, ausgenutzt zu werden, eigene Bedürfnisse werden zurückgestellt.	Gute soziale Kontakte, ausgleichend in Gruppen, gefühlsbetont, beliebt.

28 Als Curve Fitting bezeichnet man die Überoptimierung eines Handelssystems mit (zu) vielen Parametern.

Fortsetzung

Antreiber	Interner Glaube dahinter	Erlauber / Affirmation	Negative Wirkung	Positive Wirkung
„Mach es allen recht!"	Ich will anderen beweisen: Ich bin ein wertvoller Mensch!"	Ich will und muss für meine Arbeit nicht geliebt werden!"		
„Sei stark!"	„Ich irre mich nicht, der Markt hat unrecht."	„Ich werde dieses Geschäft beenden und den Verlust hinnehmen."	Tendenz zur Selbstüberschätzung; Schwächen gelten nicht und werden nicht gezeigt; Schwierigkeiten, Hilfe anzunehmen; kommt selbst zu kurz. Burn-out-Gefahr.	Zuverlässig auch bei großen Widerständen; eigenverantwortlich, stark.

nicht weiterentwickeln. Fehler sind nichts Verwerfliches, sie passieren einfach und sollten uns als Ansporn dienen, Dinge neu zu bewerten.

Jedes Engagement birgt die Möglichkeit eines Fehlers in sich. Wenn Sie ein vernünftiges Risikomanagement anwenden und nicht alles auf eine Karte setzen, wird Ihnen so ein Fehler aber nie zum Verhängnis werden. Im Gegenteil: Ein begangener (und erkannter) Fehler macht Sie um eine Erfahrung reicher.

„Streng Dich an!"

Sich beim Börsenhandel anstrengen? Das ist vielleicht möglich, wenn Sie Daytrader oder Scalper sind und Dutzende Geschäfte an einem Tag abwickeln. Denn dann wird das Trading durchaus zum Leistungssport. Ansonsten sehe ich bei der Spekulation keine Anstrengungen im herkömmlichen Sprachgebrauch.

Der angehende Börsenhändler ist gut beraten, wenn er sich an Grundlagen hält. Sie brauchen kein Diplom in Volkswirtschaft, um an den Märkten erfolgreich zu sein. Es genügt ein Basiswissen, das Sie in weiterer

Folge vor allem diszipliniert umzusetzen haben. Sie müssen nicht alle Indikatoren auswendig kennen, es reicht, wenn Sie sich auf wenige spezialisieren, die Sie verstehen und die in Ihrer Trading-Nische funktionieren. (Sie können sich auch bewusst dazu entscheiden, ohne Indikatoren auszukommen.) Anstrengungen im herkömmlichen Sinne spielen dabei nicht jene Rolle, die man ihnen anfangs zuschreibt, vor allem nicht im aktiven Trading- oder Investingprozess. Höchstens in der Einarbeitungs- und Konzeptionsphase muss man Engagement zeigen. Aber glauben Sie mir: Jeder Fachberuf ist um Längen schwieriger und komplizierter zu lernen als erfolgreiche Spekulation. Trotzdem scheitern so viele an den Märkten, weil sie es komplett falsch anpacken. Denken Sie daran: Die Börse ist keine „Rocket Science". Und weder Trading noch Investing können Sie an der Uni lernen. Warum ist das wohl so?

„Mach schnell!"

Manchmal habe ich den Eindruck, dass aktive Börsenhändler der Ansicht sind, über eine besonders geringe Lebenserwartung zu verfügen. Nur so ist es zu erklären, dass viele bereits nach einigen Wochen oder Monaten entnervt das Handtuch werfen, weil es nicht oder noch nicht so läuft wie geplant. Es kann ihnen nicht schnell genug gehen, reich zu werden – bis sie die Wirklichkeit einholt.

Doch Ungeduld tut (einem Anleger) selten gut. Natürlich hätte jeder gerne rasch Resultate. In der Realität funktioniert das so aber nicht. Vielmehr ist Geduld eine Tugend, die für den Börsenhandel sehr wichtig ist. Und das meine ich in zweierlei Richtungen.

Zum einen geht es um die Einarbeitung in die Materie Börse. Zur Geduld rate ich nicht, weil sie fachlich so komplex ist (siehe vorigen Antreiber), sondern im Hinblick auf meine Ausführungen im Kapitel „Paralleluniversum Börse". Man muss sich einfach langsam in diese verrückte Welt einleben. Zum anderen ist der aktive Handel gemeint, denn selbst

151

Trader, die intraday in sehr kleinen Zeiteinheiten agieren, müssen Ruhe und Nerven bewahren. Warum das so ist? Stellen Sie sich vor, Sie handeln den DAX in der Zeiteinheit fünf Minuten. Das bedeutet, dass Sie zum einen Ihren Arbeitstag in diesen 5-Minuten-Schritten planen müssen. Zum anderen heißt das aber auch, dass immer ganze fünf Minuten bis zur nächsten Aktion verstreichen. Wer das schon einmal ausprobiert hat, der weiß, was Albert Einstein mit seiner Relativitätstheorie gemeint hat. Fünf Minuten können zur Ewigkeit werden.

Anmerkung: Glauben Sie, einen Widerspruch in meinen Ausführungen bemerkt zu haben? Einerseits unter „Streng Dich an!" der Hinweis, dass der Börsenhandel nicht so schwierig ist. Andererseits unter „Mach schnell!" der Rat, sich Zeit zu lassen bei der Einarbeitung, weil die Dinge doch komplexer sind als gedacht. Lesen Sie bitte beide Punkte nochmals. Komplex und damit – wenn Sie so wollen – schwierig ist der Börsenhandel vor allem aus mentaler Sicht. Fachlich genügen bei einer Mehrzahl von Handelsansätzen einfache Regeln, die jedes Kind versteht. Nur an der Umsetzung scheitert es oft. Daher gilt: Börse ist simpel und schwierig zugleich! Wenn Sie dieses Buch zu Ende gelesen haben, werden Sie diese Aussage noch besser verstehen.

„Sei stark!"

„Ein Indianer kennt keinen Schmerz!" Dieses alte Sprichwort begleitet vor allem Männer ein Leben lang. Schwäche oder Gefühle zeigen ist bekanntlich nicht so unser Ding. Natürlich stimmt es: an der Börse ist kein Platz für emotionale Entscheidungen. Das heißt aber nicht, dass der Antreiber „Sei stark!" uns im aktiven Börsenhandel nützlich sein muss.

Anmerkung: Wissenschaftler sind uneins, ob der Mensch ohne jegliche Emotionen überhaupt Entscheidungen treffen kann. In jedem Fall sind zwei davon an den Märkten der Sache nicht dienlich: Angst und Gier. Wenn Sie ohne diese beiden Emotionen an den Märkten auskommen lernen, sind Sie auf einem guten Weg.

Bei diesem Antreiber gibt es auch eine Kehrseite: „Sei stark!" bewirkt vor allem auch, dass man stärker als der Markt sein will, dass man sich gegen den Markt stellt und kämpft. Man(n) will recht haben! Um jeden Preis. Koste es, was es wolle. Und meist kostet das in der Tat vor allem eines: viel Geld! Vielleicht ist das ein Grund, warum man Frauen nachsagt, dass Sie die besseren Börsenhändler sind. Dazu möchte ich Ihnen ein Beispiel aus meinem Coaching-Alltag vorstellen, wo einer meiner (männlichen) Klienten in die „Sei stark!"-Falle getappt ist.

Ende 2008 gab es bei VW sehr sonderbare Kursbewegungen. Die Aktie stieg in wenigen Tagen um mehrere Hundert Prozent, um dann wieder ebenso stark zurückzufallen. Alles passierte innerhalb kurzer Zeit und vollkommen entkoppelt von jeder fundamentalen Realität. Die Menschen, die immer argumentieren, dass die Märkte effizient sind, würde ich hier gerne um eine Erklärung bitten.

Mein Klient jedenfalls sah die Anfänge des unglaublichen Kursanstiegs bei VW und dachte kausal (was an der Börse ein großer Fehler ist). Seine Überlegung: Die Aktie ist viel zu stark gestiegen, die muss wieder zurückkommen, vor allem, weil es keine fundamentalen Gründe für die Bewegung nach oben gab. Die Betonung lag dabei auf dem Wort „muss". Daher spekulierte er auf („sicher" wieder) fallende Kurse und setzte einen ersten Leerverkauf ab.

Als die Notierungen weiter nach oben gingen („Das gibt's ja nicht ..."), shortete er zum zweiten Mal, und zwar auf jenem Kursniveau, auf dem ein besonnener Trader längst seinen ersten Leerverkauf mit einem kleinen Verlust eingedeckt hätte. Aber auch nach dem Shorting von Position 2 ging es weiter aufwärts. Und das Spiel wiederholte sich noch zweimal! Er war also viermal short und die Papierverluste waren immens hoch, denn VW stieg immer noch. Irgendwann nahm er doch Vernunft an und beendete den Spuk mit einem herben Verlust.

Als er mir per E-Mail von dieser Geschichte berichtete, war meine (hier gekürzte) Antwort: „Wollten Sie recht haben oder wollten Sie Geld verdienen?"

Wenig später schrieb er mir, dass sein Vorgehen sehr unüberlegt gewesen war. Was aber am wichtigsten war: Er hatte mich verstanden und war einsichtig! Er zahlte Lehrgeld – nicht wenig. Aber dieser Fehler hatte wenigstens den positiven Effekt, dass er diesen Antreiber bei sich erkannte. Und er wusste, wie er künftig damit umgehen konnte. „Sei stark!" wurde von ihm in Zukunft so ausgelegt, dass er in der Lage war, kleine Verluste ohne Schmerz hinzunehmen.

Andreas wird uns nun mit dem nächsten Antreiber konfrontieren und eine kurze Einleitung dazu liefern.

„Mach es allen recht!"

Der Antreiber „Mach es allen recht!" entsteht vor allem dann, wenn die elterliche Botschaft an uns als Kinder sehr häufig in die Richtung ging: „Sei immer schön nett und freundlich zu anderen, dann haben dich Mama und Papa lieb!" NEIN zu anderen Menschen zu sagen, fällt uns deshalb sehr schwer. Als Erwachsene haben wir dann aber oft gelernt, dass unser Umfeld diese Nettigkeit und Freundlichkeit gerne ausnutzt – vom kleinen Finger zur ganzen Hand. Wie ist das an der Börse, Thomas?

Trauen Sie sich bitte unbedingt, NEIN zu den Märkten zu sagen. Lassen Sie Geschäfte aus, wenn Sie sich nicht wohl dabei fühlen. Sie müssen nicht auf alles reagieren, was sich bewegt. Legen Sie sich vielmehr auf die Lauer und warten Sie ab, bis Ihnen die Situation zusagt. Natürlich dürfen Sie nicht zu lange warten, denn sonst ist die Chance dahin. Zugegeben: Das richtige Maß zu finden ist eine Kunst. Aber aufgrund der Erfahrung, die Sie sammeln, werden Sie mit der Zeit wissen, ob und wie lange Sie abwarten sollten und wann der richtige Zeitpunkt gekommen ist.

Wenn Sie des Weiteren mehrere Spekulationsgeschäfte laufen haben, ist es ein Ding der Unmöglichkeit, bei jedem Engagement Gewinne einzufahren.

Sie werden mit ein paar Positionen garantiert Schiffbruch erleiden. Einige Werte werden sich kaum bewegen und mit einem oder zwei machen Sie dann das Geld. Es in jedem Fall richtig zu machen, nie zu verlieren, ist also nicht möglich. Wenn Ihnen das für kurze Zeit gelingt, spricht man langläufig wohl von einer Glückssträhne. Zumindest redet der Laie so. Der Profi weiß, dass es auch beim Zufall und bei der Wahrscheinlichkeit Gewinn- und Verlustserien gibt, die aus statistischer Sicht betrachtet ganz normal sind. Und der aktive Börsenhandel funktioniert dabei auf ganz ähnliche Weise.

Anmerkung: Probieren Sie dazu den klassischen Münzwurf aus. Nachdem die Chance bei 50/50 steht, ob Kopf oder Zahl kommt, sollten Sie auch annähernd gleiche Wurfergebnisse bekommen, jedoch nicht nach fünf oder auch nicht nach 20 Würfen. Was die Verteilung von Kopf und Zahl betrifft, werden Sie immer temporäre Ungleichgewichte feststellen und lange Serien einer Münzseite erzielen. Oder meinen Sie, die Münze merkt sich, ob sie vorher auf Kopf oder Zahl gefallen ist? Eine typische Wurfserie wird daher sehr wahrscheinlich nicht exakt folgendermaßen aussehen:

Kopf-Zahl-Kopf-Zahl-Kopf-Zahl-Kopf-Zahl-Kopf-Zahl-Kopf-Zahl-Kopf-Zahl-Kopf-Zahl-Kopf-Zahl ...

Das ist nur jene Art von Zufallsverteilung, die ein Mensch erwartet. Viel wahrscheinlicher ist, dass das Ergebnis wohl ganz anders aussehen wird, und durchaus werden auch lange Serien von Kopf oder Zahl hintereinander auftreten. Andreas fasst diese Gedanken abschließend nochmals zusammen.

Resümee

Sie haben nun einiges über Ihre persönlichen Antreiber und über den Umgang damit gelernt. Das Wichtigste ist an dieser Stelle zunächst das Erkennen. Wenn Sie für sich bestimmte Mechanismen aus den Antreibern erkannt haben, die Ihren Börsenhandel (oder auch andere Lebensbereiche) beeinflussen, dann haben Sie bereits den ersten, den wohl wichtigsten Schritt zur Veränderung getan.

Aber Erkenntnis ist nicht alles. Veränderung erfordert ein gesundes Maß an „Leidensfähigkeit", denn ein Wandel findet nicht in der Komfortzone und nicht im bequemen Lesesessel statt. Arbeiten Sie aktiv an Ihrem Veränderungsprozess und nutzen Sie dabei auch die zahlreichen Übungen und Methoden im Buch und besonders im Anhang „Der Plan".

Abschließend möchten wir darauf hinweisen, dass Glaubenssätze, die Sie bisher über den Antreibertest kennengelernt haben (und viele andere Glaubenssätze auch), nicht zwangsläufig schlecht sein müssen. Davon handelt das nächste Kapitel.

Hier die QR-Codes zu den Büchern „*Ich bin o.k. Du bist o.k.*" von Thomas A. Harris (S. 140) und „*Spiele der Erwachsenen*" von Eric Berne (S. 140).

Teil 6

Glaubenssätze: Gut oder schlecht?

Viele Menschen stecken bis unter die Haarspitzen voller positiver Glaubenssätze und lassen sich auch durch Rückschläge nicht beirren, daran festzuhalten. Oft reagiert die Umwelt neutral bis negativ, besonders dann, wenn der gewünschte Erfolg noch nicht eingetreten ist („Traumtänzer, sieht alles rosarot ...!"). Wenn es dann funktioniert, werden diese Menschen auf einmal zu leuchtenden Beispielen für Willensstärke und Durchhaltevermögen.

Wenn Sie auch zu diesen Menschen zählen, an der einen oder anderen Ecke aber Gegenwind verspüren, lassen Sie sich nicht beirren, an Ihren Zielen und Ihrem unerschütterlichen Glauben festzuhalten. Wenn Sie wirklich vollkommen von Ihrer Sache überzeugt sind, wird sie auch gelingen. Aber dazu müssen wir auch auf die Kehrseite der Medaille blicken.

Schauen wir daher, was Affirmationen sind, wie sie sich auf die Motivation auswirken und wie wir sie einsetzen werden, um an den Märkten nachhaltig erfolgreich zu sein.

Von Affirmationen, von Lustgewinn und Schmerzvermeidung

Affirmationen sind „Gegen-Sätze", das heißt, sie arbeiten gegen unsere negativen Glaubenssätze. Eine ganze Reihe von Affirmationen finden Sie in der im vergangenen Kapitel präsentierten Tabelle wieder (Erlauber). Wir werden im Folgenden näher auf Affirmationen und ihre Anwendung im Kontext des Börsenhandels eingehen. Zunächst sei gesagt, dass dem Einsatz von Affirmationssätzen, also den positiven Gegenbotschaften, ein gewisser Abstand vorausgehen muss. Dieser Abstand wird dadurch erreicht, dass die negativen Glaubenssätze zunächst bewusst geworden sind.

Antreiber und Glaubenssätze, die den Erfolg an der Börse beeinflussen, haben meist mit dem (oft unbewussten) persönlichen Verhältnis zu Geld, Wohlstand, Vermögen und Erfolg zu tun, die das prägende Umfeld (Eltern, Großeltern, Erzieher, Lehrer, Freunde) uns mitgegeben hat. Das wiederum wird zur Grundlage persönlicher Motivation. Denn Motivation lässt sich – vereinfacht dargestellt – auf zwei Grundlagen verdichten:

- Schmerzvermeidung
- Lustgewinn

Was bedeutet das für Börsianer? Ganz einfach: Wir tun bestimmte Dinge, arbeiten auf definierte Ziele hin, verfolgen Pläne und werden erfolgreich, um entweder Lust zu gewinnen – also etwas für uns Schönes und Erstrebenswertes zu erreichen – oder eben Schmerz zu vermeiden – also Dinge zu verhindern, die uns nicht behagen, uns stören und belasten.

Lustgewinn als Motivator ist für viele auf den ersten Blick leicht verständlich. Aber Schmerzvermeidung? Was hat es damit auf sich? Ein paar Beispiele für eindeutig schmerzvermeidende Motivatoren im Börsenhandel:

- „Ich halte meinen Chef nicht mehr aus. Ich will so schnell wie möglich meinen Job kündigen und Vollzeit traden!"
- „Ich möchte von meinen Schulden runterkommen. Mit der Börse und den sich damit auftuenden Möglichkeiten kann ich das schaffen!"
- „Ich werde mit meiner Taktik erfolgreich, um meinem Chef zu zeigen, dass ich recht habe!"

Auch versteckte Schmerzvermeider sind hier am Werk:

- „Ich möchte es allen zeigen!"
- „Ich möchte mich rächen für meine Börsenverluste der letzten Jahre. Das hol ich mir zurück!"

Lustgewinnende Motivatoren wiederum können sein:

- „Mir macht die Spekulation einen Riesenspaß!"
- „Ich möchte wirtschaftlich unabhängig sein!"
- „Ich habe Freude an meiner Freiheit!"
- „Ich liebe es, mir meinen Arbeitstag frei einteilen zu können!"
- „Ich freue mich auf meine Erfolge!"

Dazu ein einfaches Beispiel aus dem täglichen Leben: Für die wenigsten Menschen ist der Gang zum Zahnarzt mit Lustgewinn verbunden. Dennoch motiviert uns eine entzündete Zahnwurzel überdurchschnittlich stark, zum Zahnarzt zu gehen und unser Problem zu lösen. Wir verbinden mit unserer Motivation der Schmerzvermeidung die Erreichung eines bestimmten Ziels. Zumeist ist die Motivation dann eine Art „Push". Thomas, wie ist das mit der Schmerzvermeidung im Trading?

Ähnlich wie einem Menschen mit Zahnschmerzen – um hier bei der Metapher zu bleiben – wird es einem Trader gehen, der aus einer Position mit Verlust ausgestoppt wird. Er weiß, dass er an seinem Stopp festhalten muss, weil dieser Verlust sein Problem löst (die Position läuft gegen mich, schmälert meinen Kontostand und bindet darüber hinaus mein Kapital). Der Motivator ist in diesem Fall der Erhalt des Spekulationskapitals mit der Möglichkeit, ein neues, besseres Engagement einzugehen. Andreas, was hat es nun mit dem Lustgewinn auf sich?

Lustgewinn ist der vorherrschende Motivator dann, wenn wir von wertvoll erscheinenden Zielen angezogen werden. „Sog" tritt also dann ein, wenn wir mit großer positiver Energie auf Ziele hinarbeiten, deren Erreichen uns geistigen oder materiellen Zugewinn verspricht, uns anzieht. Haben wir uns beispielsweise zum Ziel gesetzt, zehn Kilogramm abzunehmen, kann der Lustgewinn der Zielerreichung darin bestehen, gesünder zu sein, uns fitter und ausgeglichener zu fühlen, in guter Form noch besser auszusehen als ohnehin schon.

Schmerzvermeidung hingegen wäre die Erkenntnis, dass ich so nicht weitermachen kann, weil ich sonst an Leberverfettung sterbe, in keine Hose mehr passe und mich keine Frau auf der Straße mehr anschaut.

Soweit scheint dieser Zusammenhang logisch und verständlich. Lustgewinn und Schmerzvermeidung sind also immer mit Zielen verbunden: Wir gewinnen Lust oder vermeiden Schmerz durch die *Erreichung* eines bestimmten Ziels.

Für Börsianer wird es jetzt aber spannend. Was viele von uns von der Erreichung ihrer Ziele abhält und trotz großer anfänglicher Bemühungen wieder in alte Verhaltensmuster zurückwirft, ist oftmals der *Lustgewinn bei Nichterreichung* unseres Ziels. Sie haben richtig gelesen. Sehr häufig liegt bei genauerer Betrachtung ein nicht zu unterschätzender Lustgewinn darin, unser Ziel nicht erreicht zu haben. Das müssen wir uns genauer anschauen!

Gerade bei vergeblich verfolgten, großen Lebenszielen ist dieser Zusammenhang meist nicht auf den ersten Blick zu erkennen, in seiner Wirkung aber fatal. Um wieder das einfache Beispiel des Abnehmens zu bemühen: Für viele Menschen liegt in der *Nichterreichung* des Zieles Gewichtsabnahme tatsächlich ein großer Lustgewinn verborgen. Welcher könnte das sein? Ganz einfach: der Genuss des Essens ohne Verzicht auf Dinge, die toll schmecken, aber nicht dem Abnehmen dienen.

Mein Lustgewinn: Ich esse und trinke, was ich will, brauche mich nicht so viel zu bewegen (was mir ohnehin keinen Spaß macht) und nehme dadurch immer weiter zu. Überwiegt also dort der Lustgewinn, tritt die Wertigkeit des eigentlichen Ziels in den Hintergrund. Es zieht mich nicht mehr an. Der Lustgewinn daraus, mein Ziel *nicht* zu erreichen, ist stärker als die Anziehungskraft meines Ziels. In unserem banalen Beispiel bedeutet das: Ich nehme nicht ab, im schlimmsten Fall sogar weiter zu!

Bei „großen Zielen" kann das zu Kettenreaktionen führen. Wir nehmen uns vor, zum Zwecke der finanziellen Unabhängigkeit einen bestimmten Betrag passiven Einkommens oder ein bestimmtes Vermögen aufzubauen. Der erhoffte Lustgewinn zieht uns zunächst an. Kommt es aber zu ersten Widerständen – wir arbeiten länger und härter als erwartet, verzichten auf lieb gewonnene Gewohnheiten wie Fernsehen oder Freunde treffen, kommen weniger zu unseren Hobbys –, kann es schnell passieren, dass das Verlangen, diese Dinge wiederherzustellen und damit möglicherweise auf die Erreichung unseres Zieles zu verzichten, überwiegt. Die Anziehungskraft unseres Zieles wird schwächer und verblasst mit der Zeit. Wir erleben Lustgewinn durch die Nicht-Ziel-Erreichung, einen umgekehrten Lustgewinn also.

Dazu kommt in vielen Fällen ein sogenannter „innerer Konflikt". Dieser innere Konflikt entsteht dann, wenn die Erreichung unseres Zieles mit etwas verbunden ist, was uns durch unsere innere Einstellung, unsere Erziehung, unsere Erfahrungen verboten wird. Die Schmerzvermeidung wirkt hier also äußerst subtil und stark aus dem Unterbewusstsein heraus. Wir haben gelernt, dass bestimmte Dinge einfach auf eine ganz bestimmte Art und Weise gemacht werden müssen, wir haben Glaubenssätze von Autoritätspersonen mitbekommen und wir haben Verhaltensmuster in unserem Leben etabliert, aus denen wir nur schwer ausbrechen können. Diese Muster können starke innere Konflikte hervorrufen.

Ich gebe Ihnen ein einfaches Beispiel. Manche Eltern erzählen ihren Kindern permanent, wie böse reiche Menschen doch sind, dass hinter jedem großen Vermögen doch mindestens ein kleines Verbrechen steckt, dass Geld den Charakter verdirbt und nicht glücklich macht. Wenn Menschen solche Botschaften über viele Jahre zu hören bekommen, dann prägt sie das. Es setzen sich unbewusste Glaubenssätze fest, die aus diesen Botschaften entstehen und permanent (meist unbewusst) wirken. Sie prägen unsere Einstellung, unsere Werte und damit unsere Gedanken, unsere Emotionen, unser Verhalten.

Wenn sich also Glaubenssätze bei einem Menschen über Jahre etabliert haben, kann die Tatsache, dass dieser Mensch bestimmte finanzielle Ziele nicht erreicht, mit dem äußerst hinterhältigen „Lustgewinn der Nicht-Zielerreichung" zu tun haben: Völlig unbewusst macht es dieser Mensch den alten Autoritätspersonen recht, indem er sein Ziel immer wieder boykottiert und damit nicht erreicht. Sein „Lustgewinn" besteht darin: „Ich habe es meinen alten Glaubenssätzen recht gemacht! Ich bin nicht böse, weil ich nicht reich bin!" Merken Sie was? Wie viele Menschen bleiben in ihrem permanenten Streben nach äußerem (oder innerem) Erfolg an diesen inneren Konflikten hängen? Versuchen Sie einmal, in sich hineinzuhören und solche möglichen inneren Konflikte aufzuspüren.

• Wer hindert Sie am Erfolg?
• Wer hat in Ihrer Vergangenheit bestimmte Glaubenssätze ausgesprochen, die nun Ihren persönlichen Lebensweg beeinflussen?
• Was waren diese Glaubenssätze?
• Warum sollten sie heute noch von Bedeutung sein?
• Wer kann heute diese Glaubenssätze umdrehen? Wer kann heute eine gegenteilige Affirmation formulieren und daran glauben?

Gehen Sie milde mit den Urhebern dieser Glaubenssätze ins Gericht! Sehr selten sind sie in böser Absicht entstanden. Seien Sie versöhnlich und formulieren Sie aus ganzer, persönlicher Kraft Ihre eigenen Überzeugungen und positiven Glaubenssätze, die Sie wirklich weiterbringen. Lösen Sie sich von Vergangenem. Es zählt nur das Heute, das Jetzt und das Hier.

Aber bleiben wir am Punkt. Dieser Zusammenhang ist ganz einfach sehr häufig der Grund dafür, dass Menschen an großen Zielen scheitern. Und das unterscheidet den erfolgreichen Börsenhändler vom weniger erfolgreichen.

Die Lösung scheint simpel. Wirklich wertvolle Ziele sollten eine so große Anziehungskraft auf uns ausüben, dass der umgekehrte Lustgewinn keine Rolle mehr spielt und ein innerer Konflikt sich möglichst auflöst. Ein Ziel sollte uns also so wichtig und wertvoll sein und mit einer solchen Energie erfüllen, dass bestimmte Dinge, die wir dafür vielleicht zurückstellen oder in Kauf nehmen müssen, keine Rolle mehr spielen.

Leicht gesagt, aber immer wieder ein wertvoller Gradmesser für die wirkliche Bedeutung und die ganz persönliche Wertigkeit unserer Ziele. Einen wichtigen Beitrag leisten dabei unsere beschriebenen positiven Glaubenssätze, unsere Affirmationen. Sie helfen uns dabei, Veränderungen, die für unser erwünschtes Ziel notwendig sind, zu verinnerlichen und so Schritt für Schritt zum Normalzustand werden zu lassen. Je wichtiger uns unser Ziel ist, je mehr wir unsere inneren Saboteure kennen und je konsequenter wir daran arbeiten, sie durch wirklich verinnerlichte Gegenbotschaften und Glaubenssätze zu ersetzen, umso sicherer wird es, dass wir diese Ziele auch erreichen werden. Zu „Zielen" kommen wir aber später noch einmal. Vorher müssen wir uns ansehen, wie wir die Anziehungskraft unserer Ziele steigern und gleichzeitig unsere Erfolgs-Saboteure wirksam bekämpfen können.

Wie wir gegen unsere Erfolgs-Saboteure und für unseren Erfolg arbeiten

Ich möchte Ihnen eine kleine Geschichte von einem Elefant erzählen. Sicher haben Sie schon einmal einen großen Elefanten im Zirkus oder im Zoo gesehen, der mit einer Kette an seinem Fuß mit einem Pflock im Boden oder an der Wand festgemacht wurde. Vielleicht haben Sie sich gewundert, warum sich dieser Riese nicht einfach losreißt und sich von dieser unangenehmen Einschränkung befreit. Er könnte spielend die Kette aus der Wand reißen. Was glauben Sie, warum er es nicht tut? Weil ihm das Angebundensein so gut gefällt? Sicher nicht. Der Grund liegt viele Jahre zurück. Die Menschen hatten das Tier bereits als kleines Elefantenbaby daran gewöhnt, dass es nicht stark genug ist, die Kette auszureißen. Der kleine Elefant war wirklich noch nicht stark genug. Nun hat er sich im Laufe der Jahre daran gewöhnt und seine Kindheitserfahrung zur Überzeugung gemacht: „Ich bin zu schwach für die Kette!" Fallen Ihnen hier die Parallelen auf?

So wie der Elefant konditioniert wird, werden auch Menschen im Laufe ihres Lebens an bestimmte Dinge gewöhnt. Wir lernen von Kindesbeinen an, dass es bestimmte Dinge gibt, für die wir zu klein, zu schwach, zu dumm sind. Thomas hakt hier kurz ein.

Viele von Ihnen haben in Ihrem Leben ganz bestimmt schon öfter gehört, dass Sie für Geld kein echtes Händchen hätten. „Du willst an der Börse handeln? Lass es sein, Max, leg dein bisschen Geld doch lieber auf ein Sparbuch. Du verspekulierst ja sonst noch das Familiensilber. Du warst doch schon in der Schule immer derjenige, der sein Taschengeld als Erster durchgebracht hat." Wie Andreas weiter ausführen wird, ist das ein regelrechter Teufelskreis.

Wie groß und stark und schlau wir aber werden müssen, um diese Dinge endlich zu tun, sagt uns niemand. Wir verlieren im Laufe der Jahre die Relation und oft das Bewusstsein unserer eigenen (meist mentalen) Stärke und Kraft. Das führt dazu, dass wir als erwachsene Menschen längst imstande wären, uns von unseren „Ketten" zu befreien, das aber oft nicht tun, weil wir uns diese Befreiung ganz einfach nicht zutrauen. Inzwischen sind wir aber „ein großer, starker Elefant"!

Die einzige Person, die uns jetzt die Erlaubnis zum Handeln geben kann, sind wir selbst. Das ist das Geheimnis, das hinter Glaubenssätzen, inneren Saboteuren, aber auch den befreienden Affirmationen steckt. Wir stehen uns zwar selbst im Weg, haben aber auch zu 100 Prozent den Schlüssel zur Lösung in der Hand. Diese Erkenntnis kann sehr befreiend sein und sollte Ihnen den Mut geben, sich nun Ihren Saboteuren und deren Lösung zuzuwenden. Denken Sie dabei vielleicht noch einmal an die Ausführungen zur Transaktionsanalyse. Diese inneren Saboteure können Sie im bewussten Erwachsenen-Ich relativ einfach erkennen und mit etwas Anstrengung auch relativ einfach ausschalten.

Unsere geheimen Saboteure arbeiten gegen unseren Erfolg und wir nehmen das nicht bewusst wahr. In aller Regel kommen diese Saboteure in Gestalt unserer negativen Glaubenssätze daher.

Haben wir negative Glaubenssätze einmal erkannt, können wir bewusst dagegenarbeiten. Hüten Sie sich dabei aber vor Dingen, die Sie vermeiden wollen (zum Beispiel „Ich will Verluste vermeiden!"). Unser Unterbewusstsein ist in dieser Hinsicht sehr klar gestrickt. Es kennt kein NEIN. Alles, was es hört, sind „Verluste!". Denken Sie jetzt bitte NICHT an einen rosaroten Elefant! Klare Anweisung! NICHT dran denken. Ist es Ihnen gelungen?

Und gerade an den Märkten gibt es so viele Dinge, die wir gerne vermeiden möchten. Konzentrieren wir uns daher auf die positive

Umkehr, denn zu fast jedem Ding, das wir *vermeiden* wollen, gibt es etwas Positives, das wir *erreichen* möchten. Menschen, die stets nur davon sprechen, was sie verhindern wollen, bekommen selten das, was sie wirklich wollen. Sie ziehen das an, womit sie sich permanent auseinandersetzen. Sie erinnern sich: Energie folgt der Aufmerksamkeit! Womit setzen Sie sich auseinander? Welche Art von Selbstgesprächen führen Sie jeden Tag? Was wollen Sie wirklich erreichen? Um sich selbst auf Erfolg zu „programmieren", arbeiten vor allem Spitzensportler mit zahlreichen mentalen Techniken, unter anderem mit bereits erwähnten Affirmationen. Affirmationen sind selbstbejahende Sätze (wir haben sie beim Antreibertest bereits als Erlauber kennengelernt), die wir uns über einen längeren Zeitraum wieder und wieder vorsagen, um dadurch unsere Gedanken, Emotionen und unser Handeln zu verändern.

Besonders wichtig bei Affirmationssätzen ist es, sie konsequent positiv zu formulieren. Wenn Sie sich zum Beispiel wünschen, bei Ihrem Börsenengagement mit mehr Selbstbewusstsein und Glauben an Ihr Können an die Sache zu gehen, dann kann Ihnen folgende Affirmation helfen:

„Ich glaube an mich – jeden Tag mehr und mehr!"

Hier haben wir einen Satz formuliert, der eine Entwicklung suggeriert. Oft werden Affirmationssätze sehr absolut formuliert (zum Beispiel „Ich bin selbstbewusst!", „Ich bin der größte Investor auf diesem Planeten!"). Solche Affirmationen empfehle ich Ihnen zunächst nicht. Besonders wenn Sie am Anfang Ihrer Tätigkeit stehen, wird Ihnen das Unterbewusstsein hier womöglich einen Streich spielen. Es glaubt Ihnen nämlich nicht. Wenn Affirmationen unrealistisch formuliert werden, melden sich die Selbstzweifel: „Das glaubst du doch wohl selber nicht!" ... „Sagt wer ...?" ... „So ein Quatsch!"

Achten Sie also darauf, dass die Affirmationen positiv und für Sie persönlich glaubwürdig formuliert sind. Formulieren Sie einen Zustand so, wie Sie ihn persönlich gerne hätten. Formulieren Sie den Idealzustand in der Gegenwartsform oder als Verlauf.

Gegenwart: „Ich bin ein erfolgreicher Börsenhändler!"

Verlauf: „Ich werde durch konsequente Arbeit Tag für Tag noch erfolgreicher an den Märkten!"

Wie können diese Sätze von Börsianern im Hinblick auf ihr Fachgebiet noch spezifischer formuliert werden, Thomas?

Nun, ein Trader könnte sagen:

Gegenwart: „Ich werde mein Timing Tag für Tag verbessern."

Verlauf: „Durch das konsequente Studium der wichtigsten Trendfolge-Indikatoren und die Durchführung von Backtests verbessere ich meine Entrys schrittweise."

Ein Investor könnte es so formulieren:

Gegenwart: „Ich verbessere meine Risikostreuung, indem ich mein Portfolio besser gewichte."

Verlauf: „Ich verringere die Abhängigkeit von einem Wirtschaftsraum wie der Eurozone und suche die großen Länder Südamerikas wie Brasilien oder Argentinien nach interessanten Investmentgelegenheiten ab."

Andreas erklärt uns nun weitere Hintergründe dieser Affirmationen.

Die Gegenwartsform ist jedenfalls eine gute Möglichkeit für gestandene Börsianer, ihren Erfolg zu manifestieren und den Glauben an ihre eigenen Stärken zu erhöhen. Ob Sie nun die direkte Gegenwartsform wählen oder lieber die Verlaufsform, hängt ganz von Ihnen ab. Spüren Sie in sich hinein. Sie werden merken, mit welcher Art der

Affirmation Sie besser arbeiten können. Experimentieren Sie und halten Sie sich an die Grundregel der positiven Formulierung.

- „Ich bin gut!"
- „Ich bin erfolgreich!"
- „Ich bin Spezialist für ...!"

Sehr hilfreich ist auch die Arbeit mit persönlichen Fragen. Anstatt permanent die quälende Frage vor sich herzuschieben: „Warum läuft es bei mir bloß nicht?", stellen Sie sich die Frage: „Was muss ich tun, dass es weiter gut läuft?" „Welche Möglichkeiten habe ich, noch besser zu werden?" „Was habe ich bei meinen größten Erfolgen an den Märkten richtig gemacht?"

- „Ich erlaube mir, ein erfolgreicher Trader zu sein!"
- „Ich erlaube mir, an der Börse viel Geld zu verdienen!"
- „Ich nehme meine wirtschaftliche Freiheit dankbar an!"
- „Ich darf meine Erfolge als Investor genießen!"
- „Ich kann mir erlauben, mit viel Spaß viel Geld zu verdienen!"
- „Es ist gut für mich, so erfolgreich zu sein!"
- „Ich genieße es, wirtschaftlich unabhängig zu sein!"
- „Ich freue mich darauf, mein Regelwerk erfolgreich umzusetzen!"
- „Schon bald merke ich, dass meine Konsequenz Früchte trägt!"

Vergessen Sie auch nicht, sich ab und zu bei sich selbst (oder wo auch immer) zu bedanken. Ein Dank strahlt große positive Energie aus. Dankbarkeit zieht neue Erfolge an.

- „Ich bin dankbar für meine Börsenerfolge!"
- „Ich bin dankbar für meine wirtschaftliche Freiheit!"
- „Ich bin dankbar für mein gutes Regelwerk!"

Eine weitere wichtige Grundregel für erfolgreiche Affirmationen: Bleiben Sie bei sich selbst. Beschreiben Sie nur Zustände, die in Ihrem persönlichen Einflussbereich liegen. Andere Menschen oder bestimmte Rahmenbedingungen (wie Markt- oder Kursentwicklungen) haben in Ihren Affirmationen nichts verloren, weil Sie selbst darauf keinen oder nur sehr wenig Einfluss haben.

Falsch: „Der Markt entwickelt sich kontinuierlich gut für mich!"
Richtig: „Durch mein Wissen nutze ich Marktbewegungen konsequent aus!"

Ihr Ziel sollte es sein, Ihre persönlichen Affirmationen zu einem festen Bestandteil Ihres Lebens zu machen und sie so dauerhaft zu verinnerlichen. Dazu müssen Sie zuerst in sich gehen und die Sätze sauber ausformulieren. Im Anschluss kann das Training dann beginnen. Das können Sie über viele verschiedene Wege tun:

- Schreiben Sie Ihre Affirmationen auf; lesen Sie sie täglich laut vor.
- Schreiben Sie Ihren wichtigsten Affirmationssatz mit (abwaschbarem) Boardmarker an Ihren Badezimmerspiegel.
- Schreiben Sie Ihren wichtigsten Affirmationssatz auf ein PostIt und kleben Sie es an Ihren Computer, sodass Sie es beim Trading immer im Blick haben.
- Lernen Sie Ihre Affirmationssätze auswendig!
- Sagen Sie sich Ihre auswendig gelernten Affirmationen beim Autofahren vor.
- Schreiben Sie sich selbst einen Brief (auch wirklich abschicken!).

Hier gibt es unterschiedlich stark wirkende Situationen, also das Umfeld, innerhalb dessen mit Affirmationen gearbeitet wird. Die am stärksten wirkende Situation beschreiben wir im nächsten Kapitel unter „Mentale Funktionsweisen" (Stichwort Entspannung).

Sicher werden Ihnen Ihre Affirmationen zu Beginn ein wenig seltsam vorkommen. Aber das ist ganz normal. Sie werden sich mit ihnen anfreunden! Und wie im aktiven Börsenhandel selbst gilt auch für die Anwendung von Affirmationen eine unumstößliche Grundregel: *Konsequenz!* Bleiben Sie dran. Sie werden nach den ersten zwei bis drei Wochen erste Veränderungen bemerken, wenn Sie sich Ihre Affirmationen konsequent täglich aufsagen oder anhören.

Sie verschaffen sich damit einen enormen Vorsprung durch die konsequente Arbeit an Ihrer mentalen Stärke. Denn: Leider nur zehn Prozent unserer Leser werden diese einfachen, aber äußerst wirksamen Regeln konsequent befolgen und umsetzen. Gehören Sie dazu? Thomas hat mit seiner nachfolgenden Anmerkung nicht ganz Unrecht, wenn er meint:

Anmerkung: Wir sind uns leider sicher, dass nur zehn Prozent der Leser dieses Buches unsere Ratschläge wirklich konsequent umsetzen und ihren (Börsen-) Erfolg und damit ihr Leben wirklich nachhaltig verändern werden. Werden Sie dazugehören? Na los, kriegen Sie Ihren Hintern hoch! Wenn Sie sich nicht selbst helfen, hilft Ihnen niemand. Oder warten auch Sie darauf, von der EZB, der Kanzlerin oder Ihrem Chef gerettet zu werden? Wenn Sie vielmehr zu diesen zehn Prozent gehören, dann gratulieren wir Ihnen bereits jetzt zu Ihrem überdurchschnittlichen Erfolg als Börsianer. Den anderen 90 Prozent ist der Erfolg wahrscheinlich nicht wichtig genug. Andreas hat dazu ein gutes Zitat eines bekannten Autors für uns.

Dazu schreibt Robert Kiyosaki, Autor des Buches „Rich Dad, Poor Dad!" und Initiator des Spiels „CashFLOW", das sich mit finanzieller Intelligenz befasst, sehr treffend:

> *„The size of your success is measured*
> *by the strength of your desire,*
> *the size of your dream*
> *and how you handle disappointment along your way!"*

Frei übersetzt: Wenn uns unsere Ziele wirklich wichtig sind, entwickelt sich eine Sogwirkung, die uns alle Widerstände auf dem Weg zum Ziel meistern lässt!

Experimentieren Sie mit Ihrem neuen Verhalten, wenn Sie damit beginnen, Gegenbotschaften einzusetzen. Führen Sie eine Art „Mental-Tagebuch", das die Veränderungen und die neuen Ergebnisse dokumentiert. Indem Sie Feedback bewusst registrieren (durch Analyse Ihrer Handelsaufzeichnungen, durch andere Personen), beginnt der Veränderungsprozess und neue, hilfreiche Gewohnheiten stellen sich ein.

Welche Einflussfaktoren spielen aber nun eine entscheidende Rolle dabei, ob uns bestimmte Dinge so wichtig erscheinen, dass wir bereit sind, andere Dinge dafür aufzugeben? Was sorgt dafür, dass wir bereit sind, unsere Komfortzone zu verlassen und gegen alle äußeren und inneren Widerstände das tun, wovon wir überzeugt sind?

Eine ganz bedeutende Funktion nehmen dabei unsere *Werte* ein, also unsere sehr persönlichen inneren Überzeugungen. Ich definiere Werte im Rahmen von ausführlichen Werte-Coachings oder Wertearbeit im Rahmen von Leadership-Trainings sehr gerne als unumstößliche Überzeugungen, als innere Fundamente, die durch unsere Erziehung, unsere Erfahrungen, unser gesellschaftliches, soziologisches Umfeld geprägt sind. Diese Überzeugungen sind dann echte

Werte, wenn sie nahezu unangreifbar sind, wenn wir uns massiv zur Wehr setzen, sobald andere Menschen versuchen, diese Überzeugungen anzugreifen und zu unterlaufen. In meinen Coachings versuche ich dann, drei zentrale Werte herauszuarbeiten, die meinem Klienten wirklich wichtig sind. Ich nenne sie Inselwerte. Das sind Werte, die ich mit auf eine einsame Insel nehmen würde, wenn ich sonst gar nichts anderes mitnehmen dürfte.

Wie Werte mentale Prozess beeinflussen und welche Bedeutung sie für die eigene innere Einstellung, für Ihre Ziele, Ihre Konsequenz und damit letztlich für Ihren Erfolg oder Misserfolg als Börsianer haben können, beschreiben wir im nächsten Kapitel.

Werte

Werte bilden die Grundlage, das Gerüst für positive Glaubenssätze. Sie geben Klarheit über mögliche Saboteure. Sie zeigen auf, wo unter Umständen umgekehrter Lustgewinn unseren Erfolg schon seit Jahren konsequent verhindert. Fragen Sie sich: „Was sind eigentlich meine Werte?" Nehmen Sie sich 20 Minuten Zeit, schreiben Sie Ihre wichtigsten Werte im Leben auf – Dinge, die Ihnen wirklich wichtig sind und sehr am Herzen liegen.

Das sind dann mit großer Wahrscheinlichkeit die Werte, die Ihr gesamtes Handeln stark beeinflussen, Werte, gemäß denen Sie mit anderen Menschen kommunizieren, Werte, gemäß denen Sie andere Menschen behandeln und von anderen Menschen behandelt werden wollen. Werte, gemäß denen Sie arbeiten, Ihr Handelssystem als Trader oder Investor ausrichten und weiterentwickeln (selten bewusst, meist unbewusst). Werte, gemäß denen Sie mit Ihren Freunden, mit Ihrer Familie zusammenleben. Werte, gemäß denen Sie Ihr Leben ausrichten. Sammeln Sie nun eine ganze Reihe dieser Werte, die Ihnen in den Sinn kommen.

Meine Werte, die mir spontan in den Sinn kommen:

- _____
- _____
- _____
- _____
- _____
- _____
- _____
- _____
- _____
- _____

Verdichten Sie nun. Suchen Sie aus all den Werten, die Sie formuliert haben, die drei wirklich wichtigsten heraus. Dies sind Ihre „Inselwerte", also die Werte, die Sie persönlich auf eine Insel mitnehmen würden, wenn wirklich nur diese drei erlaubt wären. Diese Inselwerte sind Werte, die aus Ihrer ganz persönlichen Sicht auf keinen Fall missachtet werden dürfen.

Meine drei wichtigsten Werte im Leben (meine „Inselwerte"):

1. _____
2. _____
3. _____

Arbeiten Sie nun mit diesen Werten. Beantworten Sie kurz, aber prägnant die folgenden Fragen für sich:

Welche *Bedeutung* haben diese Werte für meine persönlichen *Lebensziele?*

_____

_____

_____

_____

Wie *beeinflussen* diese Werte mein Handeln an den Märkten?

_____

_____

_____

_____

Welche Werte *konkurrieren* mit meiner Arbeit als Trader oder Investor und warum? Welche Auswirkungen könnte das auf meine Börsengeschäfte haben?

_____

_____

_____

_____

_____

_____

_____

_____

_____

_____

Welche Werte *passen* hervorragend zu meiner persönlichen *Ausrichtung* an den Märkten? Wie befördern diese Werte meinen Erfolg als Anleger?

Diese erste Wertesammlung stellt natürlich keinen ausführlichen Werteprozess dar. Sie soll Ihnen aber sehr wohl einen ersten wichtigen Gedankenanstoß in Richtung Ihrer persönlichen Werte geben – einen Gedankenanstoß, mit dem sich bewusst nur ein sehr kleiner Teil der Menschen regelmäßig aktiv auseinandersetzt.

In meinen Seminaren stelle ich immer die Frage: „Wer von Ihnen hat sich in den letzten drei Monaten Gedanken über seine persönlichen Werte gemacht? Wer von Ihnen kennt seine persönlichen Werte überhaupt? Und wer von Ihnen kann mir jetzt spontan seine wichtigsten drei Werte auf ein Blatt Papier schreiben und mir ein wenig mehr dazu erzählen?" Sie können sich das Resultat sicher vorstellen. Bei einer Gruppe von 15 Seminarteilnehmern sehe ich maximal drei (ehrliche?) Finger, und das wohlgemerkt meist nur bei Menschen, denen ein solcher Prozess nicht vollkommen fremd ist, wie zum Beispiel Führungskräfte. Bei aktiven Börsenhändlern sind die Zahlen noch weitaus geringer.

Mit meinen Mandanten beginnt die eigentliche Wertearbeit an dieser Stelle erst so richtig. Unseren geschätzten Lesern möchte ich hier noch zwei einfache Weiterführungen anbieten, mit den ersten Erkenntnissen umzugehen.

Es empfiehlt sich, dass Sie sich nun zu den Werten, die Ihre Arbeit an den Märkten negativ beeinflussen können, weitere Gedanken machen. Stellen Sie sich dazu folgende Fragen (die Sie natürlich auch beantworten).

- Warum glaube ich, dass diese Werte, die mir sehr wichtig sind, meine Arbeit an der Börse negativ beeinflussen?
- Woran kann ich feststellen, dass dies so ist? Was sind die (messbaren) Auswirkungen?
- Welche konkreten Konsequenzen hat das aus meiner Sicht für meine Arbeit?
- Möchte ich gerne etwas dafür tun, meine Werte und Überzeugungen und meine Arbeit als Anleger miteinander „zu versöhnen"? Wenn JA:
- Was kann ich konkret tun, damit meine Werte besser zu meiner Arbeit passen?
- Welche Maßnahmen kann ich konkret ergreifen?
- Was sind meine Glaubenssätze, die ich aus dem Antreiber-Test für Börsianer gewinnen konnte?
- In welchem Zusammenhang stehen diese Glaubenssätze mit meinen persönlichen Werten?
- Inwieweit passen sie wirklich zu meinem heutigen Leben und zu meinen heutigen Überzeugungen?

Lassen Sie den Werteprozess an dieser Stelle für sich weitergehen. Nutzen Sie die Erkenntnisse für Ihre tägliche Arbeit und justieren Sie ab und zu Ihre persönliche Wertewelt nach. Das heißt nicht, Werte regelmäßig über Bord zu werfen, im Gegenteil. Es heißt, echte innere Werte und Überzeugungen zu identifizieren und ihnen im Laufe Ihres Lebens immer mehr auf den Grund zu gehen. Das bedeutet auch, Ihre eigenen Werte und Überzeugungen von Elternbotschaften zu unterscheiden, die für Sie und Ihr heutiges Leben keine Rolle mehr spielen. Diese Elternbotschaften, die als permanente Glaubenssätze daherkommen, haben sehr oft ihre Bedeutung längst verloren. Da sie aber in prägenden Phasen unserer Kindheit entstanden sind, stellen sie für uns sehr häufig unbewusst eine (manchmal falsche) Leitlinie dar.

Wenn Ihnen das, was Sie tun, wirklich Freude bereitet, Sie zufrieden und glücklich macht, können Sie davon ausgehen, dass diese Tätigkeit mit Ihren wirklichen Werten und Überzeugungen sehr stark im Einklang steht. Macht Ihnen das, was Sie tun, keine Freude, können Sie davon ausgehen, dass eine mentale Lücke klafft zwischen Ihrer Tätigkeit und Ihren eigentlichen Werten und Überzeugungen (die Sie nur noch nicht exakt definieren und bezeichnen konnten).

Eine große Rolle können diese Erkenntnisse auch für das Beschreiten neuer Wege spielen. Ich hatte vor einiger Zeit ein Coaching mit einem erfolgreichen Trader, dem genau diese Unklarheit bezüglich seiner Werte fast zum Verhängnis geworden wäre. Er befasst sich seit vielen Jahren mit Trading, doch wirklich nachhaltige Erfolge blieben bisher aus.

Im Coaching hat er mir erzählt, dass er sich schon lange überlegt, seinen verhassten Job in der freien Wirtschaft an den Nagel zu hängen und seinen Lebensunterhalt mit Trading zu bestreiten, ganz einfach deshalb, weil ihm Trading richtig Spaß macht, seine Arbeit aber nicht. Der Grund, warum er diesen Schritt bislang aber nicht gegangen ist und sich zwischenzeitlich sogar überlegt hatte, das Trading zugunsten seines verhassten Brot-Jobs wieder aufzugeben, war bald identifiziert.

Dieser Konflikt entstand aufgrund seines sehr konservativen Elternhauses. Sein Vater hatte ihm mit auf den Lebensweg gegeben, wie wichtig es doch sei, für sein Geld hart zu arbeiten. Arbeit müsse (dürfe!) keinen Spaß machen, sie müsse hart und entbehrungsreich sein und nur der Lohn aus harter und entbehrungsreicher Arbeit sei guter, weil verdienter Lohn. Natürlich waren die Erkenntnisse meines Mandanten noch deutlich komplexer.

Aber stark verdichtet bringen sie das Problem so vieler Menschen auf den Punkt: Sie lassen es einfach nicht zu, Geld auf eine leichte, angenehme Art und Weise zu verdienen, die Spaß macht. Mein Mandant hat seine Entscheidungen getroffen, und zwar gegen seine vermeintlichen Werte und Überzeugungen, die er als Glaubenssätze aus der Kindheit ohne echte Relevanz für sein heutiges, selbstbestimmtes Leben als Erwachsener entlarvt hat. Er hat erkannt, dass er das, was er tut (sein Trading), mit Spaß und Freude machen und dabei auch gutes Geld verdienen darf. Er hat am Ende des Coaching-Prozesses eine klare Entscheidung getroffen. Heute ist er selbstständiger Trader. Erfolgreich. Und glücklich!

Setzen Sie sich also aktiv mit den Dingen auseinander, die Sie als Mensch, als Persönlichkeit maßgeblich ausmachen, dann werden Sie zwangsläufig erfolgreicher in dem, was Sie tun. Schaffen Sie damit Ihren persönlichen Börsen-Flow. Darum geht es auf den nächsten Seiten.

Teil 7

Die Entwicklung: Von der Erkenntnis zum Flow

Der Begriff Flow begegnet uns immer öfter, zumeist im Zusammenhang mit ganz besonderen, oft sportlichen, Leistungen. Doch was bedeutet Flow und vor allem: Was hat Flow mit unserem Börsenerfolg zu tun? Können wir Flow vielleicht sogar nutzen, um im Trading oder Investing noch besser und erfolgreicher zu werden? Wie wir gesehen haben, ist der erste Schritt zur Veränderung immer die Erkenntnis. Erst wenn wir uns die Faktoren bewusst machen, die unser Handeln beeinflussen (wie zum Beispiel die Glaubenssätze), können wir daran arbeiten, sie entweder zu verstärken oder abzuschwächen. Leider ist das sehr häufig der schwierigste Part. Was wir bei anderen immer schnell erkennen – sei es beim Lebenspartner, bei den Kollegen oder dem Chef –, fällt uns bei uns selbst meist deutlich schwerer. Wo liegen also die berühmten „Optimierungspotenziale" bei uns selbst?

Es gibt einige spannende Mechanismen, die uns die Arbeit an der Börse wesentlich erleichtern und unseren Erfolg deutlich steigern können. Wir möchten Ihnen im nächsten Kapitel einige dieser Erkenntnisse näherbringen, die Ihnen helfen werden, sich selbst besser kennenzulernen und damit ebendiese Mechanismen besser zu verstehen (und letztlich auch zu beeinflussen), die über Erfolg und Misserfolg an den Börsen maßgeblich entscheiden.

Von XY-Theorien und Glückshormonen

Machen wir uns zunächst ein paar Gedanken zu unserer Motivation und zu dem, wie wir über uns selbst und über andere, unsere eigenen „Optimierungspotenziale" und die „Optimierungspotenziale" anderer denken.

Dann werfen wir einen kurzen, nicht allzu wissenschaftlichen Blick auf bestimmte körperliche und biochemische Zusammenhänge, die maßgeblich verantwortlich sind für Erfolg und Misserfolg in allen Lebensbereichen. Zunächst machen wir einen kleinen Ausflug in die Management-Literatur.

Motivation von X- und Y-Menschen

Douglas McGregor[29] hat in den 60er-Jahren des letzten Jahrhunderts beschrieben, was Menschen in Unternehmen motiviert. Damals war das revolutionär. In seiner XY-Theorie hat McGregor zwei unterschiedliche Menschen-Typen beschrieben. Die einen – die sogenannten X-Menschen – sind völlig demotiviert und antriebslos, faul, destruktiv und wenn überhaupt dann nur durch viel Geld oder durch Strafe zum Arbeiten zu bewegen.

Die anderen hingegen, die Y-Menschen – reinste Selbst-Motivation. Sie arbeiten um der Arbeit willen, haben Spaß und finden Erfüllung in dem, was sie tun. Sie brauchen kein oder nur wenig Geld dafür.

Douglas McGregor hat schon damals die These aufgestellt, dass es den negativen X-Menschen eigentlich gar nicht gibt. Dort, wo er doch auftaucht, haben ihn ein System schlechter Führung oder andere Umstände zum X-Menschen werden lassen.

Was wir in unseren Coachings immer wieder feststellen, ist eine deutliche Diskrepanz zwischen X und Y, bezogen auf unterschiedliche Tätigkeiten. So verhalten sich Menschen dort ausgesprochen X-mäßig, wo sie nicht gemäß ihren Stärken und Bedürfnissen gefordert werden, und dort überaus Y-mäßig, wo sie all ihre Fähigkeiten und Talente einsetzen können. Diese Menschen sind natürlich viel

---

29 Douglas McGregor (* 1906 in Detroit; † 1. Oktober 1964 in Massachusetts) war Professor für Management am Massachusetts Institute of Technology (MIT). Er gilt als einer der Gründerväter des zeitgenössischen Managementgedankens. McGregor untersuchte die Mitarbeiter-Dynamik in Unternehmen. In seinem 1960 erschienenen Buch „The Human Side of Enterprise" stellte er zehn Prinzipien vor, mit deren Hilfe Manager ein Klima von Enthusiasmus, Engagement und Motivation in ihrem Unternehmen schaffen sollen, was sich unmittelbar auf Effizienz und Markterfolg auswirke. Den Schlüssel dazu sah McGregor in selbstbestimmtem Arbeiten und flachen Hierarchien.

entspannter und wirken weit weniger gestresst als diejenigen, die sich X-mäßig verhalten und ihre Arbeit zähneknirschend und leidend verrichten.

Die Betonung dabei liegt auf *verhalten*. Denn interessanterweise kann es sich dabei um ein und dieselbe Person handeln: tagsüber Dienst nach Vorschrift im regulären Job, am Abend mit unglaublichem Engagement einer anderen Tätigkeit wie zum Beispiel dem aktiven Börsenhandel nachgehend. Um es auf den Punkt zu bringen: Menschen wollen wachsen. Sie wollen „etwas" erreichen (was das ist, wird einzig durch ihr individuelles Anspruchs- und Motivationsniveau, ihre Werte und Einstellungen bestimmt).

Wenn sie sich dennoch nach McGregors Definition x-mäßig verhalten, dann hat das Gründe. Ich möchte an der Stelle nicht zu tief in die Motivationstheorie einsteigen. Dennoch möchte ich ein paar Erläuterungen geben, weil diese Grundlagen am Beispiel der XY-Theorie von McGregor sehr hilfreich sind, um die eigenen Motivationsfaktoren für den Börsenhandel besser zu verstehen.

Die Gründe für x-mäßiges (negatives) Verhalten sind vielfältig. Verhalten sich Menschen innerhalb von Organisationen renitent, unmotiviert, unselbstständig, dann müssen drei Fragen gestellt werden. Liegt das Verhalten an:

1. fehlendem *Wollen*,
2. fehlendem *Können*,
3. oder fehlendem *Dürfen* (das heißt an nicht optimalen Rahmenbedingungen, die 1. und 2. wiederum negativ beeinflussen).

Auch sich selbst diese drei Fragen zu stellen, macht insbesondere dann Sinn, wenn Sie sich überlegen, Ihre aktuelle Tätigkeit zugunsten des Börsenhandels zurückzufahren oder ganz aufzugeben. Thomas hatte sich vor einigen Jahren in seinem Job diese Fragen gestellt und dabei kam er auf überraschende Erkenntnisse. Darüber wird er uns aber am besten selbst berichten.

Exkurs: Mein XY-Dasein

Zieht Sie die Börse an oder stößt Sie Ihr jetziger Job ab? Ist Lustgewinnung der Motivator oder ist es Schmerzvermeidung? Was sind Ihre Beweggründe? Oder macht Ihnen beides Spaß: Ihr Job und die Börse, die Sie nur als zusätzliche Möglichkeit sehen, Ihr Einkommen aufzubessern?

Bei mir war es so, dass mich mein bürgerlicher Job – wie schon ganz am Beginn des Buches erwähnt – von Anfang an nicht sehr begeisterte. Doch mit den Jahren wurde die Abneigung immer schlimmer. Je mehr ich über die Finanzmärkte und deren Möglichkeiten lernte, desto mehr schwand meine Motivation in der Versicherungswirtschaft. „Nicht besonders motiviert" wandelte sich somit immer stärker in „pure Abneigung". Natürlich verstand mich niemand und meine Freunde dachten, dass ich nicht mehr alle Tassen im Schrank hätte. Trading als Job statt Arbeit im Büro? Schwachsinn!

Was meine Börsengeschäfte betraf, agierte ich jedenfalls als Y-Mensch. Ich las viele Fachbücher (meine letzten Fachbücher davor las ich in der Schule), besuchte Seminare (die ich selbst bezahlen musste) – ich wollte mich weiterbilden. Ich hatte Spaß am Lernen, empfand es nicht als mühsam und verbrachte Tage und Nächte vor dem Computer und recherchierte. Ich *wollte* also – unbedingt! Aber ich *durfte* auch, denn niemand in meinem Umfeld hatte Einwände gegen mein neu gefundenes Interesse. Dass ich auch *konnte*, daran zweifelte ich nie. Denn ich war immer schon der Meinung: Wenn man etwas will, dann schafft man es auch!

Im Job war ich hingegen X-mäßig unterwegs. Ja nur kein Handgriff zu viel lautete die Devise. Weiterbildung? Nein – kein Interesse. Eine Woche Seminar im wunderschönen Salzkammergut mit kompletter Verpflegung in einem 5-Sterne-Hotel auf Firmenkosten? Wenn das Thema nicht

„Versicherungstechnik", sondern „Börsenhandel" gewesen wäre, dann auf jeden Fall. Sonst: Nein danke!

Ich wollte eigentlich in meinem Brotjob von Anfang an nicht so richtig. Und als dann eine Phase kam, in der ich doch ein wenig *wollte*, *durfte* ich nicht, weil ein großes Unternehmen natürlich sehr bürokratisch agiert und man als Einzelner wenig bis gar nichts bewegen kann. Das hatte wiederum zur Folge, dass ich dann fast gar nicht mehr wollte, obwohl ich zweifelsohne *gekonnt* hätte. Mir ging es wie sicher dem einen oder anderen Leser dieses Buches auch. Innerlich hatte ich seit Jahren gekündigt und darüber und über noch viel mehr wird uns Andreas berichten.

Wir haben die Wirkung besprochen. Aber was ist die Ursache für solche Prozesse? Was steckt dahinter, wenn Menschen ihre Arbeit hoch motiviert und engagiert erledigen?

Was uns wirklich motiviert

Gehen Menschen in dem auf, was sie tun (das heißt, tun sie etwas, das ihren Stärken, Fähigkeiten und Bedürfnissen voll entspricht), haben sie ganz einfach Spaß an ihrer „Arbeit". Interessant ist aber: Diese Erfüllung, diese Freude am Schaffensprozess führt zu hormonellen Kapriolen. Unser Körper schüttet vermehrt *Dopamin* aus (ein Glückshormon, genauer ein Botenstoff oder Neurotransmitter). Das führt zu immer mehr positiven Gefühlen, Enthusiasmus Begeisterung. Wir engagieren uns noch mehr und die Arbeit macht uns noch mehr Spaß. Der Effekt verstärkt sich laufend und führt zu dauerhafter „Erfüllung" in dem, was wir tun – eine Art Glücksspirale, die wir durch unser Tun noch verstärken. Wir sind – Sie ahnen es – im Flow. Dopamin und regelmäßiges Gehirn-Jogging (was wir ja an der Börse ständig tun) sind also ein echter Jungbrunnen und Motivations-Turbo – wenn es Spaß macht. Warum das?

Werfen wir dazu einen Blick auf die andere Seite der Medaille. Leiden
wir nämlich unter einem Mangel an Dopamin, werden wir kraftlos,
müde und desinteressiert, lustlos und mürrisch. Nachgewiesener-
maßen führen die zivilisatorisch-geistigen Überlastungen einerseits
– also Stress – sowie andererseits die verminderten physiologischen
Reize und Entfaltungsmöglichkeiten (Langeweile, Unterforderung),
gepaart mit geringer körperlicher Aktivität, zu einer Verminderung
der körpereigenen Dopaminaktivität. Wenn wir körperlich und geistig nicht positiv gefordert sind, wird
es also eng. Verhalten wir uns dann in unserem Job unserer Gemüts-
lage entsprechend nicht ganz so motiviert und engagiert, bekommen
wir entsprechendes Feedback und die Spirale dreht sich immer weiter nach unten. Also sollten wir alles daran setzen, auf natürlichem
Weg an dieser biochemischen Stellschraube zu drehen, die uns nichts
kostet und besser wirkt als jedes Wunderelixier.

Denn Dopamin ist laut medizinischen Erkenntnissen erforderlich für:

- den Antrieb,
- das Wohlbefinden,
- die Gelassenheit und die Lebensfreude,
- die kraftvolle Bewegung,
- die Feinmotorik,
- den Mut, die Konzentration und die Reaktion,
- die Befreiung von diffuser Angst,
- die optimale Funktion von Herz und Kreislauf,
- die Aktivierung des Immunsystems.

Dies sind lauter Faktoren, die einem Börsianer dabei helfen, fokussierter, leistungsfähiger und erfolgreicher zu sein!

Genug der Hintergründe. Was können wir also ganz konkret tun, um
unseren Dopamingehalt im Körper auf natürliche Weise zu steigern?

Es ist eigentlich sehr einfach. Daher wollen wir Ihnen einige wichtige Fragen stellen, die tief gehen können, wenn Sie das wollen.

- **Gehen Sie in Ihrem Tun und Erleben voll auf?** Genau dies ist zum Beispiel bei begeisterten Künstlern, engagierten Ärzten und erfolgreichen Tradern der Fall. Trifft das auch auf Sie zu, schaffen Sie damit ein Perpetuum mobile, eine sich selbst verstärkende Energie. Leicht gesagt, werden Sie jetzt denken. Aber wenn Ihnen das, was Sie gerade tun, keinen Spaß macht, dann tun Sie etwas dagegen. Es gibt dazu eine simple, aber äußerst wirkungsvolle Dreierkette: *„Love it"*, *„Change it"*, *„Leave it"*. Stellen Sie sich die Frage: „Liebe ich das, womit ich mich einen Großteil meiner (Lebens-)Zeit beschäftige?" Ja? Ziel erreicht! Nein? „Was kann ich selbst tun, dass ich das, was ich tue, liebe?"[30] Finde ich nichts, sollte ich dennoch eine Entscheidung treffen (oder gerade deswegen): „Leave it"! Das heißt mit aller Konsequenz nach etwas Neuem Ausschau halten, das mir Energie gibt, anstatt sie mir aus den Knochen zu saugen!

- **Nutzen Sie die Kraft der Meditation?** (Ich höre Thomas schon rufen: „Wir können doch keine Räucherstäbchen anzünden!"). Keine Angst, das tun wir auch nicht. Es geht auch ganz unkompliziert und unesoterisch. Schon entspannte Konzentration (oft schwer genug) hat bereits sehr viel mit Meditation beziehungsweise mit den Wirkungsweisen von Meditationstechniken zu tun (siehe dazu unsere Übungen in den folgenden Kapiteln).

- **Genießen Sie Bewegung, haben Sie Freude an und durch Bewegung?**

30 Machen Sie hieraus einen echten Prozess: Im Kapitel „Der Plan" haben wir unter anderem die Mental-Methode des Mindstormings beschrieben, die Ihnen dabei hilft, gute und sinnvolle Verbesserungsmöglichkeiten zu unterschiedlichen (Lebens-)Situationen zu erarbeiten. Nutzen Sie diese Technik aktiv und konsequent, um zum Beispiel Antworten auf die Frage zu finden: „Was kann ich tun, damit mir das, was ich tue, wirklich Spaß macht?"

- **Geben Sie Ihrem Leben einen Sinn?** (Das ist eine „große" Frage, die entweder wirklich zum Nachdenken anregt oder dazu führt, dass Sie das Buch sofort zur Seite legen.) Es ist in der Tat keine leichte, aber eine äußerst wirkungsvolle Übung: Finden Sie eine gute Antwort auf die Frage „Wozu bin ich hier?" Das klingt ziemlich fundamental, ist es aber eigentlich gar nicht. Wenn Sie sich verstärkt mit Ihren Werten und dem Sinn auseinandersetzen, werden Sie darauf kommen! Ein Sinn im Leben ist oft viel bodenständiger und naheliegender, als uns viele Lebensratgeber weismachen wollen. Denken Sie einfach ein wenig darüber nach und tun Sie das in regelmäßigen Abständen immer wieder. Sie werden sehen: Es hilft. Es bringt Sie weiter!

- **Hören Sie gute Musik?** Mir fällt es immer wieder auf, wie gut es mir tut und mit welch guten Emotionen es mich auflädt, Musik zu hören, die mir wirklich gefällt, die gute Erinnerungen an schöne Erlebnisse auslöst. Und jetzt mal ehrlich: Es gibt doch kaum etwas Schöneres, als das ganze negative Geschwafel sehr vieler unserer Mitbürger – insbesondere in öffentlichen Verkehrsmitteln – ganz einfach durch zwei Stöpsel und schöne Musik im Ohr zu eliminieren.

- Unterdrücken Sie Gefühle und Stimmungen nicht, sondern leben Sie sie konstruktiv aus.
- Reisen Sie zu inspirierenden harmonischen Landschaften.
- Schaffen Sie Ordnung im Bewusstsein. – Entwickeln Sie Mitte und Gelassenheit. – Gewinnen Sie Konzentration auf das Wesentliche.

Dazu kommt *Serotonin* als zweiter wichtiger Botenstoff des erfolgreichen Börsenhändlers. Serotonin ist lebensnotwendig und gibt uns ebenfalls das Gefühl von Gelassenheit, Ausgeglichenheit, von innerer

Ruhe und Zufriedenheit. Damit ist es unter anderem auch am Gefühl der Angstfreiheit beteiligt, was im aktiven Börsenhandel entscheidende Mechanismen auslösen kann.

Ein ausreichend hoher Serotonin-Spiegel übermittelt uns die Botschaft, dass wir satt, gelassen, innerlich ausgeglichen, ruhig und zufrieden sind. Serotonin dämpft eine ganze Reihe unterschiedlicher Gefühlszustände wie Aggressivität, Hunger, Angstgefühle, Kummer und Sorgen, Niedergeschlagenheit und Depressionen. Deshalb wird Serotonin auch als „Feel Good"-Botenstoff bezeichnet. In erster Linie dämpft Serotonin die Angst. Ein Mangel an Serotonin wurde deshalb bei unterschiedlichen mentalen Störungen wie behindernder Schüchternheit, Sozialphobie, allen Angststörungen, „leichter", mittelschwerer, schwerer Depression, zorniger Feindseligkeit, Aggressivität, Migräne, zwanghafter Wiederholungsstörung nachgewiesen.

Sowohl der *Serotonin-* als auch der *Dopamin-*Spiegel im Körper werden durch positive geistige Prozesse (wir hatten das ja bereits bei den positiven Glaubenssätzen) als auch durch gute Ernährung, Bewegung und natürliches Licht beeinflusst. Freude und Vorfreude erhöhen den Spiegel.

Besonders für aktive Trader und Investoren ist es daher sehr wichtig, für persönliche Zufriedenheit und immer wieder für Ausgleich an der frischen Luft zu sorgen. Sie verbringen sehr viel Zeit vor dem Bildschirm, sitzen häufig entweder im Auto oder in der Straßenbahn? Sie sind oft zu müde und antriebslos, um am Abend noch zum Laufen zu gehen oder in der Mittagspause ein wenig in der Sonne spazieren zu gehen? Gehen Sie nach draußen und bewegen Sie sich.

Das klingt einfach – ist es auch. Gerade wenn es am wichtigsten ist, kostet es am meisten Überwindung. Denn dann ist der Serotonin-Spiegel oftmals schon im Keller. Dann hilft für den Anfang, um das Rad in Bewegung zu setzen, nur die bewusste Entscheidung „Hintern hoch und raus"! Thomas wird uns berichten, wie er sich diese Ratschläge zu Herzen nimmt.

Ich kann der kalten Jahreszeit wenig abgewinnen, weil ich dann in meinem Trading Office regelrecht gefangen bin. Bei Minusgraden ist es doppelt und dreifach schwierig, sich zu überwinden, die Wohnung zu verlassen. Steigen die Temperaturen, steigt jedoch auch meine Unternehmungslust. Deswegen arbeite ich in der Sommersaison überall, nur nicht zu Hause. Ich schnappe mir etwas zu Trinken, eine Picknickdecke und eine Lunchbox und fahre kurz nach dem Ende der EU Trading Session (gegen zehn Uhr) mit dem Auto ins Grüne. Dort setze ich mich auf eine Decke in den Schatten, schalte den Laptop ein und arbeite. Zum Beispiel entstanden Teile dieses Buches am Wiener Wilhelminenberg, auf der Perchtoldsdorfer Heide oder an der alten Donau. Dies lässt mich übrigens immer wieder innehalten, um dankbar dafür zu sein, dass die Dinge so gekommen sind und dass ich meinen Traum leben darf, selbstständiger Trader zu sein. Im Umkehrschluss kann ich Händler nicht verstehen, die das Haus nicht verlassen und sich wie ein Nerd daheim vor dem PC eingraben. Natürlich gibt es Trading-Stile, bei denen – nicht nur aufgrund der Kurzfristigkeit – eine dauerhafte Anwesenheit vor dem Bildschirm notwendig ist. Aber genau deswegen handle ich nur „End-of-Day-Systeme" (maximal unter Einbezug der Eröffnung und der ersten 30 Handelsminuten) – weil mir dieser Verlust an Lebensqualität einfach zu hoch wäre.

Anmerkung: End-of-Day-Systeme sind Handelsansätze, die Signale von Börsenkursen aus einem Datensatz pro Tag generieren (Eröffnung, Tageshoch, Tagestief, Schlusskurs). Daraus können jedoch sehr lukrative Tradingansätze entwickelt werden, die den Vorteil haben, dass die Daten zum einen kostenlos und in guter Qualität vorhanden sind. Zum anderen kann dieses Datenmaterial auch für berufstätige Trader (oder für Trader wie mich, die nicht zu viel

Aufwand in ihr Trading stecken wollen) als Basis für ein performantes Handelssystem herangezogen werden, weil die Exekution des Systems vom Ausführenden wenig Ressourcen (Zeit, Technik) verlangt.

Es besteht anderseits natürlich schon die Möglichkeit, Intraday-Systeme so weit zu automatisieren, dass sie vollautomatisch arbeiten und somit auch die Orders ohne händisches Zutun platziert werden, wenn ein bestimmtes Handelssignal auftritt. Um jedoch so ein System zum Laufen zu bringen, benötigt man sehr gute Programmierkenntnisse (vom zeitlichen Aufwand und der praktischen Umsetzung des Workflows, von der nicht immer gewährleisteten Datenqualität der Intraday-Daten rede ich gar nicht). Trotzdem sollten auch solche Systeme permanent überwacht werden. Die Vorstellung, als Trader mit einem Cocktailglas am Pool zu sitzen, während der Computer Tag für Tag Geld verdient, ist verlockend, sie entspricht aber keinesfalls der Realität des täglichen (Trader-)Lebens. Ich wollte auch deswegen Trader werden, weil ich diesen Lebensstil faszinierend fand: Eigenbestimmung, kein Chef, kein Büro (außer man will das), abseits aller Konventionen („Was sind Sie von Beruf? Trader? Was ist das?"). Ich liebe meinen Job! Aber trotz der Freiheit erfordert ein Dasein als Trader einiges an Disziplin – in allen Belangen des Lebens. Und darüber wird uns Andreas jetzt mehr erzählen.

Was für gute Gefühle verantwortlich ist

Und da sind wir gleich wieder bei einem Klassiker der Büro- und Bildschirmarbeiter: der Ernährung. Wir wollen hier natürlich keinen Ernährungsratgeber verfassen. Davon gibt es bereits genug. Was wir aber sehr wohl wollen: unseren Lesern einfache und günstige Mechanismen liefern, mit denen sie ihre geistige und körperliche Leistungsfähigkeit nachhaltig steigern können (und das ganz ohne äußere Hilfsmittel).

Es sei daher erwähnt, dass unter anderem (See-)Fisch viel Omega 3 enthält und dadurch für einen erhöhten Serotonin-Spiegel verantwortlich sein kann. Drogen sind also nicht erforderlich, Lachs tut es auch. Und es bleibt mehr Kapital für den Börsenhandel übrig. Sie sehen also: Um an den Märkten erfolgreich zu sein, muss man die Dinge ganzheitlich betrachten. Wir kommen darauf im nächsten Kapitel „Life Balance" nochmals zu sprechen.

Vor künstlicher (medikativer) Dopamin-Zufuhr sei hier außerdem dringend abgeraten. Zu viel von außen kann zu Hyperaktivität und Aggression führen. Zu viel Serotonin zu bekommen durch gesunde Ernährung, ausreichend Bewegung und ein paar geistige Überlister in Form von positiven Glaubenssätzen ist aber nicht möglich! Hier gibt es kein Limit. Aufgaben, die uns richtig fordern und uns viel Spaß machen, sind der beste, natürlichste Dopamin- und Serotonin-Boost, den es gibt.

Aber bleiben wir realistisch. Nicht jeder Börsianer verspürt bei seiner Arbeit höchste Glücksgefühle. Viele andere Emotionen spielen eine Rolle und beeinflussen „das Innenleben". Und natürlich ist das Trading für viele ein ganz normaler beruflicher Prozess, den sie technisch sehr gut beherrschen, der aber einfach nur als Mittel zum Zweck dient, als Broterwerb und wirtschaftliche Grundlage.

In diesem Fall ist es für noch größeren Erfolg an der Börse sehr wichtig, die Glücksgefühle woanders herzubekommen. Denn sie schaffen Konzentration und viele andere mentale Erfolgskomponenten für den Handel an den Finanzmärkten. Dies wirkt sich direkt auf den eigenen Börsenerfolg aus. Sorgen Sie also für eine ausgewogene Balance zwischen unterschiedlichen Bereichen Ihres Lebens. Holen Sie sich die Energie und den Kick, den Sie für den Erfolg brauchen, einfach an anderer Stelle, zum Beispiel beim Sport, in einer guten Beziehung, in einem erfüllenden Hobby, das Sie immer schon mal intensiver betreiben wollten.

Vereinfacht heißt das: Halten Sie Ihr Leben in Balance. Dies ist ein einfaches Prinzip mentaler Stärke und großer physischer Leistungsfähigkeit: Life Balance. Warum diese Balance so wichtig ist und warum wir niemals Work-Life-Balance dazu sagen, erfahren Sie im nächsten Kapitel.

Die Balance:
Warum Life Balance für Börsianer so wichtig ist

Börsianer brauchen Balance, um an den Märkten wirklich erfolgreich zu sein. Wer es schafft, die wichtigsten Bereiche seines Lebens im Gleichgewicht zu halten, tut seiner Psyche und seinem Körper viel Gutes, wird leistungs- und widerstandsfähiger und findet nach Phasen großer Anstrengung oder nach Krisensituationen wieder zurück zu alter Stärke. Eine gute Life Balance ist also auch die Basis für ein hohes Maß an Resilienz, über die wir in Teil 4 ab Seite 107 bereits ausführlich gesprochen haben. Der Kreis schließt sich also.

Life Balance beschreibt die menschliche Balance in unterschiedlichen Lebensbereichen. Im weitesten Sinne unterscheiden wir vier Bereiche, wenn wir über Life Balance sprechen. Diese vier Bereiche sollten im Gleichgewicht sein, das heißt, man sollte ihnen dauerhaft ähnlich viel Aufmerksamkeit und Energie schenken. Wir sprechen ganz bewusst nicht von Work-Life-Balance, weil wir uns ein insgesamt ausgewogenes Leben als oberstes Ziel vorstellen und nicht eine Lebenssituation, in der wir das schreckliche und belastende Arbeitsleben (Work) gegen das schöne Privatleben (Life) ausbalancieren müssen. Außerdem gehen wir davon aus, dass die meisten Menschen auch während der Arbeit am Leben sind.

Die (subjektiv empfundene) Zufriedenheit sollte in jedem der vier Bereiche ähnlich stark ausgeprägt sein. Das wiederum ist ein Zeichen dafür, dass wir auch genug Energie aus den jeweiligen Bereichen zurückbekommen.

Gerne vergleiche ich diese vier Bereiche mit dem Tellerjongleur im Zirkus, der alle seine Stangen abwechselnd, aber beständig dreht, damit alle Teller auf den Stangen in Bewegung bleiben und nicht abstürzen.

Die vier Bereiche lauten (die Reihenfolge stellt keine Gewichtung dar):

1. Beruf / Karriere / Finanzen
2. Familie / Beziehung / Freunde
3. Gesundheit / Körper
4. „Nur für mich!" / Persönliche Weiterentwicklung

1. Life-Balance-Bereich: Beruf / Karriere / Finanzen

Natürlich gehört es für die meisten Börsianer einfach dazu, im Leben etwas zu bewegen. Das können neben großen Erfolgen an den Märkten neue, innovative Projekte im Beruf, das kann die Gründung eines eigenen Unternehmens sein. Aber auch die persönliche Weiterentwicklung im Angestelltenverhältnis, vielleicht eine erste Führungsverantwortung, die Übernahme großer, spannender Projekte in der Firma oder ein herausfordernder Auslandseinsatz sind Schritte in der beruflichen Entwicklung, die wir im weitesten Sinne als Karriere bezeichnen. Sie gehören meist zum Alltag eines Marktteilnehmers dazu, wenn es diese zwei Welten – Börse und Hauptberuf – im Leben eines Anlegers gibt.

2. Life-Balance-Bereich: Familie / Beziehung / Freunde

Der zweite wesentliche Teller bezieht sich auf das private Umfeld, auf den Freundeskreis, die Familie, Partnerschaft, Kinder. Wenn wir es schaffen, in diesen Bereich ausreichend zu investieren und trotzdem beruflich viel zu erreichen, dann haben wir einen Spagat geschafft, der sehr viel Energie in die Life Balance einbringt.

Anders verhält es sich, wenn in diesem Bereich ein Ungleichgewicht entsteht. Ich habe selbst die Erfahrung gemacht, was es bedeuten kann, wenn hier etwas aus dem Gleichgewicht gerät, wenn lange Abende im Büro, Arbeit am Wochenende, Tagungen, Messen und langwierige Projekte verdammt wenig Zeit übrig lassen, sich der Familie, den Freunden, der Beziehung zu widmen.

Oft ist der direkte Leidensdruck gar nicht so groß. Erfolg macht Spaß, der Körper schüttet reichlich Dopamin aus, wir fühlen uns im Flow und kommen beruflich wirklich gut voran. Irgendwann merken wir aber – oft nur an ganz kleinen Signalen –, dass etwas nicht stimmt. Dies ist die mögliche Kehrseite hoher Resilienz.

Abende mit den Freunden gab es länger schon nicht mehr, die Kinder sind morgens, wenn wir aus dem Haus gehen, noch im Bett, am Abend schon wieder im Bett und wir sehen sie eine Woche am Stück nicht, obwohl wir nicht auf Tagung oder Geschäftsreise sind. Wenn das ein paar Jahre „unbemerkt" so geht, wundern wir uns, wie groß die Kinder auf einmal geworden sind. Die Zeit vergeht, und leider nur einmal.

Die Gefahr ist also recht groß, diesen Bereich hintanzustellen, zumal die engsten Freunde und besten Beziehungen häufig auch sehr tolerant sind. Dieser Teller macht sich meist erst bemerkbar, wenn Drehen nicht mehr hilft.

3. Life-Balance-Bereich: Gesundheit / Körper

Auch dieser Teller fällt meist unbemerkt herunter. Der Energieaufwand, ihn wieder in gleichmäßige, ausgewogene Drehungen zu versetzen, ist groß. Auch hier gilt das Prinzip von Teller 2: Vorwarnungen gibt es wenige. Wir müssen uns schon selber sehr aktiv darum kümmern, den aus dem Gleichgewicht geratenen Teller unserer Gesundheit und unseres körperlichen Wohlbefindens wieder zu stabilisieren.

Vor allem gilt es, auf unseren Körper zu hören. Die Klassiker schlechte Ernährung, wenig Bewegung, wenig Schlaf, dazu kontinuierliche Adrenalinausschüttung ohne Gegenbewegung (in der Steinzeit mussten wir wenigstens noch vor dem Säbelzahntiger fliehen und konnten so Adrenalin wieder abbauen) halten wir schon eine Weile unbeschadet aus. In manchen Situationen ist das sogar erforderlich, auf Dauer geht es aber nicht. Und gerade in diesem Bereich muss ein Trader höllisch aufpassen.

Mit meinen Mandanten arbeite ich im Coaching mit Bio-Feedback, um die körperlichen Funktionen und vor allem die Regenerationsfähigkeit zu messen und durch einfache Techniken positiv beeinflussen zu können. Am schnellsten regenerieren dabei Menschen, die sich ausgewogen ernähren, sich viel bewegen und Alltagsdrogen wie Nikotin, Koffein und Alkohol „ausgewogen" einsetzen. Das hört sich ziemlich spaßfrei an, ist aber oft echte Überlebensstrategie.

Wir haben bereits einiges über Lustgewinn und Schmerzvermeidung geschrieben: Für viele gehört diese kleine Disziplin eindeutig in die Kategorie (notwendige) Schmerzvermeidung. Sonst brennt die Bude und Löschen wird schwer.

Eine gewisse Gelassenheit, Stressresistenz, ein Puls, der nicht beim kleinsten Ärger die 180 erreicht, und damit eine deutlich höhere Leistungsfähigkeit sind die positiven Konsequenzen der Balance des Tellers „Gesundheit / Körper". Dazu kommt, dass Menschen, bei denen die grundlegenden körperlichen Funktionen in hohem Maße funktionieren, wesentlich kreativer und aufnahmefähiger für bestimmte Situationen sind: Chancen und Risiken werden gleichermaßen leichter erkannt und entsprechende Lösungen oder Strategien entwickelt, was gerade für Börsianer extrem wichtig ist. Sie wissen ja bereits, was Dopamin und Serotonin in uns auslösen.

Glück und Zufriedenheit sind meist keine Resultate des Erfolgs, sondern eine Grundvoraussetzung. Beide waren zuerst da!

4. Life Balance-Bereich: „Nur für mich!"

Nicht zuletzt deshalb kommt dem Teller „Nur für mich!" daher eine ganz zentrale Bedeutung zu. Sehr schnell vergessen (keiner meckert: nicht mein Chef, nicht meine Frau, nicht meine Kinder und mein Körper auch nicht), ist es wohl der Teller, der die größte Eigenverantwortung und Proaktivität erfordert.

Wenn wir vergessen, uns selbst immer wieder etwas Gutes zu tun – was auf den ersten Blick unnötiger Luxus ist, vielleicht auch Geld kostet und nicht zwingend nötig ist (das Karate-Training, der lange Waldspaziergang) –, kommt uns ein wesentlicher Teil unserer seelischen Gesundheit abhanden. Heute brennt noch nichts, morgen können wir es nicht mehr löschen. Erfolgreiche Börsenhändler denken also an ihre geliebten Hobbys, an die Dinge, die ihnen wirklich Spaß machen, und schenken diesen immer wieder ein wenig Aufmerksamkeit – ohne jedes schlechte Gewissen. Denn dieser Teil der Life Balance dient genauso der Steigerung und dem Erhalt der Leistungsfähigkeit an den Märkten wie Familie und körperliche Gesundheit.

Ich empfehle an dieser Stelle den folgenden kleinen Exkurs zu den Erkenntnissen aus der Eisenhower-Matrix. Auf diesen Bereich der persönlichen Life Balance angewandt (am besten gleich auf alle vier, denn Gültigkeit besitzt die Matrix in allen Bereichen), kann uns dieses Organisationsinstrument verblüffende Einblicke in unser Selbst ermöglichen.

Nur wenn uns Dinge dringend und wichtig gleichzeitig erscheinen, die Schmerzen kaum mehr zu ertragen sind, der Job über uns zusammenbricht und die Familie sich in alle Winde zerstreut, dann wird gehandelt. Ein wenig spät, oder?

Dabei geht es vor allem darum, die richtigen Prioritäten im Leben zu setzen und die wirklich wichtigen Dinge zu tun. Diese Dinge dann auch noch richtig zu tun (die Definition von Effizienz), wird Sie in allem, was Sie unternehmen, erheblich weiterbringen. Wir stellen Ihnen daher im nächsten Schritt die Grundzüge der Eisenhower-Matrix vor, bei der es zunächst ganz banal darum geht, Wichtiges und Dringendes zu erkennen und voneinander zu unterscheiden. Und das ist an der Börse eine echte Überlebensfrage.

Dringendes von Wichtigem unterscheiden: Die Erkenntnisse der Eisenhower-Matrix

Die Ursprünge dieses äußerst hilfreichen Organisations-Instruments werden dem ehemaligen General und 34. Präsidenten der Vereinigten Staaten Dwight D. Eisenhower zugeschrieben. Im Grunde geht es bei diesem System um nichts anderes, als bestimmte Aufgaben nach ihrer Wichtigkeit respektive ihrer Dringlichkeit zu ordnen. Klingt kinderleicht, ist es aber nicht.

Sie werden bei der ersten Auseinandersetzung mit der Eisenhower-Matrix feststellen, wie schwer es ist, Aufgaben tatsächlich (und ich meine tatsächlich mit allen Konsequenzen) in die verschiedenen Felder der Matrix einzutragen. Doch bevor wir damit beginnen, die Probleme dieses Werkzeugs zu diskutieren, möchten wir Ihnen gerne die Funktionsweise näherbringen.

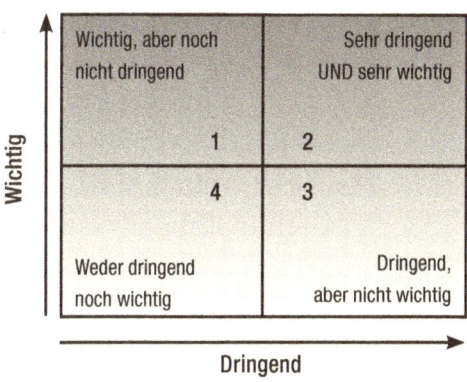

Abbildung 2: Dringendes und Wichtiges: Die Eisenhower-Matrix

Was bedeutet „Dringend" und was bedeutet „Wichtig"? Wie sind die einzelnen Felder zu verstehen? Zunächst bin ich Ihnen aber noch eine kurze Erklärung der Zahlenlogik in der Nummerierung der Quadranten schuldig, die Sie in der Grafik sehen. Dabei beginnen wir mit Quadrant 1 (er steht an erster Stelle, weil hier das größte Potenzial Ihrer persönlichen Wirksamkeit verborgen liegt): wichtig und (noch) nicht dringend!

Dann geht es im Uhrzeigersinn zu Quadrant 2 (sehr dringend UND sehr wichtig), der deshalb gleich an zweiter Stelle kommt, weil hier unter Umständen bereits „der Hut brennt". Es handelt sich dabei um den sogenannten „Feuerlösch-Quadranten". In der Priorität folgt im Uhrzeigersinn Quadrant 3 (dringend, nicht wichtig). Richtig gemanagt, schafft er Ihnen Luft für die Quadranten 1 und 2. Zuletzt folgt Quadrant 4 (weder dringend noch wichtig), dessen Aufgaben es eigentlich nicht geben dürfte, weil sie schlicht irrelevant sind und Ihnen Zeit und Energie rauben, sich um die anderen relevanten Quadranten zu kümmern.

Bei der Beschreibung möchte ich in umgekehrter Reihenfolge, also gegen den Uhrzeigersinn, starten, weil sich so die chronologische und organisatorische Logik besser erschließt. Sie mögen mir dieses kleine Froschhüpfen verzeihen.

Beginnen wir also mit dem Quadranten 4 unten links, dem *Papierkorb-Quadranten*. Dinge, die uns weder wichtig noch dringend erscheinen, gehören in dieses Feld. Dazu gehören Aufgaben oder Tätigkeiten, auf die wir wirklich verzichten können, insbesondere solche, die uns unseren gesteckten Zielen nicht näherbringen und die ohne spürbare Konsequenzen beiseitegelegt werden können. Das setzt natürlich voraus, dass wir uns vorher einige Gedanken darüber gemacht haben, was die Dinge sind, die uns im Leben wirklich weiterbringen. Ohne diese Überlegungen zur Positions- und Zielbestimmung ist die Eisenhower-Matrix nur ein nettes Werkzeug, um den eigenen Büroalltag zu organisieren.

Den größten persönlichen Nutzen werden Sie von diesem Instrument allerdings dann haben, wenn Sie es als Orientierungs-Tool nach Ihrer persönlichen Zielplanung einsetzen (siehe auch die Kapitel „Werte" und „Ziele und mentales Erleben").

Wenn Sie sich also im Klaren darüber sind, was für Sie im Moment beziehungsweise im Rahmen Ihres „Gesamtentwurfs" weder dringend noch wichtig ist, haben Sie bereits einen entscheidenden Beitrag zur Vereinfachung Ihres Lebens geleistet. Darüber hinaus entsteht durch das Streichen solcher Aufgaben und Tätigkeiten auf einmal deutlich mehr Raum und Fokus für Tätigkeiten in den relevanten Quadranten. Werfen Sie diese Aufgaben in den Papierkorb. Trennen Sie sich, schaffen Sie Raum. Thomas, welche Dinge gehören bei einem Börsenhändler in diesen Quadraten hinein?

Ich war früher zum Beispiel immer ein Befürworter eines Trading-Tagebuchs. Dabei handelt es sich nicht um ein klassisches Handelsjournal mit harten Daten und Fakten, sondern um eine Textdatei mit Screenshots von Charts und den diversen Kommentaren dazu. Ich habe dieses Tagebuch früher immer für sehr wichtig gehalten. Heute sehe ich das ein wenig differenzierter, denn ich selbst konnte nach etlichen Jahren des aktiven Tradings keinen Nutzen mehr daraus ziehen. Warum? Weil sich mein Vorgehen in den meisten Fällen immer gleich gestaltete. Die abgespeicherten Charts glichen wie ein Ei dem anderen und deshalb war es irgendwann sinnlos geworden.

Allerdings wehrte ich mich noch eine Weile dagegen, das Tagebuch einfach aufzugeben. „Das macht man einfach", dachte ich, weil es eben so sein muss – Gewohnheit und Routine. Natürlich kostete das ein wenig Arbeit, der ich aber immer weniger Nutzen abgewinnen konnte. Und schließlich überwand ich mich und hörte damit auf. Damit will ich sagen: Prüfen Sie immer wieder, ob Sie Dinge machen, weil Sie Ihnen helfen oder weil sie

bloß zur Gewohnheit geworden sind. Wenn Sie also in bestimmten Tätigkeiten keinen Nutzen sehen, dann lassen Sie es. Ein für alle Mal: Es gibt an
der Börse nicht den einen Königsweg. Es gibt nur Ihren ganz persönlichen
Weg. Wie geht es nun mit der Matrix weiter, Andreas?

Kommen wir zum nächsten Quadranten, dem Quadranten 3 rechts
unten, dem sogenannten *Delegations-Quadranten*. Dieser Quadrant
sollte Aufgaben und Tätigkeiten umfassen, die Sie derzeit aus ganz
bestimmten Gründen für dringend, aber nicht für wichtig halten. Je
nachdem, wie weit oben Sie diese rechts im Feld liegenden Aufgaben
platzieren, ändert sich der richtige Umgang damit. Aufgaben, die
sich im unteren Drittel dieses Quadranten befinden, sind in der Regel Dinge, die Sie – die entsprechenden Kapazitäten, wie zum Beispiel
eine Assistenz, vorausgesetzt – delegieren oder entsprechend automatisieren sollten.
Es handelt sich dabei um Aufgaben, die Sie nicht unbedingt selber
machen müssen, weil Sie ihre Kernkompetenzen besser an anderer
Stelle wesentlich wirksamer zur Geltung bringen werden (denken Sie
an Ihre Ziele). Je weiter diese Aufgaben jedoch nach oben wandern,
umso wichtiger wird es, sie entsprechend *kontrolliert* zu delegieren
(das heißt mit Wiedervorlagen, an andere Personen mit zunehmen-
dem Fachwissen et cetera). Denn: Je wichtiger dringende Dinge
werden, desto größer werden die Konsequenzen bei Nichterfüllung
(aber auch im positiven Sinne bei deren Erfüllung). Dazu kommen
wir gleich. Vorher wird Thomas diesen Quadranten noch aus Sicht
eines Traders beschreiben.

Aus dem praktischen Trading-Prozess heraus ist es für mich schwierig,
Dinge zu finden, die für einen Händler dringend, aber gleichzeitig nicht

wichtig sind. Eigentlich trifft es dann zu, wenn man begreift, dass das einzelne Geschäft im Rahmen eines gesamten Trading-Systems nicht besonders wichtig ist, sehr wohl aber unter Umständen damit dringende Entscheidungen verknüpft sind. Und weil das so ist, sollte der einzelne Trade nicht zu viele Ihrer Ressourcen beanspruchen, damit Sie Ihr Augenmerk mehr in Richtung der gesamten Systementwicklung richten können. Deswegen möchte ich zu diesem Quadranten die Verwendung von automatisierten Ein- und Ausstiegen beim Trading anführen – wobei ich hier keineswegs nur das vollautomatische Systemtrading meine. Wenn ich zum Beispiel jetzt schon weiß, dass ich bei der Kursmarke von 33,29 eine Long-Position eingehen will, zeitgleich den Stopp bei 33,05 und das Target (den Gewinnausstieg) bei 34,93 festlegen möchte, warum delegiere ich diese Arbeit nicht an die Handelsplattform meines Brokers? Ich muss doch nicht auf „Buy" klicken, wenn der Kurs beim Einstiegslevel ankommt, und ich muss den Trade auch nicht manuell beenden, egal ob mit Gewinn oder mit Verlust.

Aufgrund der heutigen Technik ist es auch dem privaten Trader möglich, verknüpfte Orders zu verwenden, die alle drei Möglichkeiten (Einstieg, Verlustbegrenzungsstopp, Gewinnziel) mit einem Schlag abdecken. Leider erlebe ich aber immer wieder, dass Trader diese Techniken nicht nutzen und lieber den ganzen Tag vor der Handelsplattform sitzen, um diese Tätigkeiten von Hand und live auszuführen. Abgesehen davon, dass es mental schwierig ist, einen Verlust manuell zu realisieren (und ebenso schwierig, einen Gewinn per Hand einzuloggen), wäre es mir schade um die Zeit. Lassen wir Andreas nun den nächsten Quadranten erklären.

Je wichtiger dringende Aufgaben sind, umso mehr Augenmerk müssen Sie naturgemäß auf diese Aufgaben richten. Werden wichtige Aufgaben sehr dringend, befinden wir uns irgendwo im Quadranten 2, dem sogenannten *Feuerlösch-Quadranten*. Dieser Quadrant hat die

Eigenschaft, dass er für die meisten Stressfaktoren in unserem Leben verantwortlich ist, weil es besonders im oberen rechten Eck dieses Quadranten (der sogenannten „Alarmzone") wirklich eng wird. Viele Aufgaben in diesem Quadranten managen zu müssen, kann zu massiver (zeitlicher und inhaltlicher) Überforderung führen, was vermehrte und dauerhafte Ausschüttung der Stresshormone Adrenalin und Cortisol nach sich zieht und damit zur „Blindheit" für Lösungen, neue Wege, oft schlicht zu Panik führt.[31]

Viele meiner Coaching-Klienten, mit denen ich über Life Balance oder Situationen von Überforderung und großem, lang anhaltendem Druck spreche, finden sich mit einem großen Teil ihrer Tätigkeiten in diesem Quadranten wieder. Wenn es Ihnen in Ansätzen ähnlich geht, ziehen Sie bitte auch die Ergebnisse Ihres Resilienz-Tests zurate und schauen Sie, welche Maßnahmen Sie dort konkret ergreifen können. Welche Beispiele gibt es hier im aktiven Börsenhandel, Thomas?

Stellvertretend könnte man an diesem Punkt anführen, dass es der Trader ständig vor sich herschiebt, seine Datenerfassung auf den letzten Stand zu bringen. Ich weiß, gerade in schlechten Zeiten hat man wenig Lust darauf, sein Handelsjournal zu führen. Doch gerade in so einer Phase wäre es doppelt und dreifach wichtig, einerseits um sich selbst zu disziplinieren, andererseits um nach Verbesserungsmöglichkeiten Ausschau zu halten. Denn wenn Sie keine Infos über Ihre aktuellen Geschäfte haben, können Sie unmöglich einschätzen, wo Sie gerade stehen und was noch wichtiger ist: warum Sie gerade dort stehen, wo Sie sind. Liegt der Drawdown zum Beispiel noch im Rahmen Ihrer Systemerwartung oder sollten Sie Ihr System anpassen? Ohne Aufzeichnungen über Ihre aktuellen Trades lässt sich das nicht beantworten. Und weil Sie diese Aufgabe eben ewig vor sich

---

31 Siehe dazu auch meine Ausführungen im übernächsten Kapitel „Der Trader-Flow" und dort insbesondere die Grafik zu „Burn-out", „Bore-out" und Flow-Kanal.

hergeschoben haben, wurde die Sache wichtig und dringend zugleich, und so fehlt Ihnen zu allem Verdruss noch der Überblick über Ihr eigenes Business.

Probleme in Quadrant 2 rühren also meist aus einem schlecht gemanagten Quadranten 1, dem *Planungs-Quadranten*, her. In diesem Quadranten geht es vor allem darum, Dinge vorausschauend so zu planen und zu strukturieren, dass sie möglichst nie in den Quadranten 2 nach rechts oben fallen. Das ist nicht einfach, aber durchaus möglich, wie mir viele meiner Klienten nach anfänglichen Schwierigkeiten immer wieder bestätigen. In der Regel ist es ja so, dass uns Aufgaben von links oben, die uns im Moment noch nicht wirklich drücken, auch nicht so sehr stören, dass wir sie zügig erledigen. Aber Achtung! Damit stellen wir bereits Nachschub für den Feuerlösch-Quadranten zur Verfügung und kommen irgendwann in einen fatalen Teufelskreis: Vor lauter Feuerlöschen kommen wir nicht mehr zum Planen. Die wichtigen, *noch* nicht dringenden Aufgaben rücken Schritt für Schritt von links oben nach rechts oben nach und gesellen sich mit den entsprechenden Konsequenzen zu den anderen wichtigen und dringenden Aufgaben im Quadranten 2. Der Stress nimmt zu, Adrenalin und Cortisol schäumen durch die Blutbahnen, wir konzentrieren uns aufs Feuerlöschen, weil wir den Schmerz dort als am größten empfinden, weitere, nicht erledigte Dinge rücken nach und so weiter.

Sehr häufig nehme ich bei Menschen in diesem Teufelskreis wahr, dass sie sich vor lauter Überlastung nicht etwa darum kümmern, den Nachschub an wichtigen und dringenden Aufgaben zu unterbinden. Sie springen nun vielmehr zwischen Quadrant 2 (dem Feuerlösch-Quadranten) und Quadrant 4 (dem Papierkorb-Quadranten) hin und her, weil sie vor lauter dramatischen Aufgaben ab und zu auch Dinge

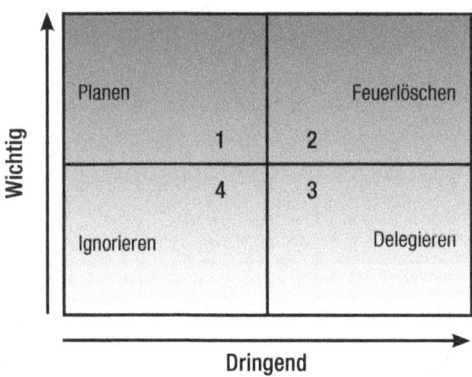

Abbildung 3: Aufgaben zwischen Planung und Feuerlöschen

erledigen wollen, die ihnen das Gefühl unmittelbarer Befriedigung nach vermeintlichen Erfolgserlebnissen vermitteln. Im Kern behindern sie sie aber nur und bringen sie keinen Millimeter weiter. Im Gegenteil: Der Teufelskreis dreht sich immer weiter, das ist an der Börse doch genauso, Thomas.

Korrekt! Zum Beispiel könnte sich ein Systemtrader das Ziel setzen, endlich seine Systeme zur Gänze zu automatisieren. Natürlich ist das weder besonders wichtig noch besonders dringend. Es geht auch so, aber trotzdem sollte man sich irgendwann an die Planung dieses Vorhabens machen, schon alleine deshalb, weil man so eine weitere Fehlerquelle (simple menschliche Eingabefehler) eliminieren kann. Andreas fasst zusammen.

Gehen Sie nun sehr selbstkritisch Ihre Aufgaben und Tätigkeiten durch. Äußerst sinnvoll ist es, wenn Sie diese Analyse im Rahmen Ihrer „großen" Zielplanung durchführen. Dann können Sie sehr konkret ableiten, auf welche Tätigkeiten Sie wirklich verzichten können, weil sie Sie Ihrem Ziel nicht näher bringen. Tragen Sie also Ihre wichtigsten Tätigkeiten in die Matrix ein. Nutzen Sie dabei zur Priorisierung auch die Ausprägungen innerhalb der Felder. Es gibt also beispielsweise im Quadranten 1 durchaus weniger wichtige und sehr wichtige Aufgaben.

Sobald Sie nun beschließen, Dinge zu verändern, neue Themen anzugehen, werden Sie einem Prozess mit sehr unterschiedlichen Phasen begegnen. Diesen Prozess möchten wir Ihnen nun anhand der Hummelkurve beschreiben. Wir gehen hierbei davon aus, dass Sie sich bereits für einen neuen Weg, ein neues Ziel, ein neues Projekt entschieden haben (also die Phase des ersten Zweifels bereits abgeschlossen haben) und nun voll Enthusiasmus und Motivation zu neuen Ufern aufbrechen. Werfen Sie, bevor Sie sich auf den Weg machen, einen etwas längeren Blick auf Ihren persönlichen „Honeymoon", auf Ihr mögliches „Tal der Tränen" und auf Ihren ganz persönlichen „Flow", der am Ende eines solchen Prozesses stehen kann, diesen aber in weiterer Folge immer begleitet.

Die Erfolgskurve

Stehen Sie am Anfang einer neuen Tätigkeit wie zum Beispiel dem Erlernen des aktiven Börsenhandels, dann geht es Ihnen oft wie der Hummel. Die Hummel ist ein dickes, schweres Insekt mit kleinen Flügeln, das aus physikalischen Gründen eigentlich nicht fliegen kann. Doch die Hummel weiß das nicht! Also fliegt sie. Auch sämtliche Veränderungsprozesse gehen mit ähnlichen Prinzipien einher. Sie beginnen etwas Neues und haben das Gefühl: „Das ist super. Das macht mir Spaß. Es ist eine echte Herausforderung, aber das wird funktionieren!" Sie befinden sich im *„Honeymoon"* einer neuen Aufgabe (der Begriff kommt nicht von Ungefähr, denn mit Beziehungen verhält es sich sehr ähnlich). In dieser Phase der *„unbewussten*

Unfähigkeit" sind wir wie die Hummel. Wir ahnen nicht, was alles noch auf uns zukommen wird, wie wenig wir eigentlich von einem neuen Thema wissen und wie viel es noch zu lernen gibt. Wir sind unbefangen. Und deshalb tun wir Sachen, die oft nicht bis in die letzte Konsequenz durchdacht sind, und werden damit unter Umständen sogar erfolgreich.

Ich habe viele Menschen kennengelernt, die mir sagten: „Wenn ich gewusst hätte, was da alles auf mich zukommt, hätte ich das nie angefangen!" Das Geschäft lief jedoch bereits sehr erfolgreich. Es wäre also eine schlechte Entscheidung gewesen, in dem Bewusstsein der schieren Größe der Herausforderung sich gegen ein Projekt zu entscheiden. Vielfach verhindert also das volle Wissen um den Umfang eines neuen Themas den Erfolg. Sehr oft fängt man vor lauter Überlegen und Nachdenken gar nicht erst an. Je mehr Details, umso mehr Ausreden! Gerade die Börse bietet dazu viele Möglichkeiten der Ausflüchte und Ausreden, weil das Themengebiet einfach unendlich groß und unbeherrschbar erscheint.

Oft passiert also gleich nach dem Start einer neuen Aufgabe (Phase 1) sehr bald Folgendes: Schnell werden uns Schwächen des neuen Umfelds, aber auch persönliche Schwächen und Wissenslücken deutlich. Wir bemerken plötzlich, dass die Herausforderung vielleicht doch eine Spur größer ist, als wir ursprünglich angenommen hatten, dass unsere Kompetenzen kleiner (schöner formuliert: unsere Entwicklungspotenziale größer) sind, als wir zunächst vermutet hatten. Wir erkennen auch ganz neue Aspekte, die uns herausfordern, mit denen wir aber zu Beginn des Honeymoons überhaupt nicht gerechnet haben. Wir merken zum Beispiel, dass uns im Vorfeld viele Versprechungen gemacht wurden, die nicht eingehalten werden. Wir stellen fest, dass die anfänglich so netten und freundlichen Kollegen auf einmal gar nicht mehr so nett und freundlich sind, wenn es dann wirklich zur Sache geht.

Wir erkennen, dass die versprochenen Rahmenbedingungen doch nicht so rosig sind, wie man uns erzählt hat. Wir bemerken, dass wir auf einmal doch wesentlich härter arbeiten müssen als ursprünglich gedacht und dass wir gleichzeitig noch viel mehr Hintergrundwissen und Informationen brauchen. Die Folge: Die Kurve unseres Motivationsniveaus beginnt zu fallen. Denn wir befinden uns jetzt mitten in der Phase der *bewussten Inkompetenz*. Wir legen einen „aufgeklärten Pessimismus" an den Tag.

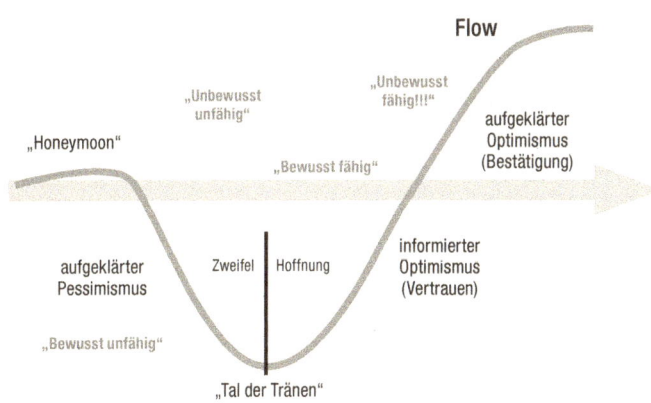

Abbildung 4: Die Erfolgskurve

In dieser Phase des „aufgeklärten Pessimismus" (Phase 2) gibt es genau zwei Möglichkeiten: „fight or flight", kämpfen oder bleiben lassen. Das heißt: Hier trennt sich die Spreu vom Weizen. Glauben wir wirklich an unsere Aufgabe, dann werden wir Möglichkeiten finden, unsere Unfähigkeit zu kompensieren. Wir besorgen uns entsprechende Literatur, ziehen Spezialisten zurate, adaptieren unsere Ansätze.

Zieht uns die Aufgabe jedoch nicht 100-prozentig an, fallen uns viele Ausreden ein, warum wir jetzt wieder damit aufhören. Die Widerstände waren zu stark, es sind Probleme aufgetreten, mit denen wir nicht gerechnet haben, es lohnt sich doch nicht, die Märkte sind gegen uns, das Umfeld passt nicht. Wer aber bereits klare und wohlüberlegte Ziele hat, bevor er in diese kritische Phase gerät, wird seinen „aufgeklärten Pessimismus" dazu nutzen, sich zu verbessern. Der Zweifel, der in dieser Phase auftritt, wird dann bei ersten Erfolgen schnell zu Hoffnung, zu Zuversicht und motiviert uns zu Höchstleistungen.

Ob wir aus einer solchen Phase nun gestärkt hervorgehen oder das Handtuch werfen, hängt sehr stark von unserer mentalen Konstitution, insbesondere von unserer Resilienz ab. Wir werden in einer solchen Stressphase sehr typische Verhaltensmerkmale unseres Persönlichkeitsprofils zeigen, sogenanntes Stressverhalten (siehe Antreibertest). Was hilft, sind unsere positiven Glaubenssätze.

Schätzen Sie die Situation also möglichst realistisch ein. Wenn Sie wirklich überzeugt sind von Ihrer Tätigkeit, brechen Sie aus dem *„Tal der Tränen"* auf und gehen die Kurve Ihres Motivationsniveaus wieder hinauf. Allerdings sei eine Erfahrung aus der Praxis beschrieben: Thomas und ich stellen immer wieder fest, dass viele angehende Börsianer, die zunächst mit viel Enthusiasmus und Elan an die Sache herangegangen sind, an diesem Tal der Tränen häufig scheitern und die Flinte ins Korn werfen. Wenn die Schmerzen kommen und es da unten richtig ungemütlich wird, dann lassen wir das doch mal besser sein. So haben wir uns die Börse nun wirklich nicht vorgestellt.

Die dritte Phase wird damit zu einer Phase des *„informierten Optimismus".* Wir sind nicht mehr blind optimistisch. Wir haben vielmehr unsere Hausaufgaben gemacht, eine schwere Phase mit vielen Frustrationen gemeistert und nutzen nun unsere ersten zarten Erfolge, um uns unserer Kompetenzen und Fähigkeiten immer mehr bewusst zu werden. In dieser Phase der *„bewussten Kompetenz"* dürfen wir die Klaviatur der Glücksmechanismen aus dem vorigen Kapitel mit voller Kraft nutzen. Wir geraten dadurch in einen positiven Wirbel, der uns immer weiter nach oben trägt.

Weitere Erfolge stellen sich ein, mittlerweile kommt auch noch unsere Routine und Erfahrung dazu und führt zu „leichtem Erfolg", wo wir früher nur mit großem Aufwand weitergekommen sind. Thomas hat dazu ein sehr interessantes Statement.

Die Phase des „informierten Optimismus", kombiniert mit bewusster Kompetenz, ist somit für einen Börsianer jene Phase, in der er weiß, dass die Antworten, die er früher bei anderen gesucht hat, nur von ihm selbst gegeben werden können. Und ab diesem Zeitpunkt verändert sich vieles für ihn. Andreas, wie geht es dann in der vierten Phase weiter?

Der Zustand, der sich in der vierten Phase einstellt – also in einer Phase des bereits weiter *„aufgeklärten (objektivierbaren) Optimismus"* –, ist so etwas wie „Traders' Optimum". Dieser Zustand tritt immer dann ein, wenn wir eine Aufgabe wirklich gut beherrschen, die noch dazu unseren Neigungen und Bedürfnissen entspricht, die uns Freude bereitet, aber immer für eine spannende Herausforderung gut ist. In diesem Zustand sind wir sehr oft *„unbewusst kompetent"*, weil wir gar nicht mehr darüber nachdenken, was wir jetzt im Einzelnen gerade tun. Wir nennen diesen Zustand *Flow*.

Wir hoffen, Sie konnten aus diesen Beschreibungen die ersten Schlüsse für Ihren Veränderungs- oder Entwicklungsprozess ziehen. Die beschriebenen Mechanismen kommen in mehr oder weniger starker Ausprägung an jedem Punkt unseres Lebens vor. Wie verhält es sich aber jetzt mit diesem Flow? Was heißt das für Sie als Börsenhändler? Schauen wir es uns im nächsten Schritt genauer an.

Der Trader-Flow

„Ich bin voll im Flow!" Vielleicht haben Sie so eine Aussage schon mal gehört. Ein Mensch, der in seinem Flow ist, geht ganz in seiner momentanen Tätigkeit auf. Er ist voll und ganz bei sich und bei seiner Sache, voll und ganz im Hier und Jetzt. Dieser Flow-Zustand ist ein Idealzustand völliger Konzentration, der sämtliche für den aktiven Börsenhandel relevanten körperlichen und mentalen Voraussetzungen aktiviert. Flow sorgt für mehr Dopamin und Serotonin im Blut und beide stärken wiederum den Flow. Ein spannender Kreislauf beginnt!

Der Flow-Zustand ist eines der größten Börsengeheimnisse! Zunächst ein paar Hintergründe.

Mihaly Csikszentmihalyi[32] hat Flow als den (permanenten) Kanal zwischen *Überforderung* und *Unterforderung* beschrieben. Besonders deutlich sichtbar wird dieser Flow-Kanal im Grenzbereich des Hochleistungssports.

Die eigentliche Entwicklung zum (Trader-)Flow bedeutet einen ständigen Wechsel zwischen Überforderung und Unterforderung. Nicht nur im Sport, in sämtlichen Bereichen der menschlichen Entwicklung (ob in Karrieren, Beziehungen, Studien und Ausbildungen) gilt dieses Prinzip. Menschen lernen durch Herausforderungen. Manchmal können diese Herausforderungen sehr schmerzlich sein. Das merken wir dann, wenn wir – wie in der folgenden Grafik – an unseren oberen Bereich der Überforderung stoßen, also tatsächlich unsere körperlichen oder geistigen Leistungsgrenzen erreicht haben. (Es sei angemerkt, dass diese Grenze in der Regel erheblich höher liegt, als wir dies in der Komfortzone unseres Alltags für möglich halten würden.)

---

32 Mihaly Csikszentmihalyi: „FLOW", Klett-Cotta 2002, ISBN 3-608-95783-9.

Aber sogar in lebensbedrohlichen Extremsituationen kann man immer wieder feststellen, dass Menschen mit einem unglaublichen Maß an Gelassenheit, völliger Konzentration und Aufmerksamkeit wie versunken agieren. Sie haben ihren persönlichen Flow-Zustand erreicht. Der deutsche Extrembergsteiger Alexander Huber ist ein Beispiel für die Leistungsfähigkeit in diesen Grenzbereichen. Der Kletterprofi, der zusammen mit seinem Bruder die extreme Variante des sogenannten Free-Solo klettert, also wirklich komplett ohne Seile und Sicherungen, hat dieses Hin und Her zwischen dem Bewusstsein der eigenen Fähigkeiten, dem Glauben an die eigene Kraft und der Angst, doch zu versagen, in einem Interview einmal so beschrieben:

„Vor jeder anspruchsvollen Free-Solo-Tour bin ich hin- und hergerissen. Ich bin überzeugt, dass ich es kann, aber mich überkommen auch schwarze Gedanken. Es tauchen Bilder vor meinem inneren Auge auf, wie ich einen Fehler mache. Ich stelle mir vor, wie ich abrutsche, lautlos durch die Luft falle, und dann: das plötzliche Aus."[33]

Jedem Börsenhändler dürften ähnliche Aussagen bekannt vorkommen. Dabei scheint das Bewusstsein der Gefahr und der Möglichkeit des Versagens ein wichtiges Regulativ, das übermenschlich erscheinende Leistungen erst möglich macht, weil es Bewusstheit, Konzentration, extreme Leistungsfähigkeit abruft. Auch an den Märkten gilt daher nicht die rosarote Brille, sondern das Bewusstsein der eigenen Fähigkeiten einerseits und der möglichen Risiken auf der anderen Seite.

33 Alexander Huber im Spiegel 31/2010, online unter: http://www.spiegel.de/spiegel/0,1518,709494,00.html

Manchmal sehen wir aber auch, dass hervorragend ausgebildete Experten im Gefühl vermeintlicher Allmacht und Unschlagbarkeit Fehler begehen, die ihr System aus den Angeln heben. So geschehen in einer der schlimmsten technischen Katastrophen der jüngeren Menschheitsgeschichte, der Reaktorkatastrophe von Tschernobyl 1986. Dietrich Dörner hat in seinem Buch „Die Logik des Mißlingens"[34] unter anderem die Zusammenhänge beschrieben, die diese Katastrophe ausgelöst haben. Faszinierend und schockierend zugleich: Nicht marode Sowjet-Technik hat die Reaktorkatastrophe von Tschernobyl verursacht, sondern menschliches Versagen. Interessanterweise war das Ingenieurteam mehrfach ausgezeichnet worden. Die diensthabenden Ingenieure waren so etwas wie russische Superstars der Atomtechnik. In diesem Umfeld gefühlter Überlegenheit und Souveränität (das Fremdbild würde vielleicht von Arroganz und Realitätsverzerrung sprechen) kam es zu den fatalen Fehleinschätzungen, die letztlich zur Katastrophe führten.

Gerade in komplexen Systemen wie unseren heutigen Finanzmärkten können solche plötzlichen, zunächst vermeintlich unbedeutenden Veränderungen zu explosionsartigen Kettenreaktionen führen. Thomas hat dazu ein Beispiel aus der jüngsten Geschichte für uns.

Erinnern Sie sich an den sogenannten Flash Crash vom 6. Mai 2010, wo die Kurse an den US-Märkten binnen kürzester Zeit ohne scheinbaren

---

34 Dietrich Dörner: „Die Logik des Mißlingens: strategisches Denken in komplexen Situationen", Rowohlt, Reinbek 1989, ISBN 3-499-61578-9. Dietrich Dörner beschäftigt sich als Psychologe unter anderem im Bereich der künstlichen Intelligenz mit der Modellierung und Simulation von Emotionen, Absichts- und Handlungsorganisation, für Börsenhändler also eine spannende Literaturempfehlung. Dörner entwickelt nicht nur psychologische Theorien menschlichen Handelns und Fühlens, vielmehr testet er sie auch praktisch durch Umsetzung in Simulationssoftware und Vergleich der Ergebnisse mit dem Handeln realer Menschen. Dazu entwickelte er unter anderem das bekannte Tanaland-Experiment, mit dessen Hilfe menschlicher Einfluss in komplexen Systemen untersucht werden kann. Es geht hierbei um eine fiktive afrikanische Region, deren Einflussgrößen durch Entwicklungshilfe verändert werden.

Grund ins Bodenlose stürzten, um sich wenig später wieder deutlich zu erholen? Gerüchte über die Ursache dieses Kurssturzes gibt es viele. Fakt ist: Hier ist eine Kettenreaktion in Gang gesetzt worden, die letztlich Panik und Verluste zur Folge hatte. Und deshalb müssen wir Anleger, wie Andreas weiß, versuchen, uns diesem Umfeld zu entziehen.

Da wir als Börsianer Teil dieses Gesamtsystems sind, spielen solche Prozesse von persönlicher Wahrnehmungsfähigkeit, von Aufmerksamkeit und Bewusstsein, der Balance zwischen Anspannung und Herausforderung und Ruhe und Erholung eine maßgebliche Rolle. Es sind letztlich die Menschen, die das System ausmachen.

Trader und Investoren müssen somit selbstbewusst mit den eigenen Fähigkeiten und Kompetenzen umgehen, dürfen dabei aber nie der Triple-A-Gefahr erliegen:

- Arroganz
- Abgehobenheit
- Arriviertheit

Für unseren täglichen Handel an den Märkten bedeutet das: Wenn wir uns voll mit unserer Tätigkeit identifizieren, wenn unsere Aufgabe unseren Neigungen, Stärken und Talenten entspricht, uns in gleichem Maße aber fordert – teilweise sogar bis an die Grenzen des Machbaren –, dann kann ein Zustand von Trading-Flow entstehen. Viele Trader oder Investoren, mit denen ich in Coachings spreche, bestätigen mir diese Phasen in ihrer täglichen Arbeit. Allerdings höre ich auch sehr oft, dass das letzte echte Flow-Gefühl im eigentlichen Job schon viele Jahre her war.

Der (Trader-)Flow hat aber auch eine Kehrseite. Sonst gäbe es keinen Flow-Kanal.

Wenn Menschen – beispielsweise am Beginn einer neuen, herausfordernden Aufgabe wie dem Börsenhandel – über bestimmte Fähigkeiten und Kompetenzen *nicht* verfügen, die zur Bewältigung dieser Aufgabe erforderlich sind, führt dies unweigerlich zu Stress. Sicher haben Sie solche Phasen zu Beginn Ihrer Börsentätigkeit schon erlebt.

Sind wir aber nun in der Lage, durch eigene Aktivitäten diese fehlenden Fähigkeiten zu erlernen, arbeiten wir aktiv gegen die belastende Situation an. Schaffen wir das nicht und verweilen dauerhaft in einem Zustand permanenter Überforderung, kann das zu schweren physischen und psychischen Schäden führen. Man spricht in der letzten Konsequenz vom *Burn-out*.

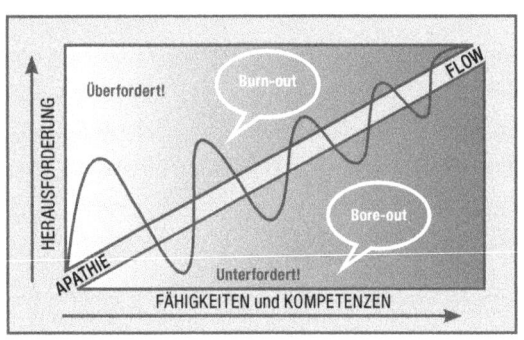

Abbildung 5: Der Flow-Zustand zwischen Über- und Unterforderung

Wir schaffen es also nicht, die Kurve (siehe Grafik) nach oben in den Flow-Kanal zu drücken. Sind wir auf der anderen Seite permanent von unserer Aufgabe unterfordert, tritt genau das Gegenteil ein: Frustration, Lethargie, Apathie und innere Kündigung. Man spricht hier tatsächlich von einem *Bore-out*.

Menschen wollen gefordert sein und haben einen Anspruch darauf, gemäß ihren wirklichen Stärken und Kompetenzen eingesetzt zu werden – vorausgesetzt, sie kennen ihre Stärken selber gut genug!

Mihaly Csikszentmihalyi war übrigens nicht der Erste, der sich ernsthaft mit dem Flow-Phänomen auseinandergesetzt hat. Bereits 1908 hat Kurt Hahn[35] Flow in ähnlichen Zusammenhängen beschrieben.

Auch Maria Montessori[36], die Begründerin der gleichnamigen pädagogischen Schule, beschreibt in „Polarisation der Aufmerksamkeit" diesen Flow-Zustand bei Kindern, die völlig in ihrer Tätigkeit aufgehen und selbstvergessen und absolut fokussiert bestimmte Materialien bearbeiten oder Aufgaben lösen. Dabei sollten Kinder ausdrücklich nicht gestört werden.

Oft genug tun Erwachsene das aber sehr wohlmeinend, um den lieben Kleinen zu zeigen, wie man die Bauklötze richtig aufbaut oder die perfekte Sandburg in den Sandkasten zaubert. Manche von uns verbinden mit derartigen Interventionen unangenehme Erinnerungen an die eigene Kindheit. Die meisten von uns erleben solche Situationen immer wieder im Arbeitsumfeld – Führungskräfte, die permanent intervenieren, anweisen, kontrollieren und die Prozesse stören. Für den Börsen-Flow ist also wichtig:

- Sie haben Spaß an Ihrer Tätigkeit.
- Sie sind gefordert, manchmal bis an Ihre persönlichen Grenzen.
- Sie haben auch Phasen zeitweiliger „Unterforderung".
- Sie können Ihre Entwicklung selbst bestimmen.
- Sie sehen einen Sinn in dem, was Sie tun.

35 Kurt Martin Hahn (* 5. Juni 1886 in Berlin; † 14. Dezember 1974 in Salem); deutscher Pädagoge; gilt als ein Begründer der Erlebnispädagogik.
36 Maria Montessori (* 31. August 1870 in Chiaravalle bei Ancona; † 6. Mai 1952 in Noordwijk aan Zee); italienische Ärztin, Reformpädagogin, Philosophin und Philanthropin. Sie entwickelte die Montessoripädagogik.

- Sie können durch eigenes Lernen und Training Ihren Erfolg beeinflussen.
- Sie können selbst für einen Flow-Kanal sorgen.

Flow beschreibt somit einen Zustand vollster Konzentration und vollen Bewusstseins dessen, was wir im Moment tun – voll und ganz. Was diese mentalen Mechanismen und Funktionsweisen für Trader oder Investoren außerdem bedeuten, möchten wir Ihnen gerne im folgenden Teil näherbringen.

Hier die QR-Codes zu den Büchern „*The Human Side of Enterprise*" von Douglas McGregor (S. 183) und „*Die Logik des Mißlingens: strategisches Denken in komplexen Situationen*" von Dietrich Dörner (S. 214).

Teil 8

Unsere mentalen Funktionsweisen

Der Fokus auf unsere Handlungen, die Konzentration auf eine bestimmte Tätigkeit lassen uns in vielen Bereichen des Lebens erfolgreicher werden. Wenn wir – wie in der Eisenhower-Matrix gesehen – imstande sind, Wichtiges von momentan Unwichtigem zu trennen, Dringendes von weniger Dringendem zu unterscheiden, dann konzentrieren wir uns auf das Wesentliche und sind im Zustand des Flows. An den Märkten entscheidet diese Fähigkeit über Erfolg und Misserfolg, über Gewinn und Verlust. Thomas hat dazu ein Beispiel für uns aus dem Tradingalltag.

Ich kenne einen Daytrader, der regelmäßig die Eröffnung an den US-Märkten über Futures handelt. Dabei tradet er im Minutenchart die kleinsten Kursbewegungen und schafft es regelmäßig, schöne Gewinne einzufahren. Er verwendet simple Muster aus dem Chart, arbeitet mit Unterstützungen und Widerständen und – er ist hoch konzentriert. Sie könnten neben ihm die berühmte Bombe einschlagen lassen – er sieht und hört nichts, weil er sich völlig auf den Moment fokussiert. In diesen 30 Minuten (von 15:30 bis 16:00 Uhr) gibt es nur ihn und den aktuellen Minuten-Bar, sonst nichts. Er schaltet in dieser Zeit seine Telefone aus, es läuft kein Radio und er schließt sogar aus alter Gewohnheit seine Bürozimmertür ab, obwohl er die meiste Zeit (er handelt von zu Hause aus) ohnehin alleine in der Wohnung ist.

Er weiß, dass er nur diese 30 Minuten am Tag Zeit hat, um Geld zu verdienen, denn spätestens um 16 Uhr (da kommen oft wichtige Wirtschaftsnachrichten und dann würden seine Muster nicht mehr funktionieren) ist er wieder aus dem Markt draußen. Daher kann er es sich nicht leisten, in dieser Phase abgelenkt zu werden. Er ist professionell genug, sein Trading ernst zu nehmen, schließlich verdient er seinen Lebensunterhalt damit.

Für ihn bedeutet Konzentration alles, weil er weiß, dass ihn bereits die kleinste Ablenkung mehrere Tausend Dollar kosten könnte. Andreas beschreibt das Thema nun aus seiner Sicht weiter.

Was Konzentration für den Börsenhandel bedeutet

Zu wirksamer Konzentration gehört die Fähigkeit, Dinge aus unserem Umfeld auszublenden, die nichts mit der Börse, genauer gesagt, die nichts mit den fortwährend schwankenden Kursen zu tun haben. Das ist der *erste Schritt*. Dazu gehören verschiedene äußere Umwelteinflüsse, die leichter zu filtern sind. Ich habe schon Händler gesehen, die mit dicken Kopfhörern – teils mit, teils ohne Musik – traden, einfach, um störende Geräusche zu minimieren und sich voll und ganz auf ihre Arbeit zu konzentrieren.

Was viel schwieriger auszuschalten ist, sind die inneren Störenfriede. Permanent umgeben uns Gedanken an unser Umfeld: unseren aktuellen Job, unsere Familie, unsere Freunde, unseren nächsten Urlaub. Das können schöne Dinge sein, die uns begleiten und ablenken, aber auch negative Dinge wie Sorgen, Kummer oder Zeitdruck. Diese führen uns immer wieder weg von unserer eigentlichen Tätigkeit. Man hat jedoch festgestellt, dass sich solche inneren Ablenkungen durch einfache Techniken deutlich minimieren lassen. Mehr darüber erfahren Sie im nächsten Kapitel.

Der *zweite Schritt* besteht darin, dass Sie sich beim Handeln auf die wesentlichen Themen und Ihre momentan relevanten Aktionen voll und ganz konzentrieren können. Auch hier gibt es wieder viele Ablenkungen und Gedanken, die mit Ihrer aktuellen Position nichts zu tun haben, aber mit denen Sie sich dennoch ständig beschäftigen: andere Geschäfte, Marktentwicklungen, die letzten Nachrichten, die über den Ticker kamen, Gewinne und Verluste der Vergangenheit, Emotionen wie Angst, Gier und vieles mehr.

Die Funktionsweise unseres Gehirns wirkt an dieser Stelle sehr beschränkend. Es kann nämlich grundsätzlich nur einen Gedanken direkt verarbeiten. Wenn Sie sich daher mit vielen Dingen gleichzeitig befassen, muss Ihr Gehirn aktiv hin und her schalten. Das kostet enorm viel Energie und damit Konzentration, denn der Faden muss immer wieder neu aufgenommen werden. Viel effizienter ist es daher, eine bestimmte Sache mit voller Konzentration zu Ende zu denken und sich erst dann der nächsten Sache zu widmen. Es gilt also erneut: Energie folgt der Aufmerksamkeit. Und je weniger Sie die Aufmerksamkeit (zer-)streuen, umso mehr können Sie Ihre Energie auf eine ganz gezielte, Erfolg versprechende Handlung fokussieren. Weniger ist so oft mehr!

Ganz besonders gilt dieses Prinzip natürlich, wenn Sie Ihre Tätigkeit an der Börse nicht als Vollzeitberuf ausüben, sondern nach wie vor einer anderen beruflichen Haupttätigkeit nachgehen. Hier ist es besonders wichtig, dass Sie sich innerhalb kurzer Zeit neu ausrichten, die Ereignisse des Tages abstreifen und sich voll und ganz auf Ihre Handelstätigkeit konzentrieren können. Einen ganz entscheidenden Anteil an Ihrem Erfolg hat damit Ihre Fähigkeit, den Gedankenlärm in Ihrem Kopf abzuschalten und eine konzentrierte Klarheit und fokussierte Ausrichtung zu erreichen.

Entspannen Sie sich jeden Tag für nur zehn Minuten. Das genügt. Erreichen Sie dabei mentale Ruhe, aber gleichzeitig höchste Aufmerksamkeit für das, was gerade zählt (wie das geht, beschreiben wir im Anhang genauer, wenn wir Sie mit dem 21-Tage-Mental-Programm vertraut machen)! Durch die tägliche Konsequenz wird sich diese Ausgleichsphase auf den ganzen restlichen Tag auswirken. Sie werden ausgeglichener und können nicht nur Ihre Gedanken, sondern auch Ihre Gefühle besser managen. Dadurch steigern Sie Ihre ganz persönliche Lebensqualität und Ihren Erfolg an den Märkten nachhaltig.

Es ist mittlerweile wissenschaftlicher Standard in der Neurologie, dass „entspannte" Menschen einen besseren Zugang zu Ihrem angehäuften Wissen besitzen, dass sie sich ganz einfach besser konzentrieren können. Wer die Fähigkeit besitzt, sich auch in herausfordernden Situationen aktiv und bewusst zu entspannen und mit möglichst viel Gelassenheit („einem kühlen Kopf") an die Lösung der Aufgaben heranzugehen, ist imstande, ganz andere Ressourcen zu nutzen. Er kann Erlerntes besser abrufen, auch vor langer Zeit gemachte Erfahrungen nutzen, die sonst verschüttet blieben, besser Zusammenhänge erkennen und auf dieser Grundlage Entscheidungen treffen.

Ein ganz erheblicher Teil dieser Ressourcen ist in unserem Unterbewusstsein gespeichert – im berühmten Eisberg-Sockel, der unter der Wasseroberfläche liegt. Wie das Unterbewusstsein wirkt und wie es Handelsentscheidungen beeinflusst, sehen wir gleich. Wir werden Ihnen jetzt auch zeigen, wie Sie ganz bewusst mit den Informationen Ihres Unterbewusstseins umgehen und sie aktiv für sich nutzen beziehungsweise mit negativen Wirkungen, die so oft unbewusst ablaufen, am besten umgehen können (Übungen dazu finden Sie wieder im 21-Tage-Mental-Programm für Börsianer).

Bewusstsein und Unterbewusstsein

Wir hatten bereits intensiv über Glaubenssätze und „innere Saboteure" gesprochen. Diese negativen Impulse wirken meist im Verborgenen und sind daher umso gefährlicher. Sie stammen teils aus uralter Vorzeit, sind also tief im Unterbewusstsein angelegt.

Der Sockel des Eisbergs

Viele dieser Impulse und Glaubenssätze stammen aber auch aus unserer Erziehung, aus den Erlebnissen mit unseren Eltern, Großeltern und Geschwistern, vor allem aus vorgelebten Überzeugungen. In jungen Jahren glauben wir nämlich nicht so sehr an das, was wir von

Autoritätspersonen erzählt bekommen, wir orientieren uns vielmehr an ihrem Handeln, an ihrem Tun und Lassen.

Abbildung 6: Unser Bewusstsein: Der kleine Teil an der Oberfläche

Diese Erlebnisse sind starke Prägungen, die sich tief in unser Unterbewusstsein eingegraben haben. Unser Unterbewusstsein ist groß, stark und mächtig. Wie der Teil eines Eisbergs, der unter Wasser liegt – meist über 2/3 des gesamten Eisbergs –, ist uns nur ein kleiner Teil unserer Psyche wirklich bewusst. Das Bewusstsein, also den oberen Teil, können wir aktiv beeinflussen. Wir können die Inhalte unseres Bewusstseins nach Belieben in den Fokus unserer Aufmerksamkeit rücken und wieder beiseite legen. Die Dinge jedoch, die in unserem Unterbewusstsein schlummern, sind für uns nur schwer erreichbar, steuern aber unbewusst alle Abläufe unseres Lebens.

Das Unterbewusstsein kann man als Summe all unserer Erinnerungen und Eindrücke, unserer Vorstellungen und Motive und unserer

Einstellungen bezeichnen, die in uns verankert, aber nicht immer aktiv sind. Denn Aktives passiert wirklich bewusst. Gesteuert wird dieses aktive Verhalten jedoch von ganz tief drinnen, ohne dass wir darauf einen direkten Einfluss haben. Thomas meint dazu:

Im Unterbewusstsein sind natürlich auch alle unsere vergangenen Erlebnisse den Börsenhandel betreffend abgespeichert. Entscheidungen, die dann vermeintlich intuitiv getroffen werden, werden vielmehr als Summe unserer Erfahrungen und Erlebnisse unbewusst bewertet, berechnet, verglichen, entschieden. Fragen Sie erfahrene Trader, warum sie so oder anders entschieden haben. Oft werden sie keine adäquate Begründung für ihr Verhalten haben. Lassen wir Andreas nun die Funktionsweisen des Unterbewusstseins genauer beschreiben.

Wie unser Unterbewusstsein funktioniert

Menschen, die sich in ihrem Flow-Zustand befinden, „funktionieren" stark aus ihrem Unterbewusstsein heraus. Sie tun Dinge oft mit einer faszinierenden Hingabe, Präzision und Ausdauer. Spitzensportler, Künstler, Musiker tun oft genau das. Ein banales Alltagsbeispiel ist einmal mehr das Autofahren: Wir fahren nach einigen Jahren Fahrpraxis nicht mehr bewusst. Es gibt keine Selbstgespräche, in denen wir uns sagen: „Jetzt die Kupplung treten und dann mit der rechten Hand den Schaltknüppel nach vorne rechts bewegen, dabei weiter die Straße beobachten, die Kupplung langsam wieder kommen lassen, auf die Drehzahl achten, nicht zu sehr aufs Gaspedal steigen ...!" All diese Dinge werden erledigt, aber eben nicht mehr bewusst und aktiv. Sie sind über viele Jahre erlernt, geübt, gespeichert. Sie sind die Summe all unserer Erfahrungen seit dem ersten Mal, als wir unsere Eltern vom Rücksitz aus beim Autofahren beobachtet haben. Auch an unseren Fahrlehrer denken wir beim Rückwärtsein-parken nur noch selten.

Unser gesamter Organismus funktioniert so – Atmung, Verdauung, Bewegung, Mimik und Gestik. Immer laufen unbewusste Prozesse ab, die jahrzehntelang wunderbar funktionieren, ohne dass wir uns irgendwelche Gedanken darüber machen müssten.

Auch Sinneswahrnehmungen wie Geräusche, Gerüche, einen leich-ten Luftzug nimmt unser Unterbewusstsein wahr. Es bewertet und verarbeitet die momentane Bedeutung (wichtig, unwichtig, dringend, gefährlich) und ignoriert sie entweder oder leitet entsprechende Maßnahmen ein. Das Unterbewusstsein befeuert uns nicht perma-nent mit Informationen. Es hat im Laufe der menschlichen Evolu-tion gelernt, Prioritäten zu setzen. Brandgeruch löst Fluchtverhalten oder gemütliches Verweilen vor dem knisternden Kamin aus. Nur einen winzigen Bruchteil der uns ständig umgebenden Sinnesein-drücke nehmen wir – Gott sei Dank – bewusst wahr und handeln entsprechend.

Befinden wir uns aber nicht in unserem emotionalen Gleichgewicht, sondern in einer stressigen Situation, dann sind diese Mechanismen nicht mehr so fein eingestellt. Wir nehmen Sinneseindrücke unge-filtert und damit viel stärker wahr. Dinge, die uns in entspanntem Zustand nicht interessieren, werden zu gewaltigen Störfaktoren, weil wir sie anders bewerten, ihnen größere Priorität zuweisen. Anderer-seits können wir in einem Zustand des inneren Gleichgewichts aber auch bei großem Lärm und widrigen Umständen konzentriert arbei-ten. Unser Unterbewusstsein weiß dann: alles im Griff, kein Grund zur Panik. Im Zustand innerer Ruhe und Gelassenheit entscheiden wir also in der Regel besser und objektiver als im Stress.

Diese innere Ruhe und Gelassenheit setzt aber voraus, dass wir un-serem Unterbewusstsein die entsprechenden Botschaften verabreicht haben (und das geht nicht von heute auf morgen) und dass wir in unserer Arbeit weder permanent *über*fordert noch dauerhaft *unter*fordert sind.

Intuition: Gibt es sie?

Für Menschen, die oftmals wichtige und folgenschwere Entscheidungen zu treffen haben (an der Börse treffen wir ständig wichtige Entscheidungen), ist das Unterbewusstsein von großer Bedeutung. Wie wir gesehen haben, ist das Unterbewusstsein geprägt durch Erfahrungen, Erkenntnisse, Werte, Überzeugungen, aber auch durch Dinge, die wir einmal gelernt haben, aber längst nicht mehr aktiv nutzen.

Wenn nun bei wichtigen Entscheidungen nicht genug Fakten zur Verfügung stehen, um die Handlungsalternativen fundiert analysieren zu können, hören manche Menschen „auf ihr Bauchgefühl". Ich höre die Aufschreie: „Bauchgefühl gibt es nicht. Miss es oder vergiss es. ZDF– **Z**ahlen, **D**aten, **F**akten, ARD – **A**lle **R**estlichen **D**aten. Sonst hat es keine Relevanz!" Stimmt. Ohne Fakten ist auch unser Bauchgefühl nichts wert.

Die Intuition, die viele Menschen schon die wertvollsten und bedeutendsten Entscheidungen ihres Lebens treffen lies, wäre nichts ohne Fakten. Das heißt: Wir müssen diesen unsichtbaren Teil unseres Unterbewusstseins erst einmal gefüttert haben. Die große Kunst besteht dann darin, sich schnell und zielgerichtet Zugang zu diesem Eisberg-Sockel zu verschaffen – und das oft Jahre oder Jahrzehnte, nachdem wir diese Erfahrungen gemacht und abgespeichert haben. Das ist auch der Grund dafür, dass ältere Menschen häufig ihrer Intuition wegen sehr geschätzt werden. Man könnte es auch rein faktisch Erfahrung nennen.

Den Unterschied zwischen guter und weniger guter Intuition macht dann die jeweilige Fähigkeit aus, die richtigen Dinge im richtigen Moment abrufen zu können. Im Stress sind uns diese Zugänge meist versperrt. Wir drehen uns im Kreis, finden keinen Ansatz und keine

Lösung, die Situation eskaliert noch mehr und der Teufelskreis beginnt. Menschen, die innerlich sehr stabil, gelassen und ausgeglichen sind, finden diese kleine Tür zu den relevanten Informationen ihres Unterbewusstseins verblüffend schnell. Sie zeigen sich dann kreativ, lösungsorientiert und aktiv. Für Trader und Investoren kann diese intuitive Kompetenz den entscheidenden Vorteil bringen. Faktenwissen und gute Systeme setzen wir ohnehin voraus.

Beobachten Sie sich also selbst und analysieren Sie Ihr Verhalten im Marktverlauf. Führen Sie dabei Buch. Schreiben Sie auf, was Ihnen auffällt, wie Sie sich verhalten haben und warum und was Ihr Verhalten mit Ihnen und vor allem mit der jeweiligen Situation gemacht hat. Auf diesem Weg wird es Ihnen schrittweise gelingen, auf die verborgenen Schätze, die in Ihrem Unterbewusstsein gespeichert sind, zuzugreifen.

Wir haben auf den vorigen Seiten gesehen, dass uns unsere Glaubenssätze im Sockel des Eisbergs oftmals im Wege stehen, uns aber – richtig angewandt – wirklich weiterhelfen können! Eine Formel, die wesentliche Komponenten des Erfolgs als Börsenhändler beschreibt, baut – leicht versteckt – auf solchen Glaubenssätzen auf. Befolgen Sie diese Formel, werden Sie in allem, was Sie beginnen, erfolgreich. Was diese Formel mit Glaubenssätzen wirklich zu tun hat und warum es nicht ganz so einfach ist mit dem Erreichen eines jeden Ziels, wollen wir Ihnen auf den nächsten Seiten näherbringen.

Teil 9

Die geheime Erfolgsformel der besten Börsenhändler

Oft werden wir in unseren Coachings gefragt, ob es nicht eine einfache Formel gibt, mit der man systematisch seinen Erfolg an der Börse berechnen und verfolgen kann. Besonders im Trading, aber auch beim Investing sucht man nach kalkulierbaren Erfolgsmustern, die sich weiterentwickeln lassen, oder nach Gründen für Misserfolge, wenn sich dauerhaft keine positiven Veränderungen einstellen. Es ist aber in der Tat nicht einfach, ein generell gültiges Erfolgsmuster für den Börsenhandel festzustellen und daraus möglichst allgemeingültige und übertragbare Verhaltensweisen abzuleiten. Natürlich gehören Fachkenntnisse dazu. Analytische Fähigkeiten und Ausdauer, Mut, Selbstbewusstsein und ein gewisses Maß an Intuition sind wichtige Eigenschaften für erfolgreiche Spekulation. Aber gibt es nicht ein generelles Erfolgsmuster, das sich multiplizieren lässt? Ja, das gibt es. Es scheint auf den ersten Blick sogar recht simpel, stellt aber in der Umsetzung eine Herausforderung dar.

Erfolgsformel und Erfolgsmuster

Der Ursprung dieses Erfolgsmusters liegt bereits viele Jahre zurück. Im Jahr 1908 schwärmte der junge amerikanische Journalist Napoleon Hill aus, um „systematische Interviews" mit 500 US-Millionären, darunter Henry Ford, John D. Rockefeller und Thomas Alva Edison, zum Thema Erfolg zu führen. Sein Ziel war es, eine Erfolgsformel zu entwickeln, welche die Gemeinsamkeiten all dieser erfolgreichen Menschen herausfinden und verdichten sollte. Das Ergebnis seiner Interviews war der Millionenbestseller „Denke nach und werde reich"[37] und eine Erfolgsformel, die in ihrer Schlichtheit kaum zu überbieten ist.

---

37 Napoleon Hill (* 26. Oktober 1883 in Pound River, Wise County, Virginia; † 8. November 1970 in South Carolina) war ein US-amerikanischer Schriftsteller, der als Gründer des Genres der persönlichen

Erfolg = Wille x Glaube x Konsequenz

Bevor wir uns den Bestandteilen dieser Formel widmen, sei auf einen simplen mathematischen Zusammenhang hingewiesen, der Ihnen als Börsianer sicher bereits aufgefallen ist: die Tatsache, dass bei einer solchen Multiplikation keine der Variablen „0" sein darf. Ansonsten ist auch das Ergebnis der Gleichung – nämlich der Erfolg – gleich „0"! Thomas, du hast zu dieser Erfolgsformel ein paar interessante und sehr ehrliche Gedanken für uns.

Ich lerne immer wieder Trader kennen, die zunächst Feuer und Flamme für ihr neues Steckenpferd sind. Sie wollen unbedingt sofort eines meiner Seminare besuchen oder sogar an einem Sonntag die Zugangsdaten für das „trading netzwerk" erhalten. Sie denken, sie versäumen etwas. Und dann geschieht oftmals etwas Seltsames: Bei vielen angehenden Börsianern beobachte ich nach wenigen Wochen, wie das Interesse stark abflaut. Warum?

Weil dabei in der oben angeführten Erfolgsformel eine der Variablen schleichend auf 0 fällt und diese Variable ist der „Glaube". Er schwindet und dadurch geht nach kurzer Zeit auch der Wille verloren. Somit ist es nur noch eine logische Folge, dass auch die Konsequenz ausbleibt, und der ganze Versuch, den Börsenhandel zu verstehen, wird erfolglos beendet. Aber warum ist das so? Sehen wir weiter.

Der Glaube, der vielfach als Erstes verloren geht und der somit die Erfolgsformel kippen lässt, erlischt deswegen bereits nach kurzer Zeit, weil zu Beginn der Erfolg des Börsianers ausbleibt – ausbleiben muss, sollte man vielmehr sagen. Denn woher sollen die Erfolge kommen, wenn man noch keine Ausbildung hatte? Und da sind wir bei einem großen Problem

Erfolgsliteratur gilt. Sein Buch „Denke nach und werde reich" (orig. „Think and Grow Rich", ISBN 1-59330-200-2) hat sich seit seinem Erscheinen im Jahr 1937 bis heute mehr als 60 Millionen Mal verkauft!

der meisten Marktteilnehmer angelangt: den nicht vorhandenen Eintritts-
barrieren und dem „verkehrten" Zugang zum Börsenhandel (zuerst irgendetwas tun und dann vielleicht lernen, statt zuerst lernen, um es dann erst
überhaupt tun zu können). Und daran ist die gesamte Branche nicht ganz
unschuldig, indem sie den Leuten suggeriert, wie rasch man an der Börse
reich werden kann. Doch das stimmt nicht! Spekulation ist vielmehr bein-
hart, unsozial, ungerecht, unmenschlich, lauter Faktoren, die auf die mentale Seite abzielen, aber so ist es nun mal. Punkt, aus!

Doch wenn Sie diesen Einstiegsfehler erkennen, wenn Sie es vielmehr vernünftig machen, werden Sie so reichlich belohnt wie in keinem anderen
Geschäft der Welt. Auch wenn mir das manche jetzt übel nehmen mögen,
aber in keinem Business für „Normalsterbliche" ist der Stundenlohn so hoch
wie an der Börse, wenn man weiß, wie man es macht! Es sei denn, Sie
werden von heute auf morgen noch ein Michael Schumacher, ein Warren
Buffett oder ein Mark Zuckerberg.

Ich habe es bestimmt schon an anderer Stelle mehrmals erwähnt, doch
ich bringe diesen Vergleich gerne nochmals. Wenn Sie Arzt werden wollen, müssen Sie Jahre in Ihre Ausbildung investieren. Sie müssen X Prü-
fungen und Tests ablegen, werden nächtelang lernen, um Ihr Studium
abzuschließen. Und natürlich schaffen es nicht alle, ihr Ziel zu erreichen.
Die Auslese ist hart, doch das Scheitern ist ein anderes als das an der Börse.
Es geschieht früher – *bevor* man Arzt wird –, also bevor man aktiv tätig ist.
Es geschieht im Rahmen der Ausbildung, weil man für dieses Fachgebiet
einfach nicht geschaffen ist, weil man die Lust verliert oder weil einen
andere Dinge mehr anziehen und damit wichtiger sind.

Man denke bloß daran, dass ein Krankenhaus jede Woche fünf Menschen
von der Straße holt, ihnen Skalpelle in die Hand drückt und sie in den
Operationssaal führt. „Bitte nehmen Sie Herrn Maier den Blinddarm
raus. Entfernen Sie Frau Müller ein Geschwür im Kopf. Die entsprechende Fachliteratur finden Sie im Regal hinter sich. Oder Sie fragen
den Kollegen Berger, wie man das macht. Ich habe keine Zeit für Sie."

Was meinen Sie, wie hoch wäre die Ausfallsrate? Mit 100 Prozent liegen Sie gar nicht so schlecht, fürchte ich. Daher wurde dem Ganzen ein Riegel vorgeschoben. Man muss zuerst lernen, bevor man auf Menschen losgelassen wird. Und das ist gut so!

Und was macht ein Börsianer? Er begreift sein Interesse nicht als Business, damit fängt es schon einmal an. Er sieht es mehr als Spiel und so vermisst man bei vielen von Anfang an den Lernwillen. Es fehlt an einer Ausbildungszeit. Man macht irgendwas, glaubt zunächst auch daran, weil man gar nicht weiß, was man nicht weiß – und weil es einem niemand sagt. Was aber auch ganz wichtig ist: Es fehlt an einer „Schonzeit für Anfänger". Denn von Anfang an nehmen die Märkte respektive die anderen Marktteilnehmer keine Rücksicht auf einen Neuling.

Aber letztlich ist hier niemand anderer verantwortlich als der angehende Börsianer selbst, weil er einfach zu naiv an die Sache herangeht. Denn alle, die ein Trading-Konto eröffnen, sind Erwachsene, mündige Menschen. Und keiner dieser Menschen ist dumm, vielleicht sind manche aber ein wenig zu gutgläubig.

Aber lassen wir nach dieser etwas ausführlichen Abhandlung Andreas wieder zu Wort kommen. Erzähle uns bitte, wie du diese Erfolgsformel anhand der Variablen siehst.

Wille

Der erste Bestandteil in der Gleichung ist der Wille, der Wille, Dinge mit allem Elan anzugehen, Ziele wirklich erreichen, Widerstände überwinden zu wollen. Wenn wir etwas wirklich wollen, finden wir auch meist einen Weg, es zu erreichen. Wille setzt unglaubliche Kreativität und Energie frei. Besonders deutlich werden dieser Wille und die entsprechende Kreativität bei Kindern. Wer selbst Kinder hat, weiß genau, was passiert, wenn sie etwas wirklich haben wollen. Die Kreativität wird schier grenzenlos.

Allerdings wurde uns in der Kindheit nicht selten unser Wille „gebrochen". Es kann also durchaus sein, dass uns bestimmte Autoritäten permanent – oft sehr subtil und mit unterschiedlichen Zielen – vermittelt haben, dass wir bestimmte Dinge gar nicht können. Denken wir an den kleinen Elefanten.

Diesem kleinen Kerl wurde in seiner Kindheit eindrücklich klargemacht, dass er nicht imstande ist, die Kette um sein Bein aus der Wand zu reißen. Als großer, starker Elefant hat sich ihm diese Erkenntnis bereits so intensiv eingeprägt, dass er es gar nicht mehr wirklich versucht. Man hat seinen Willen gebrochen.

Ich treffe immer wieder Menschen, die mir spannende und interessante Ziele formulieren, bei ihren Erzählungen aber immer wieder in den Konjunktiv verfallen („Ich könnte ja, ich würde, ich sollte einmal…!"). Das ist ein deutliches Zeichen dafür, dass der Wille, das Ziel wirklich zu erreichen, noch nicht vorhanden ist.

Glaube und Überzeugung

Nur wenn wir wirklich an etwas glauben, können wir es auch erreichen. Sehr häufig resultiert auch mangelnder Wille daraus, dass wir uns nicht trauen, wirklich an eine Sache zu glauben. Auch hier bremsen uns unsere Glaubenssätze der Kindheit und unsere negativen Erfahrungen. Sie können den Begriff „Glaube" auch durch „Überzeugung" ersetzen. Damit wird vielleicht der Antrieb deutlicher, der entsteht, wenn wir wirklich von etwas überzeugt sind und gegen alle äußeren Widerstände daran arbeiten.

Konsequenz

Abschließend befassen wir uns mit dem vielleicht schwersten Teil der Erfolgsformel: mit unserer Konsequenz. Weil dieser Aspekt letztlich auch der entscheidende ist, widmen wir der Konsequenz aus unterschiedlichen Blickwinkeln etwas mehr Raum.

Wir können Dinge wirklich mit aller Kraft wollen und auch daran glauben, dass wir diese Dinge erreichen können. Wenn die Konsequenz in der Umsetzung fehlt, wird uns das nichts helfen. Natürlich besteht ein enger Zusammenhang zwischen Wille und Glaube und der entsprechenden Konsequenz, die daraus entsteht. Die Wahrscheinlichkeit ist groß, dass Dinge, die uns wirklich anziehen, an die wir glauben und die wir wirklich wollen, auch konsequent umgesetzt werden – aber eben längst nicht immer und überhaupt nicht automatisch.

Sie alle kennen die fatale Wirkung guter Vorsätze. Im Januar und Februar füllen sich die Fitnessstudios, im März haben wir schon wieder viel mehr Platz zum Trainieren (vorausgesetzt wir zählen zu dem einen Drittel der Bevölkerung, das die guten Vorsätze länger als drei Monate durchhält). Die Mechanismen, die dafür verantwortlich sind, habe ich bereits beschrieben: Schmerzvermeidung und Lustgewinn.

10.000 Stunden Konsequenz!
Ich kenne viele Menschen, die seit einigen Jahren hart daran arbeiten, ihre Ziele zu erreichen. Sicher, es dauert oft seine Zeit, bis sich Erfolge einstellen. Das gilt für nahezu alle Bereiche, ob im Sport, in der Musik, in der Kunst, in der exzellenten Ausübung eines Handwerks. Man spricht heute gerne von der 10.000-Stunden-Regel. Sie besagt, dass Menschen etwas dann ganz hervorragend, ja meisterhaft beherrschen, wenn sie 10.000 Stunden damit zugebracht und daran gearbeitet haben.

Was also zählt, ist die *Konsequenz*. Malcolm Gladwell beispielsweise spricht in seinem Buch „Überflieger"[38] genau davon, dass Menschen in dem, was sie tun, nach 10.000 Stunden echte Spitzenleistungen bringen werden. Das sind – bei realistischer Zeitplanung – circa zehn

38 Malcolm Gladwell: „Überflieger. Warum manche Menschen erfolgreich sind und andere nicht", Campus-Verlag.

Jahre intensiven Übens, Lernens, Trainierens. Das tun wir sicher nur dann, wenn wir auf etwas gestoßen sind, was wirklich unseren *Neigungen*, unseren *Bedürfnissen* und unseren *Talenten* entspricht, was wir wirklich lieben, was wir wirklich wollen und woran wir wirklich glauben.

Nicht selten trifft man auf Menschen, die scheinbar über Nacht zum erfolgreichen Superstar geworden sind. Die Jahre davor entgehen uns aber meist. Bei erfolgreichen Sportlern ist uns dieser Zusammenhang schneller klar. In anderen Bereichen – vor allem in der Arbeitswelt oder bei erfolgreichen Börsenhändlern – erkennen wir das oft erst auf den zweiten Blick.

Außerdem spielen die *Rahmenbedingungen* eine entscheidende Rolle. Ein erfolgreicher Mensch muss nicht nur wollen und können, er muss auch „dürfen"! Und er braucht Unterstützer, Mentoren. Ganz alleine, ohne Reflexion und immer mal wieder auch einen kräftigen Tritt in den Hintern wird ein guter Sportler nicht zum Spitzensportler, eine gute Führungskraft nicht zur Spitzen-Führungskraft und ein guter Trader nicht zum Spitzen-Trader!

Auch der Sportpsychologe Frank Hänsel von der TU Darmstadt sowie die Frankfurter Berater Ulrike und Peter Wollsching-Strobel beschreiben in „Die Leistungsformel"[39], wie sich diese 10.000-Stunden-Regel im Arbeitsleben auswirkt.

Konsequenz-Regeln

Ganz einfach auf den Punkt gebracht lassen sich sechs Regeln benennen:

1. Trotz vieler Interessen sich auf eine *Fähigkeit* konzentrieren, seine Kraft fokussieren (Stärken stärken).

---

39 Peter Wollsching-Strobel, Ulrike Wollsching-Strobel, Petra Sternecker, Frank Hänsel: „Die Leistungsformel. Spitzenleistung gestalten und erhalten", Gabler Verlag.

2. Die eigenen *Antreiber und Grundmotive* herausfinden und sich danach richten.

3. Die „*10.000-Stunden-Regel*" als „Naturgesetz" auf dem Weg zur Spitze beachten.

4. Nicht einfach nur viel arbeiten – wichtig ist die fachliche und persönliche *Entwicklung*.

5. Frühe Förderung durch Programme, Coaches oder Mentoren hilft entscheidend,

6. ebenso wie rechtzeitiges kollegiales *Networking* mit Gleichgesinnten.

Auch *Neurologen* bestätigen diesen Ansatz. Offenbar dauert es in etwa diese 10.000 Stunden, bis sich das Gehirn dazu entschlossen hat, seinen Träger eine Tätigkeit wirklich exzellent ausüben zu lassen. Das Resultat: Bei allem, was wir wirklich gut können wollen, heißt es *üben, üben, üben*.

Malcolm Gladwell widerlegt damit den allgemein verbreiteten Glauben, dass nur Menschen mit hohem IQ und ausgeprägtem Talent zu besonderen Spitzenleistungen in der Lage sind. Allerdings kann es auch sein, dass nicht mangelnde Übung oder mangelndes Talent (Letzteres ist meist ohnehin nicht sehr relevant) uns von der Erreichung unserer Ziele abhalten, sondern sehr oft eine Art von innerem Widerstreit, ein innerer Konflikt, der völlig unbewusst immer wieder zuschlägt und die Erreichung unserer Ziele boykottiert.

Wann und warum wir konsequent sind
Wenn Sie also dafür sorgen, dass Ihre Ziele und Wünsche einen so großen potenziellen Lustgewinn versprechen, dass alles andere hintansteht, ist eine wichtige Voraussetzung für Konsequenz und Erfolg geschaffen. Dennoch stelle ich leider immer wieder fest, dass Schmerzvermeidung einen höheren Grad an Konsequenz auslöst. Naturgeschichtlich ist das leicht erklärbar.

In der Steinzeit ging es erst einmal darum, Schmerzen ganz grundsätzlicher Art zu vermeiden, mit anderen Worten: Es ging ganz einfach darum, zu überleben. Die Maslow'sche Bedürfnispyramide[40] zeigt diesen Zusammenhang deutlich auf. Abraham Maslow beschreibt in diesem Modell fünf Stufen von Bedürfnissen:

Die Bedürfnispyramide

Stufe 1. *Körperliche Existenzbedürfnisse:* Atmung, Schlaf, Nahrung, Wärme, Gesundheit, Wohnraum, Kleidung, Sexualität, Bewegung

Stufe 2. *Sicherheit:* Recht und Ordnung, Schutz vor Gefahren, festes Einkommen, Absicherung, Unterkunft

Stufe 3. *Soziale Bedürfnisse:* Familie, Freundeskreis, Partnerschaft, Liebe, Intimität, Kommunikation

Stufe 4. *Anerkennungsbedürfnisse:* Höhere Wertschätzung durch Status, Respekt, Anerkennung (Auszeichnungen, Lob), Wohlstand, Geld, Einfluss, private und berufliche Erfolge, mentale und körperliche Stärke

Stufe 5. *Selbstverwirklichung:* Individualität, Talententfaltung, Perfektion, Erleuchtung, Selbstverbesserung

Die ersten drei Stufen der Pyramide (und Teile der vierten) nennt man auch Defizitbedürfnisse. Diese Bedürfnisse müssen befriedigt sein, damit man zufrieden ist, aber wenn sie erfüllt sind, hat man keine weitere Motivation, diese zu befriedigen (wenn man nicht mehr durstig ist, versucht man nicht mehr zu trinken).

Unstillbare Bedürfnisse können demgegenüber nie wirklich befriedigt werden. Diese treten auf der fünften Stufe auf, teilweise aber auch schon auf der vierten.

40 Die Maslow'sche Bedürfnispyramide beruht auf einem von dem amerikanischen Psychologen Abraham Maslow 1943 veröffentlichten Modell, die Motivation von Menschen in unterschiedlichen Stufen zu beschreiben.

Abbildung 7: Die Maslow'sche Bedürfnispyramide

Beispiele:

• Ein Maler zeichnet zum Zweck der Selbstverwirklichung; sein Bedürfnis nach Kreativität ist nicht nach einer bestimmten Anzahl von Bildern gestillt.

• Ein Trader hat Erfolg gehabt und möchte diese Performance immer wieder übertreffen. Das verdiente Geld ist dabei nicht die treibende Motivation.

Für wirklich dauerhafte Konsequenz sollte sich unsere Motivation also in den oberen Teilen der Pyramide ansiedeln. Tun wir Dinge aus Gründen der Selbstverwirklichung oder aus dem Bedürfnis nach Anerkennung, ist die Wahrscheinlichkeit groß, sie konsequent zu verfolgen.

Sie haben nun gesehen, wie wichtig Konsequenz als Erfolgsfaktor zu bewerten ist. Und sicher haben Sie erkannt, dass es unterschiedliche Motivatoren gibt, konsequent zu sein, permanent am eigenen Erfolg zu arbeiten. Konsequenz ist ein zentraler Aspekt Ihrer persönlichen Erfolgsformel.

Wenn Sie die einzelnen Elemente der Erfolgsformel nun für sich verinnerlicht haben, haben Sie erkannt, wie wichtig Ihr persönliches „Commitment" für den aktiven Börsenhandel ist. Nur wenn Sie hinter dem, was Sie tun, wirklich stehen, werden Sie damit erfolgreich. Sie setzen innere Mechanismen in Gang, die über die Zeit zu echten Automatismen werden.

Die Umsetzung in die tägliche Praxis ist dann kinderleicht, wenn wir etwas gerne tun, wenn uns eine Aufgabe förmlich anzieht wie ein positiver Strudel. Um die Erfolgsformel nicht nur zu verstehen, sondern zu verinnerlichen und dadurch noch erfolgreicher zu werden, bedarf es einiger Techniken und Mechanismen, die sich üben und trainieren lassen. Das geht nicht von heute auf morgen. Sie werden aber überrascht sein, wie schnell sich mit der richtigen Einstellung und den richtigen Übungen und Techniken erste Erfolge einstellen. Schauen wir uns also im nächsten Schritt einige dieser Grundlagen und Tools an, die Sie bei der Anwendung Ihrer Erfolgsformel von innen unterstützen.

„Der Schlüssel zu allem ist Geduld. Nicht durch Aufschlagen, sondern durch Ausbrüten wird aus einem Ei ein Küken!"
(Chinesisches Sprichwort)

Hier die QR-Codes zu den Büchern „*Denke nach und werde reich*" von Napoleon Hill (S. 230), „*Die Leistungsformel*" von Peter Wollsching, Ulrike Wollsching-Strobel, Petra Sternecker und Frank Hänsel (S. 236) und „*Überflieger*" von Malcom Gladwell (S. 235).

Teil 10

Die Umsetzung der Erfolgsformel in Ihrer täglichen Handelsaktivität

Nun geht es also daran, die Erkenntnisse und das Gelernte der vorangegangenen Kapitel zu vertiefen. Die Erfolgsformel selbst ist dabei mehr als nur eine Geisteshaltung oder eine Einstellung. Sie hat viel mit harter Arbeit und tiefer Überzeugung zu tun. Darüber hinaus genügt es aber nicht, sich einfach nur immer wieder **Erfolg = Wille x Glaube x Konsequenz** vorzubeten.

Es ist für Sie überaus bedeutend, Ihre inneren Schweinehunde zu erkennen (negative Glaubenssätze) und innere Verstärker (Ihre Affirmationen) aktiv aufzubauen und einzusetzen. Konsequent und unerbittlich sabotiert und unterstützt gleichermaßen werden Sie dabei von Ihrem Unterbewusstsein. Hier können Sie immer wieder ohne aktives Zutun gegen Wände rennen, aber auch aktiv Hilfsbrücken aufbauen, die Ihnen zunächst bewusst und dann immer mehr verinnerlicht und unbewusst weiterhelfen und Sie unterstützen. Wie können Sie nun besser darin werden, solche Fallstricke zu erkennen und auch wirklich dauerhaft etwas zu verändern?

Entspannung führt zu Höchstleistung

Das wesentliche Geheimnis im Zugang zu unserem Unterbewusstsein liegt in der Entspannung. Ich spreche hier nicht von Schlaf oder von Trance. Ich spreche von einem Zustand innerer Ruhe bei gleichzeitiger Höchstleistung. Denn nur durch bewusste Prozesse können wir Veränderungen in unserem Unterbewusstsein herbeiführen, wie wir im nächsten Kapitel sehen werden. Damit machen wir die Erkenntnisse der Erfolgsformel für uns persönlich wirklich nutzbar. An unser Unterbewusstsein und die darin schlummernden Kompetenzen und Intuitionen kommen wir am besten heran, wenn wir uns fokussieren, entspannen und konzentrieren können. Die Fähigkeit der schnellen und wirkungsvollen Konzentration ist damit eine wichtige Grundvoraussetzung für erfolgreiche Börsianer.

Hirnforscher haben dem sogenannten Alpha-Zustand – eine bestimmte Frequenz, mit der unser Gehirn „schwingen" kann – eine zentrale Rolle für echte Konzentration zugewiesen. Von dieser Frequenz leitet sich auch das gleichnamige Training ab, das wir noch näher beschreiben werden.

Besonders durch bestimmte Formen der Meditation können wir diesen hoch konzentrierten Geisteszustand förmlich herstellen. Meditation bringt das Gehirn in die Alpha-Frequenz und blendet Unwichtiges aus. Ablenkung kann fatal sein. „Schon kleinste Sinneseindrücke lösen normalerweise Gedankenketten aus: Vorstellungen, Wünsche, Ängste – alles, was unser Hirn geprägt hat", erklärt der Neurologe und Hirnforscher Ulrich Ott von der Universität Gießen. Das heißt: Arbeiten wir nicht voll konzentriert, können kleinste Ablenkungen eine Flut von Gedankenmüll auslösen und unsere Konzentration vollends zunichte machen.

Meditierende lernen nun, diesen Automatismus zu unterbinden. „Durch Meditation kann man trainieren, einen Schritt zwischen Reiz und Reaktion zu schalten", so der Forscher[41]. Das bedeutet: Nicht jede Ablenkung, die von außen kommt, führt sofort zu einem Verlust der Konzentration. Durch Meditation lernt unser Gehirn Schritt für Schritt, Wichtiges von Unwichtigem zu trennen. Es lernt, wie es seinen Besitzer (oder seine Besitzerin) am besten bei der Stange hält und Unwichtiges nicht weiter vorlässt.

Dafür muss sich niemand in die hochgeistigen Dimensionen eines buddhistischen Mönches hineinmeditieren. Einfache „Alltagstechniken" tun es auch.

41 Ulrich Ott in ZEIT-Online; Interview 02.02.2008 „Kernspin im Nirwana".

Das Alpha-2-Training ist dabei beispielsweise nichts anderes als eine solche „Alltagstechnik", eine einfache und leicht zu erlernende Form von Meditation, wie wir später noch sehen werden.

Wie unser Gehirn auf Entspannung reagiert

Neueste Studien deuten darauf hin, dass Meditation die Architektur des Gehirns verändert. Ein gestresster Mensch kann sein Gehirn durch Meditation regelrecht umtrainieren. Der Grundgedanke dabei ist unspektakulär und eigentlich Traders 1 x 1: die Konzentration auf den Moment! Schon lange wissen Neuroforscher, dass bei Musikern, die gewisse Handbewegungen ständig trainieren, Hirnregionen für die motorische Steuerung stärker ausgebildet werden. Bei Taxifahrern fanden sie überdurchschnittlich große Hirnareale für die Orientierung im Raum. Wenn Gehirnstrukturen häufig aktiviert werden, wachsen sie offensichtlich. Meditation als Bodybuilding fürs Gehirn? Heute weiß man, dass komplexe Fähigkeiten wie Motivation, Aufmerksamkeit, Kreativität, Spontaneität und beispielsweise auch die Verinnerlichung sozialer Normen in der Hirnrinde „sitzen". US-amerikanische Neurowissenschaftler haben tibetische Mönche untersucht, die viele Tausend Stunden Meditation hinter sich hatten. Sie wurden an ein Elektroenzephalogramm angeschlossen und man stellte zur großen Überraschung Gammawellen fest, die 30-mal so stark waren wie die von normalen Probanden.

Gammawellen werden mit geistigen Höchstleistungen in Verbindung gebracht, die sich zum Beispiel in einem extremen Flow (Spitzensport) und äußerst fokussierter Meditation zeigen. Weiterhin wurde bei anderen Versuchspersonen, die regelmäßig meditierten, eine auffällig dickere Hirnrinde festgestellt als bei nicht meditierenden Untersuchten. Auch bei Untersuchungen mit Kernspintomografen wurden bei anderen meditierenden Mönchen vergrößerte Hirnrinden festgestellt.

Es ist schon seit Langem wissenschaftlich erwiesen, dass Menschen, die großem beruflichen Druck ausgesetzt sind und gleichzeitig wenig Einfluss auf ihre berufliche Situation haben, besonders Burn-out-gefährdet sind. Fremdbestimmung führt zu enormem Stress. Wenn dann im Job Anerkennung und Wertschätzung versagt bleiben, werden die Stresssymptome stärker. Das Immunsystem wird geschwächt, das Krankheitsrisiko steigt.

Diesbezüglich gibt es auch sehr erfreuliche Forschungsergebnisse. Man hat nämlich festgestellt, dass Menschen, die regelmäßig meditieren, entspannter und weniger gestresst sind, nicht nur konzentrierter und aufnahmefähiger für wichtige Informationen, sondern auch weniger anfällig für Krankheiten. Durch Meditation wird also ein Rundum-sorglos-Paket als ideale Grundvoraussetzung für erfolgreiche Börsenhändler „zusammengestellt".

Wir möchten Sie jetzt aber nicht auf langjährige Yogakurse schicken oder in tibetische Klöster verbannen, um die wirksamsten Meditationstechniken zu trainieren. Wir wollen Ihnen ein speziell für Trader und Investoren entwickeltes, wirksames Paket an die Hand geben, mit dem Sie schnell, effizient und ohne großen Aufwand (einzige Voraussetzung: große Konsequenz) schnell erstaunliche Wirkungen erzielen werden. Sie werden fokussierter und gelassener, zufriedener und entspannter und damit konzentrierter und erfolgreicher in dem, was Sie gerne tun: dem Börsenhandel.

Jeder Anwender wird im Laufe des Erlernens unserer einfachen Techniken die Erfahrung machen, wie laut es in seinem Kopf zugeht, wenn er die körperliche Entspannungsstufe erreicht hat. Die Gedanken werden bewusster erlebt und es fällt anfangs oft schwer, sich auf die Übungssätze (positive Glaubenssätze und Affirmationen) zu konzentrieren, ohne abzuschweifen. Oder anders ausgedrückt: Die Konzentrationsschwächen werden hier ganz klar aufgezeigt.

Meditation (Konzentration) macht gesund

Folgender Effekt wurde in einer groß angelegten Langzeitstudie in den USA entdeckt: Tausende von Menschen meditierten jeden Tag. Nach einem Jahr war diese Gruppe um 50 Prozent weniger oft krank als die Vergleichsgruppe, die jeden Tag normal arbeitete und lebte. Das bedeutet, dass bei täglicher konsequenter Anwendung zum Beispiel des Alpha-2-Trainings die Wahrscheinlichkeit groß ist, dass Sie nur noch halb so oft krank werden wie bisher – plakativ gesprochen. Und körperliche Gesundheit ist ein wesentlicher Aspekt für aktive Anleger, die ohnehin nur wenig Zeit zur Verfügung haben und sich „krank sein" nicht leisten können.

Zahlreiche Untersuchungen zu unterschiedlichen Formen der Meditation, Entspannung, autogenem Training haben gezeigt, dass deren Wirkung echte Klassiker der Burn-out-Prävention hervorbringt: gesenkter Blutdruck, niedrigerer Puls, ruhigere Atmung, Abbau der Muskelspannung. Neueste neuronale Forschungen gehen sogar davon aus, dass Meditation durch die genannten Effekte imstande ist, dauerhaft spezifische Veränderungen der Hirnstruktur zu bewirken.

Das Gehirn verändert sich

Die Harvard-Forscherin Dr. Sara Lazar hat diese Veränderungen mittels Kernspintomografen untersucht, also direkt unter unserer Schädeldecke nachgeforscht. Die Ergebnisse dieser Untersuchungen waren wirklich überraschend: Schon wenige Monate regelmäßige Meditation lassen die graue Masse im Hirn wachsen! Dieses Hirnwachstum wird vermutlich durch eine vermehrte Bildung von Blutgefäßen im Gehirn sowie eine Zunahme der Verbindungen zwischen den Nervenzellen ausgelöst.

Hinzu kommt: Ein Zuwachs an weißer Substanz, die aus den Nervenfasern besteht, hilft der grauen Substanz, die vorwiegend aus den Nervenzellkörpern besteht. Diese Veränderungen hat die Forscherin

vor allem in den sogenannten Insellappen festgestellt, die zum Groß-
hirn gehören und die für das innere Empfinden verantwortlich zu
sein scheinen, außerdem im Bereich des frontalen Kortex, der wichtig ist für Gedächtnis und Aufmerksamkeit. Dies sind lauter Hirn-
bereiche, die für Trader von zentraler Bedeutung sind.

Bessere Entscheidungen

Die durch Meditation beeinflussten Hirnregionen spielen auch für
Entscheidungen eine wichtige Rolle. So geht zum Beispiel der Bremer
Hirnforscher Gerhard Roth[42] davon aus, dass die bereits ausführlich
von uns beschriebenen intuitiven Entscheidungen unter anderem im
Bereich der Großhirnrinde getroffen werden. Hier scheint also der
berühmte Sockel des Eisbergs unter der Wasseroberfläche zu schlummern, der uns mit komprimierten Daten aus Erfahrungen und
Erlebnissen versorgt, die uns als Ahnungen oder Intuitionen erscheinen. Das führt dann dazu, dass wir recht gut imstande sind, komplexe Entscheidungen zu treffen, bei denen wir nicht mehr bewusst
und aktiv in Schubladen greifen und dort nötige Informationen abholen können.

Eine Wunderwaffe

Zusammenfassen können wir die Effekte von Meditation daher wie
folgt:

* Meditation senkt den Blutdruck und den Spiegel von Stresshor-
  monen wie Cortisol oder Adrenalin.
* Sie sorgt für eine vermehrte Ausschüttung von „Glückshormonen"
  wie Endorphin und Dopamin.
* Sie beruhigt Atmung und Puls.

---

42 Gerhard Roth in ZEIT Wissen Schwerpunkt Entscheidungen, 11/2011, S. 23.

- Sie hilft bei chronischen Schmerzen, bei Ängsten sowie psychischen Verstimmungen bis hin zu Depressionen.

- Durch Meditation angeregte Hirnregionen werden messbar dicker, da die Zahl der Nervenverbindungen zunimmt! So wirkt sie auch der Entwicklung von Demenzen entgegen.

Auch wenn Meditation gemäß unserer Ausführungen eine komplexe Wunderwaffe gegen Gesellschaftskrankheiten zu sein scheint, sei ausdrücklich betont, dass es bei den anzuwendenden „Techniken" nicht um großmeisterliche, über Jahrzehnte antrainierte Mentalprogramme geht. Es sind vielmehr für jeden Menschen einfach praktizierbare Methoden, die weder eines großartigen Trainings noch eines Meister-Gurus als Lehrer und Vorbild bedürfen. Wir sprechen hier über Techniken, die besonders für viel beschäftigte Erfolgsmenschen leicht erlernbar und anwendbar sind.

Dies ist also genau das Richtige für Börsianer, die ihr volles mentales Potenzial entfalten wollen. Bereits für wenige Minuten auf die eigenen Atmung zu achten, den Atem zu zählen (von eins bis zehn und dann wieder bei eins beginnen), bewusst „in den Bauch" zu atmen oder einfach nur für kurze Zeit an nichts zu denken ist Meditation, wie wir sie in unserem Kontext brauchen können. Natürlich ist alles Zusätzliche erlaubt.

Aber beginnen Sie einfach. Beginnen Sie so, dass eine echte Regelmäßigkeit entsteht und wenn es nur die berühmten zehn Minuten am Tag sind. Denn auch hier gilt: Konsequent dranbleiben bringt bald spürbare Effekte! Ihr Wohlbefinden, Ihre Konzentrationsfähigkeit und Ihre Kreativität werden sich verbessern und damit haben Sie eine wichtige Grundvoraussetzung für Ihren Erfolg an der Börse gelegt. Wir möchten Ihnen im Folgenden anhand des Alpha-2-Trainings zeigen, wie leicht sich eine gute und pragmatische Methode zur Entspannung und Fokussierung in Ihren Alltag integrieren lässt. Vorher

folgt aber noch ein kleiner Blick auf die Funktionsweisen unseres
Gehirns und die unterschiedlichen Schwingungszustände, in denen
sich unsere graue Masse in unterschiedlichen Situationen befindet.

Was der „Alpha-Zustand" ist und wie wir ihn für den erfolgreichen Börsenhandel nutzen können

Die im Folgenden beschriebenen Techniken bauen im Wesentlichen
auf der Nutzung des sogenannten Alpha-Zustands auf. Der Alpha-
Zustand beschreibt rein wissenschaftlich den Zustand zwischen
Schlaf und Wachbewusstsein, wobei man bestimmte Ereignisse um
sich herum zwar wahrnimmt und verinnerlicht, sie aber nicht mehr
analysiert und beurteilt. Man nimmt Ereignisse also „denk- und
beurteilungsfrei" auf. Der Alpha-Zustand tritt kurz bevor wir einschlafen und kurz vor dem Aufwachen ein. Man nennt diesen Zustand
auch das „Tor zur Meditation". Er hilft uns, Informationen aus dem
Unterbewusstsein (Theta-Zustand) nach oben in unser Wachbewusstsein zu holen. Wer den Alpha-Zustand optimal für sich nutzen kann,
hat diesen unermesslich wertvollen Zugang zu seinem Unterbewusstsein und allen dort gelagerten Informationen gefunden.

Um den Alpha-Zustand besser einordnen zu können, möchte ich
allen Interessierten hier noch ein paar Zusatzinformationen zu den
verschiedenen Gehirnschwingungs-Zuständen geben, die heute mittels EEG gemessen werden können.

Die Reihenfolge der jeweiligen Zustände ist nicht alphabetisch ge-
ordnet, sondern wurde nach dem Grad der jeweiligen Hirnfrequenz
gewählt – von oben nach unten abnehmend. Je niedriger die Hirnfrequenz, desto höher – vereinfachend gesprochen – ist der Grad
der Entspannung. Das soll nicht heißen, dass auch die Nutzbarkeit
für unsere Tätigkeiten mit geringerer Hirnfrequenz zunimmt. Der
ideale Grad der Entspannung ist für unsere Zwecke der Alpha-Zustand, der wiederum zu einem optimierten Beta-Zustand führt.

Der Beta-Bereich:
Trader-Alltag zwischen Routine und Stress

Der Beta-Zustand ist der Zustand des Alltagsbewusstseins, der sich typischerweise zwischen 13 und 21 Hz (gemessen mittels EEG) bewegt. Man bezeichnet diese Hirnfrequenz auch als Zustand der nach außen gerichteten Aufmerksamkeit, des logischen, prüfenden, analytischen Denkens. Jetzt, da Sie dieses Buch lesen, befindet sich Ihr Gehirn irgendwo in dieser Frequenzbandbreite. Ihr täglicher, routinierter Börsenhandel wird im Beta-Zustand absolviert. Er entspricht einem Zustand guter Aufmerksamkeit und Intelligenzleistung.

Im oberen Bereich – mit einem Schwerpunkt von 21 bis 38 Hz – befinden wir uns in „permanenter Alarmbereitschaft". Diese Frequenz ist erreicht bei innerer Unruhe, Angst, Stress, aber auch, wenn unsere inneren Kritiker und Kommentatoren unterwegs sind – unsere negativen Glaubenssätze.

Der niederfrequente Beta-Bereich – der sogenannte Awakened-Mind-Bereich – geht fast schon in den Alpha-Zustand über. Hier ist das Denken klar, wach, aufmerksam und kreativ (13 - 15 Hz), also optimal für einen guten Job an der Börse. Durch häufiges Üben des Alpha-Zustands können wir eine Verbindung erreichen.

Der Alpha-Bereich:
Leichte Entspannung und gute Lernfähigkeit

Der Alpha-Bereich (8 - 12 Hz) entspricht dem Zustand leichter Entspannung. Das bedeutet Fokus, Aufmerksamkeit mit einem bestimmten Maß an Gelassenheit. Im Alpha-Zustand befinden Sie sich beim Tagträumen und Visualisieren innerer Bilder (auch über Gerüche, Geschmack, Musik und so weiter). Als „Tor zur Meditation" (siehe oben) ist der Alpha-Zustand eine wichtige und hilfreiche Brücke. Wenn wir „richtig" meditieren, also uns in einer noch tieferen Frequenz befinden, können wir uns an die Inhalte der Meditation

nicht mehr erinnern. Wir schieben sie damit über den Theta-Zustand quasi ins Unterbewusstsein ab.

Wenn Sie durch die entsprechenden Übungen die oberen Frequenz-
bereiche des Alpha-Zustands in Ihren Alltagszustand – den Beta-
Bereich – mitnehmen können, dann haben Sie einen guten Grad
„aktiver Entspannung" erreicht, die für wirklich aufmerksames und
erfolgreiches Arbeiten (an der Börse und in jedem anderen Bereich)
von großer Bedeutung ist!

Der Theta-Bereich: „Echte" Meditation

Der Theta-Zustand wiederum (3-8 Hz) steht für das, was man land-
läufig unter Meditation versteht, also für tiefe Entspannung, Traum
(REM-Schlaf), Unterbewusstsein. Hier, im Sockel des Eisbergs, liegen
unbewusste und unterdrückte Persönlichkeitsanteile (zum Beispiel
viele negative Glaubenssätze aus unserer Kindheit, die unser Börsen-
verhalten beeinflussen). Theta-Wellen alleine bleiben unbewusst.
Erst wenn Alpha-Wellen dazukommen, können wir die Inhalte bewusst wahrnehmen und erinnern. Daher sind Alpha-Wellen so wichtig, um an diese unbewussten Botschaften heranzukommen.
Auch hier sehen wir wieder, wie wichtig die Übergänge zwischen den
einzelnen Bereichen sind.

Der Delta-Bereich: Sitz der Intuition

Die niedrigste Frequenz findet sich im Delta-Zustand (0,4 - 3 Hz), der
auf verschiedene Bewusstseinszustände wie Tiefschlaf, Trance oder
Tiefenhypnose hinweist. Interessant dabei: Menschen, bei denen
Delta-Wellen in Verbindung mit anderen Wellen vorkommen, gelten
als besonders intuitiv. Das bedeutet, dass sie auch bei normaler
Tätigkeit (also im Beta-Zustand) über Hirnschwingungen im Delta-
Bereich verfügen können (sie sind dann also nicht in Trance, sondern
arbeiten ganz normal). Was für eine Gabe: Diese Menschen haben

dann tatsächlich einen besseren Zugang zu ihrem Unterbewusstsein und zu ihrer Intuition als andere Menschen. Sie verfügen damit über eine Art Radar, Dinge „vorausahnen" zu können. Denken wir beispielsweise an unseren Formel-1-Piloten Juan Manuel Fangio. Wie hilfreich wäre eine solche Gabe an der Börse. Wer weiß, vielleicht gehören Sie ja zu den Menschen, die diese Fähigkeit bei sich entdecken können. Regelmäßiges Entspannungs- und Meditations-Training kann diese Fähigkeit fördern!

Wie nutzen wir nun besonders den Alpha-Zustand?

Eine optimale Entspannung, welche die Aufnahme von positiven Glaubenssätzen stark erleichtert, tritt also dann ein, wenn sich die Hirnfrequenz im Alpha-Zustand befindet. Darüber hinaus führt konsequentes Arbeiten am Alpha-Zustand zu einer besseren „Vernetzung" mit den anderen beschriebenen Zuständen. Intuition und Kreativität sind also auch dann abrufbar, wenn wir uns nicht in Trance befinden.

Es ist wissenschaftlich erwiesen, dass das Unterbewusstsein im Alpha-Zustand sehr aufnahmefähig und offen für bestimmte Signale und Botschaften wie das Erlernen von Sprachen oder Glaubenssätzen und Affirmationen ist. Dabei wird die eigene Stimme wesentlich besser angenommen als Fremdstimmen. Für ein optimales Verinnerlichen persönlicher positiver Glaubenssätze empfiehlt es sich also, diese Glaubenssätze zum Beispiel als MP3-File selbst aufzunehmen und während bestimmter Entspannungsübungen abzuspielen. Dazu später mehr. Auch Musik kann dabei sehr hilfreich und unterstützend sein. Eine ganz bestimmte Art von Musik ist hier besonders empfehlenswert. Man spricht tatsächlich von sogenannter Alpha-Musik, nämlich einer Musik, die dem Herzrhythmus im Alpha-Zustand nahekommt. Wenn Ihnen diese Meditationsmusik zusagt – nicht jeder mag sie –, kann sie Entspannungsübungen gut unterstützen.

Die Techniken der Profis:
Zwei zentrale Fokus-Trainings für Börsenhändler

Im folgenden Kapitel beschreiben wir Ihnen jetzt zwei sehr leicht erlernbare und vor allem völlig unkompliziert und jederzeit ohne großen Aufwand anwendbare Techniken, die wir speziell auf die Bedürfnisse von Börsianern und anderen sehr beschäftigten Menschen abgestimmt haben. Beide Techniken arbeiten mit dem Alpha-Zustand und sorgen so dafür, dass neben einer schnell wirksamen Entspannung auch die Aufnahmefähigkeit des Gehirns bewusst optimiert wird.

Erlernen Sie beide Techniken und praktizieren Sie beide. Es hat sich in der Praxis als sehr wirksam erwiesen, eine Technik morgens für zehn Minuten anzuwenden, die andere zwischendurch oder am Abend, um auch nach einem langen Arbeitstag wieder fit und entspannt an den Märkten handeln zu können.

Am Rande bemerkt: Guter und gesunder Schlaf ist dabei die beste Technik für Entspannung, innere Ausgeglichenheit und Konzentration und durch nichts zu ersetzen. Manchmal gibt es aber Phasen großer beruflicher oder privater Herausforderungen, in denen wir es für eine bestimmte Zeit einfach nicht schaffen, jede Nacht sechs bis acht Stunden (je nach Schlaf-Typ) zu schlafen. Eine leicht abgewandelte Form des folgenden Alpha-2-Trainings – der bekannte Power-Nap oder 10-Minuten-Schlaf – soll Schlafmedizinern zufolge binnen ungefähr zehn Minuten den Regenerationseffekt von einer Stunde Nachtschlaf bringen. Achten Sie aber bitte trotzdem darauf, auch nachts ausreichend zu schlafen.

Die beiden Techniken, die wir Ihnen nun vorstellen, sind das Alpha-2-Training[43] und die Zazen-Meditation – die stille Power-Technik der

---

43 Wir beschreiben das Alpha-2-Training detailliert im Anhang. Es wird ein wichtiger Bestandteil Ihres 21-Tage-Trader-Mentalprogramms werden.

Kampf-Mönche. Beide Techniken bauen auf den Erkenntnissen des Alpha-Zustands auf und verschaffen uns neben Entspannung und Fokussierung einen besseren Zugang zu unserem Unterbewusstsein.

Das Alpha-2-Training für Börsianer

Das Alpha-2-Training ist eine Entspannungs- und Konzentrations-Technik, die am Coaching Institut für Führungskräfte in Wien von Ferry Fischer entwickelt wurde. Ursprünglich für den Spitzensport und das Management erdacht, erfährt das Alpha-2-Training in unserem Rahmen seine Weiterentwicklung speziell für die Bedürfnisse von aktiven Börsenhändlern.

Dieses Training bildet die Basis für viele der im Buchteil „Der Plan" beschriebenen Mentalübungen. Deswegen werden wir Ihnen die Grundgedanken und Hintergründe dieses einfachen Trainings auf den nachfolgenden Seiten beschreiben. Etwas weiter hinten im Buch – unmittelbar bevor „Der Plan" beginnt – finden Sie dann die ganz konkrete und detaillierte Ablaufbeschreibung des Alpha-2-Trainings, die so aufgebaut ist, dass Sie sich diesen Ablauf selber aufnehmen und während des Trainings abspielen können, um die Wirkung des Alpha-2-Trainings zu unterstützen.

Wie funktioniert das Alpha-2-Training?

Das Alpha-2-Training bringt das Gehirn in den Alpha-Zustand, das heißt, die Hirnfrequenz sinkt auf 8 bis 12 Hz. In diesem Zustand sind wir in einer mentalen Hochleistungsphase, denn der Alpha-Zustand ermöglicht den direkten Zugang zum Unterbewusstsein. Das Bewusstsein mit all seinen Problemen und Blockaden wird dabei auf „Stand-by" geschaltet. Diese Tatsache ist Voraussetzung für den Einsatz vieler Mentaltechniken, wie zum Beispiel dem Visualisieren von Zielen und der Autosuggestion, der Verinnerlichung von positiven Glaubenssätzen. Tests haben gezeigt, dass im Alpha-Zustand das

Gehirn bis zu zehn Mal aufnahmefähiger ist als im normalen Wachzustand.

Das Alpha-2-Training ist eine einfache Form der Meditation und passt hervorragend zum knallharten Börsenhandel. Es geht beim Alpha-2-Training darum, wissenschaftlich geprüfte Fakten zu Ihrem Vorteil im Börsenhandel nutzbar zu machen. Und das kostet Sie nicht einmal Geld, sondern lediglich ein wenig Konsequenz. Daher wollen wir Ihnen zunächst einige Basisinformationen zu diesem Training liefern.

Fokus und Abstand von Alltagsthemen

Wenn Sie das Alpha-2-Training am Abend durchführen, schlafen Sie ruhiger ein, träumen befreiter und erholen sich optimal. Am nächsten Morgen wachen Sie frisch und munter auf und die Chance ist groß, dass Ihre Wahrnehmungsfähigkeit im aktiven Börsenhandel deutlich gestiegen ist. Das ist das sogenannte Prinzip des Loslassens: Erst durch das Nicht-daran-Denken hat das Unterbewusstsein die Möglichkeit, die Informationen zu verarbeiten, um danach die Lösung zu präsentieren.

Bessere Entscheidungen treffen (nicht nur an der Börse)

Das Alpha-2-Training ist die ideale Vorbereitung für Kreativitätsprozesse und konzeptionelle Phasen. Wenn die Gedankenflut blockiert ist, dann kann das Alpha-2-Training wieder den nötigen Schwung bringen. Es ist daher ratsam, vor jeglichen Kreativitätsprozessen, also somit auch vor der Implementierung oder Überarbeitung von Handelssystemen oder bei der Recherche im Hinblick auf neue Investmentziele, eine kurze Sequenz des Alpha-2-Trainings einzuschieben und im Idealfall sogar im Hintergrund sogenannte Alpha-Musik laufen zu lassen.

Anwendung des Alpha-2-Trainings

Am besten wenden Sie das Alpha-2-Training täglich oder zumindest fünf Mal pro Woche jeweils für zehn Minuten an. Das Geheimnis des Erfolges liegt dabei in der Kontinuität. Es sind zehn sehr gut investierte Minuten, die Ihnen ein Vielfaches an Zeitersparnis und Energie zurückbringen – durch die Überwindung Ihrer Müdigkeit oder die Steigerung Ihrer Konzentrationsfähigkeit und Kreativität. Man kann das Alpha-2-Training natürlich auch mehrmals am Tag machen. Zu viel geht nicht. Aktiver Börsenhandel ist eine geistige Spitzenleistung, dem Leistungssport vergleichbar. Bereiten Sie sich daher genauso professionell vor, wie es ein Spitzensportler tut. Arbeiten Sie konsequent (mit solch einfachen Mitteln kein Problem) an Ihrer geistigen Topleistung.

Zum Erlernen empfiehlt es sich, das Alpha-2-Training immer zur gleichen Zeit durchzuführen, damit es zur Routine wird. Bauen Sie es zu Beginn in ein tägliches Ritual ein. Das erleichtert die Konsequenz enorm. Der Vorteil am Morgen: Sie beginnen den Tag ruhig und ausgeglichen und ordnen Ihre Gedanken. Setzen Sie sich nach dem Aufwachen im Bett hin und üben Sie. Das Sitzen macht Sinn, da Sie nicht gleich wieder einschlafen.

Am Abend, vielleicht gleich nach dem Heimkommen, bringt das Alpha-2-Training Ruhe und Ordnung in Ihre Gedankenwelt, verbunden mit körperlicher Entspannung. Geht das nicht, dann bleiben Sie auf dem Heimweg kurz stehen und üben im Auto. Sie können das Alpha-2-Training auch noch später am Abend für einen erholsamen, energiebringenden Schlaf machen. Aber auch nach der Mittagspause – vor allem nach dem Essen – ist das Alpha-2-Training ein ideales Mittel, um sich rasch und wirksam zu regenerieren.

Das Alpha-2-Training kann immer und überall angewandt werden, im Flugzeug, auf der Parkbank, in der U-Bahn, im Auto auf dem Parkplatz. Zum Erlernen ist ein ruhiger Platz ideal. Steht Ihnen ein solcher nicht zur Verfügung, dann helfen Sie sich mit folgender Suggestion, die Sie sich zu Beginn der Übung ein paar Mal vorsagen: „Jedes Geräusch im Außen bringt mich noch tiefer in meine Entspannung".

Zu Beginn empfiehlt es sich, das Alpha-2-Training im Sitzen zu üben: Arme und Beine nebeneinander, das heißt nicht überkreuzt, und – wenn möglich – mit aufrechter Wirbelsäule, um die Energie fließen zu lassen. Später kann man es auch am Schreibtisch, bei Besprechungen und überall sonst sogar mit offenen Augen durchführen. Selbst im Stehen ist es eine gute Möglichkeit der Regeneration. Welche Haltung Sie konkret einnehmen, sollten Sie selbst entscheiden, Hauptsache Sie fühlen sich wohl dabei.

Ablaufplan: Inhalte des Alpha-2-Trainings als Übungsablauf
Es hat sich bewährt, den Text und die Anweisungen aus dem Alpha-2-Training aufzunehmen (Handy oder Smartphone eignen sich perfekt dafür) und bei den ersten Malen während des 21-Tage-Programms, das wir Ihnen am Ende des Buches vorstellen, abzuspielen. Es unterstützt den Lerneffekt und sehr bald beherrschen Sie das Programm auswendig.
Sagen Sie sich während der Durchführung der einzelnen Übungen immer wieder die entsprechenden Sätze vor. Viel Spaß beim Üben und Erleben!

Übung 1: 3-2-1, Arme anspannen, „loslassen"
Setzen oder legen Sie sich bequem hin, die Arme neben dem Körper, die Beine nebeneinander. Atmen Sie einmal tief ein und aus. Mit dem Ausatmen atmen Sie alle Verspannungen aus Ihrem Körper. Schließen Sie die Augen. Entspannen Sie Zunge, Augen und Schultern. Spannen Sie nun Ihre Arme und Hände fest an, stellen Sie sich im Geist die Ziffer „3" vor und entspannen sie Hände und Füße, während

Sie sich gleichzeitig das Wort „loslassen" vorsagen. Wiederholen Sie das Ganze insgesamt dreimal, indem sie von 3 bis 1 zählen.

Übung 2: „Meine Arme sind schwer und warm"
Spüren Sie das Gefühl der Schwere und Wärme in Armen und Händen. Lassen Sie geschehen, was von selbst geschieht. Beobachten Sie nur. Sie können sich dabei vorstellen, wie Sie in der Sonne liegen und von ihr angenehm gewärmt werden.

Übung 3: „Mein Bauch atmet mich"
Konzentrieren Sie nun Ihre Aufmerksamkeit auf Ihren Bauch. Spüren Sie das Heben und Senken Ihres Bauches, spüren Sie auch den Atem, wie er in Sie strömt und mit Leben erfüllt und dann wieder hinausströmt, um Überflüssiges abzutransportieren. Spüren Sie diesen natürlichen Rhythmus. Lenken Sie all Ihre Aufmerksamkeit auf Ihre Mitte und nehmen Sie das Leben von dort aus wahr. Entspannen Sie sich tief und lassen Sie los!

Übung 4: „Ich bin ganz erfüllt von der Farbe Blau"
Stellen Sie sich nun vor, dass sich Ihr Körper und Ihr Geist mit der Farbe Blau füllt – mit flüssiger Farbe, blauem Licht oder Ähnlichem, von den Zehenspitzen bis zum Scheitel. Erleben Sie, wie diese Farbe Ihnen Ruhe und Harmonie bringt. Sie können sich auch einen wunderschönen tiefblauen Himmel vorstellen, der Ihnen die Farbe Blau schickt und damit einen Teil universellen Gleichgewichts spendet.

Übung 5: „Mein Kopf ist hell und klar"
Wenden Sie sich nun Ihrem Kopf zu. Leichtigkeit des Geistes begleitet diese Übung. Öffnen Sie sich für Intuition und Inspiration, wann immer sie kommt. Seien Sie einfach bereit. Spüren Sie den Kontrast zum schweren, warmen Körper. Vielleicht spüren Sie auch,

wie die frei gewordene Energie des Körpers in Ihren frischen Geist wandert.

Kommen Sie nun langsam wieder in das Hier und Jetzt zurück. Bewegen Sie Hände und Arme, Füße und Beine. Strecken Sie sich, atmen Sie tief ein und aus und öffnen Sie die Augen. Seien Sie wieder hellwach, erfrischt und ausgeruht. Machen Sie unbedingt eine schnelle ruckartige Bewegung mit Beinen oder Armen, damit Sie Kreislauf und Aufmerksamkeit wieder voll aktivieren. Heißen Sie den Tag willkommen und genießen Sie ihn!

Es folgen noch einige praktische Tipps zum Erlernen und Vertiefen des Alpha-2-Trainings.

Nach circa einem halben Jahr sollten Sie das Alpha-2-Training sukzessive verkürzen. Das Ziel könnte sein, es innerhalb von zwei Minuten durchführen zu können und danach beliebig lange in dem Zustand tiefer körperlicher Entspannung und geistiger Klarheit zu verbleiben. Gerade für Sie als Trader ist es sehr wichtig, einen solchen Prozess einfach und wirkungsvoll in Ihren Tagesablauf integrieren zu können. Das heißt, Sie üben die ersten zwei bis drei Wochen mit Ihrer eigenen Aufnahme, dann immer öfter ohne die Aufnahme, und wenn Sie dieses Hilfsmittel nicht mehr brauchen, dann verkürzen Sie Stück für Stück die Formeln. Zum Schluss werden Sie sich vielleicht nur noch kurz die Befehle geben, denn Ihr Unterbewusstsein und Ihr Körper wissen genau, was zu tun ist. Das könnte dann ungefähr so lauten:

„Entspannung, schwer, warm, Bauch atmet,
Blau, Kopf hell und klar"

Wie in jeder neu zu erlernenden Technik übt man zuerst unter idealen Bedingungen und verschärft dann, wenn man die Technik bereits gut beherrscht, die Umstände und Rahmenbedingungen bis hin zu den Situationen, in denen man ruhig und ausgeglichen bleiben möchte.

Das Alpha-2-Training stellt eine der am leichtesten zu erlernenden und am effizientesten wirkenden Entspannungsmethoden dar. Je nach Routine schalten Sie innerhalb von zwei bis zehn Minuten mit dieser Technik von Energieverbrauch auf Energiegewinnung um.

Beim Erlernen der Alpha-2-Methode verhält es sich wie beim Erlernen einer Sportart. Nur durch konsequentes Üben machen Sie befriedigende Fortschritte. Die Alpha-2-Methode erlernt man meist in drei bis sechs Monaten. Hat man es einmal ein Jahr geübt, verlernt man es auch nie wieder.

Das Alpha-2-Training entspricht von seinen Grundprinzipien sehr stark dem sogenannten Zazen-Sitzen buddhistischer Mönche. Die extreme Form, „Meditation" in Power und kämpferische Energie zu überführen, sehen wir immer wieder bei den weltberühmten Vorführungen der Shaolin-Kampf-Mönche.

Im Folgenden wollen wir Ihnen also neben dem Alpha-2-Training diese zweite, einfache und praktikable Meditations- und Fokussierungstechnik – das Zazen-Sitzen – vorstellen.

Zazen-Meditation für Trader: „Sei ein Kampf-Mönch!"

Zazen (das japanische Wort für Sitz-Meditation) ist ein traditionelles Element des Zen-Buddhismus. Das Besondere an dieser Meditation ist, dass die Augen während der Meditation geöffnet bleiben und einen bestimmten Punkt fixieren. Dadurch wird volle Präsenz einerseits und tiefe Konzentration und Gedankenfreiheit andererseits erreicht. Diese Meditation wird sehr häufig im Kampfsport eingesetzt, um sich vor dem Kampf zu sammeln und zu fokussieren.

Von den berühmten Shaolin-Kampf-Mönchen sagt man ebenfalls, dass ihre übermenschlich erscheinenden Fähigkeiten aus Kraft,

Akrobatik und Dehnbarkeit neben jahrzehntelangem Training auch von innerer Zentrierung durch Zazen herrühren. Bei dieser Technik werden somit Anforderungen an Körper und Geist gestellt.

Körperhaltung

Zazen kann im Lotus-Sitz (für Dehnungs-Profis), im Halb-Lotus-Sitz (eher für uns Normal-Meditierer: Ein Fuß ruht mit dem Außenrist auf dem anderen Oberschenkel, der andere Fuß unter dem anderen Oberschenkel), aber auch im Fersensitz (also praktisch im Knien) praktiziert werden. Sinnvoll ist es, dass man sich entweder ein Meditationskissen besorgt oder drei kleinere Kissen aufeinanderstapelt und sich daraufsetzt. Diese Unterstützung sorgt für eine aufrechte und gerade Körperhaltung, die für wirksames Zazen sehr wichtig ist (Energie kann besser fließen). Wichtig ist, dass die Knie Bodenkontakt haben. Das gelingt mit dem Sitzkissen recht einfach, weil es den Körper leicht nach vorne kippt.

Es ist hilfreich, vor dem ersten Zazen-Sitzen die Kniegelenke zu lockern, indem man auf einem Bein stehend den Unterschenkel des anderen Beins zehnmal vor und zurück bewegt und dadurch die Gelenke aktiviert. Auch ein paar klassische Dehnübungen für Oberschenkel und Waden, wie man sie vom Joggen kennt, schaden nicht. Zazen wird in betont aufrechter und stabiler Haltung geübt. Die Hände sind leicht unterhalb des Nabels ineinandergelegt (die Außenfläche der linken Hand in die Innenfläche der rechten Hand beziehungsweise die aktive Hand trägt die inaktive Hand), die beiden Daumen berühren sich an der Spitze und bilden „weder Berg noch Tal", sind also in möglichst gerader Linie ausgerichtet.

Bei einer Variante setzt man sich im Abstand von etwa einem Meter mit dem Gesicht zur Wand und fixiert einen Punkt. Die Kopfkrone (also der obere Scheitelpunkt) ist wie an einem Faden aufgehängt und wird bildlich gesprochen nach oben gezogen. Dadurch ist der Blick ganz leicht nach unten geneigt. Bei der zweiten Variante sitzt man frei, den Blick auf einen Punkt am Boden gerichtet, der etwa einen Meter vor einem liegt.

Nun geht es los. Zählen Sie Ihre Atemzüge, aber versuchen Sie Ihren Atem nicht aktiv zu beeinflussen. Sie zählen beim Einatmen eins, Ausatmen zwei und so weiter bis zehn und beginnen wieder bei eins. Der Sinn des Zählens: Sie beschäftigen Ihr Hirn und blocken damit andere Gedanken ab. Das Zählen wird in der linken Gehirnhälfte gemanagt. Dadurch können Sie sich nicht mehr so leicht mit der Bewältigung und Analyse von Tagesproblemen beschäftigen, da diese auch links strukturiert werden. Nun kommen wir zur Geisteshaltung beim Zazen.

Geisteshaltung

Unser Ziel ist es, Platz für Konzentration und Fokussierung zu schaffen, um sich im aktiven Börsenhandel auf jene Dinge auszurichten, die wirklich wichtig sind. Daher sollte in den zehn Minuten, die Sie Zazen üben, möglichst große Gedankenfreiheit entstehen. Das hört sich – vor allem am Anfang – leichter an, als es ist, denn Sie werden feststellen, dass Ihnen gerade zu Beginn viele Gedanken durch den Kopf gehen, wenn Sie den Zustand erster Entspannung erreichen. Zählen Sie konsequent Ihre Atemzüge und lassen Sie Ihre Gedanken vorüberziehen wie Wolken an einem Berg oder Blätter in einem Fluss. Dieses Bild hilft sehr. Versuchen Sie also, die Gedanken, die zu Beginn aufkommen, nicht weiterzudenken, nicht zu analysieren, nicht zu werten. Lassen Sie sie einfach vorüberziehen. Die Augen bleiben stets geöffnet. Durch die Haltung, Beobachtung und Konzentration wird der Gedankenstrom verlangsamt oder er wird zeitweise komplett unterbrochen. Die auch im Körper manifestierten Lebenserfahrungen und Unterbewusstes erscheinen in dieser Geisteshaltung und können sich lösen.

Sie können mit fünf Minuten Zazen-Sitzen beginnen, das nächste Mal sechs Minuten üben, dann sieben und so weiter und das Sitzen später immer weiter steigern. Nach ein paar Wochen Übung sind 20 Minuten kein Problem mehr. Sie werden merken, dass sich schon bald erste Ergebnisse einstellen werden. Zunächst wird es Ihnen Schritt für Schritt leichterfallen, gedankenfrei zu sitzen. Dann werden Sie bald bemerken, dass Sie ausgeglichener, entspannter und gelassener werden. Sie werden merken, dass Sie weniger Ängste umtreiben, dass sich Ihre Kreativität und Ihr gesamtes Wohlbefinden verbessern – bei wirklicher Konsequenz mit 100-prozentiger Garantie! Denn Konsequenz ist der Schlüssel zum Erfolg. An der Börse wie im Zazen-Sitzen.

Auf Youtube finden Sie einige Videos, die die Zazen-Haltung genau beschreiben, zum Beispiel via Smartphone und QR-Code den über 80-jährigen Zen-Meister Gudo Nishijima[44] oder auch als kleiner Online-Zazen-Kurs[45]:

Wenn Sie sich mit Zazen etwas näher beschäftigen wollen, kann ich Ihnen zum Beispiel Taisen Deshimaru-Roshis *„Die Praxis des Zen"* empfehlen.[46]

---

44 Sollten Sie kein Smartphone haben, nutzen Sie einfach den Link: http://www.youtube.com/watch?v=nsFlrdXVFgo
45 Der Link zum Online Zazen-Kurs: http://www.youtube.com/watch?v=E9b4FbGlVSE&feature=related
46 Taisen Deshimaru-Roshi: „Za-Zen. Die Praxis des Zen", 5. Aufl., Kristkeitz, Leimen 1991, ISBN 3-921508-11-8.

Resümee

Nachdem wir die Variablen der Erfolgsformel
Wille x Glaube x Konsequenz
ausführlich besprochen und des Weiteren gelernt haben, mit welchen
Techniken wir diese Erfolgsformel in der täglichen Arbeit umsetzen
beziehungsweise verstärken können, werden wir einen weiteren Turbo beschreiben, der uns bei der Erreichung unserer Ziele behilflich
sein wird: unsere Vorstellungskraft!

Somit können wir nun mit dem sogenannten *Mentalen Erleben* beginnen. Das Mentale Erleben setzt nämlich ein wirklich wertvolles Ziel
voraus. Nur dann ist die Wirkung hoch! Das Ziel muss ein Bild des
bereits erfüllten Wunsches vor Ihrem geistigen Auge entstehen lassen
können. Sie schaffen sich durch Ihre Vorstellungskraft im nächsten
Schritt eine innere Realität, die sich – bei entsprechendem Wille x
Glaube x Konsequenz – in der äußeren Realität abbildet.

Anwenden werden Sie das Mentale Erleben ganz konkret im 21-Tage-
Mentalprogramm für Trader im Anhang des Buches. Ganz am
Schluss finden Sie dort eine konkrete Beschreibung der Technik.

Hier der QR-Code zum Buch *„Die Praxis des Zen"* von Taisen Deshimaru-Roshi (S. 263).

Teil 11

Ziele und Mentales Erleben

Wir haben in den vergangenen Kapiteln viel darüber gelernt, wie wichtig Glaubenssätze für Trader sind. Mentales Erleben kann uns nun dabei helfen, positive Glaubenssätze dauerhaft „zu installieren" und uns Ziele nicht nur auf dem Papier zu setzen, sondern ihre Erfüllung bereits vorzuerleben und damit die beschriebene Sogwirkung erst möglich zu machen.

Suchen Sie sich also ein Ziel, das Sie durch Ihre Tätigkeit an der Börse erreichen wollen. Es kann ein finanzielles, aber auch ein „abstraktes" Ziel sein, das allerdings ebenfalls klar definiert sein muss. Ziele sind immer messbar, erreichbar (wenn es auch schwer ist) und mit einem fixen zeitlichen Endpunkt versehen. Sonst sind es Wünsche. Ist zum Beispiel „wirtschaftliche Freiheit" Ihr Ziel, reicht es nicht, sich zu sagen:

- „Ich möchte wirtschaftliche Freiheit erreichen!"

Das ist so, wie wenn Sie sich bei Amazon ein Buch bestellen und schreiben: „Ich möchte ein Buch!" Abgesehen davon, dass Sie das gar nicht ins System bekommen würden, könnte Amazon mit dieser Bestellung herzlich wenig anfangen. Werden Sie also konkreter. Besser wäre zum Beispiel: „Ich möchte ein Buch über Trading". Auf Ihr Ziel übertragen wäre das in etwa:

- „Ich möchte unabhängig sein von meinem Gehalt aus unselbstständiger Arbeit und möchte vielmehr imstande sein, meine gesamten Fixkosten mit dem Börsenhandel abzudecken!"

Dennoch sollten Sie diese Bestellung weiter präzisieren. Noch genauer? Ja. Noch genauer.

- „Ich möchte über ein monatliches passives Einkommen von XY Euro verfügen!"

Anmerkung am Rande: Sie haben „wirtschaftliche Freiheit" nach der reinen Definition dann erreicht, wenn Ihr passives Einkommen Ihre reinen Fixkosten übersteigt. Als passives Einkommen werden die Geldflüsse bezeichnet, für die Sie nicht „aktiv" arbeiten müssen (zum Beispiel Mieteinnahmen, Lizenzgebühren, Kapitalerträge, Kursgewinne). In unserem Fall würden wir auch Erlöse aus dem Börsenhandel diesem passiven Einkommen zurechnen (was nicht ganz stimmt, aber hier zulässig ist). Schließen wir die Zielformulierung nun ab. Es fehlt noch die zeitliche Komponente. Vermeiden Sie bitte außerdem die Formulierung „Ich möchte!" Also:

- *„Ich werde bis zum 31.05.20xy über ein passives Einkommen in Höhe von mindestens XY Euro monatlich verfügen!"*

Überlegen Sie sich nun zum Beispiel, wie es Ihnen dabei geht. Was hat es für Konsequenzen, wenn Sie Ihre monatlichen Fixkosten durch den Börsenhandel abdecken können? Was werden Sie dann tun? Wie werden Sie mit Ihrem Hauptberuf (aktives Einkommen) weiter verfahren? Welche Auswirkungen hat es auf Ihr tägliches Leben? Wie gut gefällt Ihnen das, was Sie sich gerade vorstellen?

Bitte schreiben Sie die Antworten auf diese Fragen auf. Es ist von großer Bedeutung, dass Sie die Antworten zu Papier bringen. Nur so bekommen diese eine entsprechende Bedeutung und Verbindlichkeit. Außerdem können Sie deren Anziehungskraft und Wirkung morgen wieder überprüfen, wenn Sie das Geschriebene erneut durchlesen. Vielleicht werden Sie das eine oder andere noch verändern, anpassen, ergänzen oder ersetzen. Übt dieser Ausblick eine starke positive Anziehungskraft auf Sie aus?

Auf einer Skala von 0 bis 100 Prozent: *„Diese Perspektive übt folgende Anziehungskraft auf mich aus:"*

0% ___ | ___ | ___ | ___ | ___ | ___ | ___ | ___ | ___ | ___ 100%

Die Anziehungskraft, die dieses Ziel auf Sie ausübt, ist entscheidend für alle drei Variablen der Erfolgsformel. Liegt die *Anziehungskraft* unter 80 Prozent, sollten Sie überlegen, ob das Ziel das richtige Ziel ist, ob Sie es richtig formuliert haben, ob Sie es für erreichbar und realistisch halten. Wille, Glaube und Konsequenz hängen in unserer Erfolgsformel sehr eng zusammen. Die Anziehungskraft (Lustgewinn) des Ziels hat damit Auswirkungen auf alle Variablen der Gleichung und damit auf den eigentlichen Erfolg selbst.
Formulieren Sie nun Ihr persönliches Ziel, das Sie mit Ihrer Börsentätigkeit verbinden.

Mein Ziel, das ich durch den aktiven Börsenhandel erreichen möchte:

_____

_____

_____

_____

_____

_____

_____

_____

Mein „Lustgewinn", sobald ich das Ziel erreicht habe:

_____

_____

_____

_____

_____

_____

_____

_____

_____

Die *Anziehungskraft*, die das Ziel auf mich ausübt, liegt bei:

0% ___|___|___|___|___|___|___|___|___|___ 100%

Die *Wahrscheinlichkeit*, dass ich dieses Ziel erreiche, liegt bei:

0% ___|___|___|___|___|___|___|___|___|___ 100%

Wenn auf der Skala ein Wert unter 60 Prozent steht: Was kann ich selbst tun, damit die Wahrscheinlichkeit deutlich steigt?

_____

_____

_____

_____

_____

_____

_____

_____
_____
_____

Wie hoch ist die Wahrscheinlichkeit *jetzt*, dass ich dieses Ziel erreiche?

0% ___|___|___|___|___|___|___|___|___|___ 100%

Was *werde* ich also konkret tun, um mein Ziel zu erreichen?

_____
_____
_____
_____
_____
_____
_____
_____
_____
_____

Verhaltensänderung: Welche Verhaltensänderungen werden mir helfen, mein Ziel zu erreichen?

_____
_____
_____
_____
_____
_____

_____

_____

_____

Damit haben Sie den ersten Schritt getan: Ihr persönliches Ziel systematisch formuliert und hinterfragt. Das Hinterfragen ist deshalb so wichtig, weil nur die entsprechende Anziehungskraft die Zielerreichung sicherstellt. Daran scheitern nämlich die meisten guten Vorsätze und gut gemeinten Ziele: Sie sind schnell formuliert, aber nicht zu Ende gedacht!

Ihre persönlichen Ziele üben dann eine unwiderstehliche Anziehungskraft auf Sie aus, wenn sie einen Sinn ergeben. Auch große Herausforderungen und Probleme, vor denen Sie in Ihrem Leben stehen, haben einen Sinn. Meist erkennen Sie den Sinn aber erst dann, wenn Sie die Probleme gemeistert haben.

Versuchen Sie jedoch, einen Sinn im jeweiligen Moment zu erkennen, so wird es Ihnen gelingen, Ihre Probleme sehr viel leichter zu lösen. Sobald Sie den wirklichen Sinn in Ihren Zielen erkennen, üben diese eine gewaltige Anziehungskraft auf Sie aus.

Wenn Menschen an einem Scheideweg stehen, halten sie oft verzweifelt und mit aller Kraft an der alten Situation fest. Es ist eine große Kunst und von großer Bedeutung, den Punkt zu erkennen, an dem losgelassen werden muss, und entsprechend zu handeln.

Solche (oft versteckten) Ängste, das Bekannte und Gewohnte loszulassen, sich neuen Dingen, neuen Techniken zu widmen, sich veränderten Rahmenbedingungen anzupassen, können aber fatale Folgen haben. Diese „Ängste" sind nämlich der häufigste Grund dafür, dass Menschen ihre Ziele nicht erreichen. Gerade für den engagierten Trader oder Investor ist Angst ein häufiger Begleiter, der massive mentale Effekte auslöst. Schauen wir, was die Hintergründe dafür sind und welche Lösungsansätze es gibt.

Ängste

Ängste spielen für den mentalen Erfolg eine ganz entscheidende Rolle, oder besser formuliert: die Art und Weise, wie wir mit diesen Ängsten umgehen. Zunächst lassen Sie uns aber den Begriff der Angst näher beleuchten.

In der Psychologie spricht man davon, dass Angst meist etwas sehr Diffuses ist. Ängste werden sogar immer wieder als Gesellschaftsphänomen bezeichnet. In einer Kultur, in der es kaum Armut, wenig echte Naturkatastrophen und hervorragende medizinische Versorgung gibt, in der nur selten ein Raubtier um die Ecke biegt und Leib und Leben direkt und real bedroht, werden Menschen immer öfter von Ängsten heimgesucht. Teilweise führt dies bis zu Panikattacken wegen irgendetwas, was die Betroffenen nur selten genau spezifizieren können. Ohne zu sehr ins Psychologische gehen zu wollen, sei eine kurze Definition genannt:

„Angst ist Angst vor nichts, Furcht ist Furcht vor etwas!"

Das heißt: Je präziser wir benennen können, wovor wir eigentlich Angst haben, umso mehr wird die Angst zur konkreten Furcht, gegen die wir entsprechende Schritte einleiten können. Dies sorgt aber oft wieder für Ängste, weil nicht jeder Mensch ohne psychologische Begleitung damit umgehen kann, sich all seinen Ängsten auf einmal zu stellen, sie konkret vor Augen zu haben und nun auch etwas unternehmen zu können (zu müssen!). Aber das ist gut so, denn die Angst wird konkret und damit bezwingbar. Etwas, das ich nicht kenne, kann ich nicht bezwingen.

Kommen wir wieder zurück zur Börse: Dort ist es elementar wichtig, sich mit Ängsten bewusst auseinanderzusetzen, denn sie steuern in Form von Glaubenssätzen unsere Misserfolgs- und Erfolgsmuster.

Je konkreter Sie als Börsenhändler wissen, wovor Sie sich letztendlich wirklich fürchten, desto mehr können Sie die auslösende Situation selbst beeinflussen und damit eigenständig etwas gegen Ihre Ängste unternehmen. Bleiben diese jedoch im Verborgenen, sind sie schwer beherrschbar, nehmen aber aus der Deckung umso stärker Einfluss auf Ihre tägliche Arbeit an den Märkten.

Also gilt es, Ängste bewusst zu machen! Setzen Sie sich aktiv und selbstkritisch damit auseinander, was Ihnen eigentlich Angst bereitet. Nehmen wir das Beispiel „Angst vor Verlusten". Was treibt Sie an, woher kommt diese Angst (nehmen Sie sich dazu bitte die Ergebnisse Ihres Antreibertests noch einmal vor)? Was passiert konkret, wenn Sie an der Börse Verluste verzeichnen? Zunächst schrumpft Ihr Depot, Sie stecken in einer Verlustserie fest, die länger ist als gewohnt, Sie erleben also einen Drawdown oder erleiden gar Ihr erstes Verlustjahr. Doch was bedeutet das für Sie? Armut, Obdachlosigkeit, Schande?

Im Ehrenkodex der Samurai, dem sogenannten Hagakure[47], spielt das Thema der Angst und des Umgangs mit Furcht eine entscheidende Rolle. Wenn ich mir meiner Ängste bewusst bin, mich ihnen gestellt habe und mir vor allem darüber im Klaren bin, was die schlimmstmögliche aller Konsequenzen aus dem Angst-Szenario sein könnte, verliert die Angst völlig ihre Kraft.

39 Das Hagakure (jap. wörtlich: Hinter den Blättern), auch als Ehrenkodex der Samurai bekannt, entstand zwischen 1710 und 1716 in Japan während der Edo-Periode. Das Hagakure hat im Westen unter anderem durch den 1999 produzierten Film „Ghost Dog: The Way of the Samurai" des US-Regisseurs Jim Jarmusch größere Bekanntheit erlangt.

Um wirkungsvoll mit Ängsten, die unseren Handel negativ beeinflussen, umgehen zu können, ist es also wichtig, sie bewusst zu machen und mit ihnen zu arbeiten. Bitte gehen Sie dafür nach einem System der vier Schritte vor:

1. **„Was ist das Schlimmstmögliche, was mir passieren kann?"**
   Wenn Sie sich die Angst im ersten Schritt bewusst gemacht haben (zum Beispiel die Angst vor Verlusten), stellen Sie sich diese Frage. Das sorgt dafür, dass Sie sich über die möglichen negativen Konsequenzen Ihres Handelns bewusst werden. Und sind Sie ehrlich mit den möglichen Szenarien.

   _____

   _____

   _____

   _____

   _____

   _____

2. **„Wie groß ist die Wahrscheinlichkeit in Prozent, dass dieses Szenario eintritt?"**
   Geben Sie sich auch darauf eine ganz ehrliche Antwort. Für wie groß halten Sie persönlich die Eintrittswahrscheinlichkeit des echten Worst-Case-Szenarios?

   _____ %

3. **„Was kann ich nun selbst und aus eigener Kraft dagegen tun, dass dieses Szenario eintritt?"**
   Hier ist es wichtig, dass Sie sich Aktivitäten aufschreiben, die Sie wirklich *selbst* setzen können, um das Szenario zu mildern.

Setzen Sie sich bitte hin und denken Sie über die besten Möglichkeiten aktiv nach. Schriftlichkeit ist wichtig, weil es Ihnen enorm helfen wird, die Dinge später auch konsequent umzusetzen.

Nutzen Sie für diesen wichtigen Prozess die Methode des sogenannten *Mindstormings* (wir sprechen im Anhang im Rahmen des 21-Tage-Mentalprogramms für Trader [„Der Plan"] noch ausführlich über diese Methode). Aber Achtung: Ein Mindstorming-Prozess erfordert Konsequenz. Denn es gilt die Formel 7x15, das heißt, dass Sie in den nächsten sieben Tagen jeden Tag 15 Antworten auf Ihre Frage finden und diese natürlich schriftlich festhalten. Die Antworten dürfen sich dabei nicht wiederholen, Sie können sie aber ergänzen oder vertiefen.

Wichtig dabei ist, dass Sie unter keinen Umständen weniger als 15 Antworten auf Ihre Frage akzeptieren, auch wenn es Sie noch so sehr fordert. Am besten machen Sie vor jedem Aufschreiben zehn bis 15 Minuten Alpha-2-Training, um einen noch besseren Zugang zu Ihrer Intuition und Kreativität zu bekommen.

„Meine konkreten Maßnahmen, die ich selber unternehmen kann, um gegen das schlimmstmögliche Szenario anzuarbeiten":

1. _____
   _____
   _____
   _____

2. _____
   _____
   _____

3. _____
   _____
   _____
   _____

4. _____
   _____
   _____
   _____

5. _____
   _____
   _____
   _____

6. _____
   _____
   _____
   _____

7. _____
   _____
   _____
   _____

8. _____
   _____
   _____
   _____

9. _____

_____

_____

_____

10. _____

_____

_____

_____

11. _____

_____

_____

_____

12. _____

_____

_____

_____

13. _____

_____

_____

_____

14. _____

_____

_____

_____

15. _____

_____

_____

_____

_____

4. „Wenn ich nun die oben genannten Maßnahmen eingeleitet
habe: Wie groß ist die Wahrscheinlichkeit dann noch, dass das
schlimmstmögliche Szenario eintritt?"

_____ %

Sie haben nun einen proaktiven Plan zur Bewältigung Ihrer Ängste
im aktiven Börsenhandel ausgearbeitet. Das ist der erste, wichtigste
Schritt. Nun gilt es, diese Maßnahmen in die Tat umzusetzen. Denken Sie dabei immer wieder an Ihre persönlichen Erkenntnisse aus
der Erfolgsformel

Erfolg = Wille x Glaube x Konsequenz.

Der Prozess kann sehr mühsam sein. Vor allem werden Sie beim
Mindstorming bemerken, dass Ihnen nach einigen ersten Antworten
das Pulver auszugehen scheint. Das ist aber nicht der Fall. Sie haben
nur die ersten Antworten genutzt, die Ihnen ohnehin immer wieder
einfallen, wenn es um ähnliche Themen geht.
Wenn Sie sich konsequent und aktiv mit diesen Lösungsalternativen
im Mindstorming auseinandersetzen, werden Sie bemerken, dass es
auch ganz neue, oftmals sehr einfache und naheliegende Lösungen
für Ihr Thema gibt. Oft stecken diese aber im Sockel des Eisbergs
verborgen und Sie müssen ein wenig graben, bis Sie diese Schätze
heben können.

Sie können die Technik des Mindstormings natürlich auch einsetzen, um selbst Wege und Lösungen für Ihre persönliche Zielerreichung zu finden. Hier kann die Technik nicht zuletzt auch deshalb sehr wirksam sein, weil Sie sich mit sehr positiven Dingen auseinandersetzen, die Sie wirklich anziehen. Das erleichtert die Konsequenz in der Umsetzung. Dennoch: Auch bei unserer Übung gegen Angst werden Sie bald feststellen, dass es gar *nicht mehr darum geht, Angst zu vermeiden, sondern andere, positive Dinge zu erreichen,* welche die Angst dann sehr bald entschwinden lassen.

Unterstützung bei der Zielerreichung

Arbeiten Sie beim Lösen Ihrer Ängste mit Affirmationssätzen (wir hatten die Technik der Affirmationssätze ja bereits ausführlich behandelt). Das heißt, wenn Sie Angst bemerken, heißen Sie sie willkommen. Und das geht tatsächlich so: „Willkommen Angst! Freut mich, dass ich dich erwische. Ich will jetzt mal was gegen dich tun!" Denn Angst ist Angst vor nichts. Die meisten unserer Ängste erweisen sich sehr bald als ziemlich gegenstandslos.

Wie viele Stunden haben wir schon damit verbracht, uns den Kopf über Dinge zu zerbrechen, die letztlich gar nicht oder längst nicht in der Heftigkeit eingetreten sind, wie wir befürchtet hatten? „Dieser Trade wird jetzt sicher gleich ausgestoppt. Mein Investment geht bestimmt den Bach runter, ich muss da raus, um jeden Preis." Oft kommt es dann aber doch ganz anders und sicher haben Sie das auch schon häufig erlebt. Warum tun wir uns aber so schwer damit, aus dieser Erkenntnis zu lernen?

Angst ist Angst vor nichts, Furcht ist Furcht vor etwas. Das heißt, sobald wir unsere Ängste konkretisieren und weiter analysieren – aus einer möglichst objektiven Vogelperspektive heraus –, sind sie schon weit weniger bedrohlich, weil wir feststellen, dass sie bei Tageslicht betrachtet ihren Schrecken verlieren. Unsere Ziele erreichen wir dann mit großer Sicherheit, wenn wir diese Ängste konkretisieren und uns ihnen mit konkreten Maßnahmen stellen.

Bevor wir nun zum Übungsteil „Der Plan" übergehen, lassen Sie uns im Nachwort ein kurzes Resümee zu diesem Buch ziehen.

Nachwort

Wir sind davon überzeugt, dass wir mit diesem Buch aufzeigen konnten, warum der (Börsen-)Erfolg im Kopf beginnt. Sie wissen nun auch über die zahlreichen Hintergründe und Hürden Bescheid, die uns so oft dabei im Weg stehen, unsere Träume – nicht nur an den Märkten – zu verwirklichen. Das Wissen um diese Zusammenhänge alleine reicht jedoch nicht, um nachhaltige Veränderungen herbeizuführen. Deswegen sind jetzt Sie gefordert, das Gelesene systematisch zu Ihrem Vorteil umzusetzen.

Als ich die ersten Börsenbücher las, dachte ich bei jedem Buch, dass sich mit dem Lesen alleine der Erfolg einstellen würde. Doch das gelang nicht mal bei wirklich guten Büchern, die ohnehin selten sind. So legte ich ein Exemplar nach dem anderen enttäuscht zur Seite, weil wieder nicht erklärt worden war, wie der Handel an den Märkten nun tatsächlich funktioniert. Die Suche nach der geheimen Börsen-Erfolgsformel blieb vergebens. Vorerst!

Und dann fing ich an, selbst Trading-Bücher zu schreiben, aber nicht, weil ich dachte, ich hätte den Schlüssel zum gelobten Land nun gefunden und wäre klüger oder besser als alle anderen. Nein, weil ich eben das Gegenteil zum Ausdruck bringen wollte, nämlich dass dieser Schlüssel – aus fachlicher Sicht – gar nicht existiert. Geschäftsschädigend? Nein – authentisch und aus dem echten (Trader-)Leben. Natürlich kam mir dabei zugute, dass ich einen exzellenten Coach – Andreas Fritsch – an meiner Seite hatte, der mich entsprechend beriet und mir neue Wege aufzeigte.

Ihnen sollte klar sein: Mit allen Fachbüchern, die Sie bisher gelesen haben und in Ihrem Leben noch lesen werden, können Sie nur dann erfolgreich werden, wenn Sie Ihren Teil dazu beitragen und sich einfach darauf einlassen. Weiterhin müssen Sie das vermittelte Wissen an Ihre Bedürfnisse adaptieren. Sie müssen lernen, zwischen den Zeilen zu lesen, und Sie werden verstehen, dass jedes Buch immer subjektiv gefärbt und aus der Sicht des Verfassers geschrieben ist. Es beinhaltet niemals alle Wahrheiten, nicht DIE Wahrheit und schon gar nicht Ihre Wahrheit.

Kein Fachbuch der Welt kann Ihnen beibringen, wie Sie ein Loch in die Wand bohren, niemand kann Ihnen erklären, wie Sie selbstbewusster werden, wie Sie ein Haus bauen oder wie Sie beim anderen Geschlecht besser ankommen – wenn Sie nicht aktiv werden und die Dinge anpacken. Wir Autoren können Sie nur – wenn wir unsere Sache gut gemacht haben – in die Theorie einweisen und Ihnen einige Tipps und Tricks verraten. Und genauso ist dieses Buch zu verstehen. Es wird Ihnen als Arbeitsunterlage und Leitfaden dienen, sich zu einem erfolgreichen Börsenhändler zu entwickeln, sofern Sie unsere Hilfe annehmen, aktiv mitmachen und die Erfolgsformel Erfolg = Wille X Glaube x Konsequenz immer wieder anwenden.

Es wurden Ihnen Werkzeuge und Methoden präsentiert, Ihr Denken neu auszurichten, damit Sie den richtigen Weg von nun an alleine einschlagen können. Und wir haben Ihnen die Ausrüstung an die Hand gegeben, ihre Funktion erklärt und Ihnen einen Plan mitgegeben, der Sie an Ihr Ziel bringen wird. Ihre Reise – die mit dem berühmten ersten Schritt beginnt – fängt nun erst so richtig an.

Wir glauben, unser Wissen, unsere Energie und viele unserer (guten wie schlechten) Erfahrungen zwischen diesen Buchdeckeln wiedergegeben zu haben. Jetzt spielen wir Ihnen den Ball zu und freuen uns mit Ihnen, wenn auch Sie nun alles geben und Ihre Ziele erreichen, Ihre Wünsche in die Tat umsetzen und Zufriedenheit erlangen. Alles Gute: für Ihren Erfolg, für Ihr Leben, für Ihr Glück – was auch immer Sie darunter verstehen mögen.

Thomas Vittner und Andreas Fritsch

Der Plan

Das 21-Tage-Programm für aktive Börsenhändler

Wir kommen nun zu den versprochenen Übungen, die sehr viel von den bereits erwähnten Techniken aufgreifen. Sie werden Ihnen die Möglichkeit geben, selbst und ohne Anleitung durch einen Trainer oder Coach ein 21-Tage-Programm zu absolvieren, das Ihnen ganz entscheidend weiterhelfen wird bei der Steigerung Ihrer Konzentrationsfähigkeit, Ihrer Gelassenheit, Ihrer Kreativität und Ihrer Intuition. Es wird – so hoffen wir – Ihren Erfolg bei der Erreichung Ihrer Ziele befördern.

Diese Verbesserungen Ihrer mentalen Stärke können eine echte Geheimwaffe für Sie als Börsianer werden. In aller Regel setzen nur zehn Prozent aller Leser guter Ratgeber die empfohlenen Methoden konsequent um. So wird es auch hier sein. Wir freuen uns, wenn Sie zu diesen zehn Prozent gehören und sich über den Ausbau Ihrer mentalen Stärke diesen echten Wettbewerbsvorteil verschaffen.

Sie werden schon sehr bald erste Erfolge feststellen, wenn Sie sich diesen Plan wirklich konsequent vornehmen und ihn umsetzen, auch wenn es vielleicht nicht immer Spaß macht und auch wenn sich Ihnen der Sinn der einen oder anderen Übung nicht sofort erschließt. Ziehen Sie es durch, bleiben Sie konsequent dran und reihen Sie sich auf der mentalen Ebene in die Liga der besten Spitzensportler ein. Konsequentes Training macht Sie an den Märkten erfolgreicher!

Unser Programm baut auf dem am Coaching Institut für Führungskräfte in Wien von *Ferry Fischer* speziell für Manager und Spitzensportler entwickelten *InnerStrength-Programm* auf. Wir haben es mit freundlicher Genehmigung von Ferry Fischer überarbeitet und an die Bedürfnisse von Tradern und Investoren angepasst. Hier der QR-Code zur CD zum Programm mit gesprochener Anleitung zum Alpha-2-Training.

Einige Tipps zum Handling und zum Ablauf Ihres 21-Tage-Programms: So funktioniert es, so bringt es mit 100-prozentiger Garantie die erwünschte Wirkung!

- Planen Sie jeden Tag zehn Minuten für einen Teil des 21-Tage-Programms ein.
- Wenn Sie es nicht schaffen, wirklich an 21 aufeinanderfolgenden Tagen am Programm zu arbeiten, ist das nicht schlimm. Es können zwischen den Übungen auch mal zwei oder drei Tage liegen. Versuchen Sie nur, das Programm wirklich am Stück durchzuziehen. Diese Konsequenz und diese Regelmäßigkeit machen den Erfolg des Programms aus.
- Am besten reservieren Sie sich die 21 Tage direkt in Ihrem Terminkalender. Viele Klienten, die mit diesem Programm gearbeitet haben, haben berichtet, dass Sie die kleine Übung jeden Morgen in aller Frühe (vor dem Frühstück, bevor die Kinder aufstehen und noch bevor die Zähne geputzt sind) als Ritual in ihren Tagesablauf eingebaut haben. Die ersten Tage war das schwer, gegen Ende waren Sie traurig, dass nur noch wenige Programmpunkte übrig waren.
- Suchen Sie sich dafür einen ruhigen, störungsfreien Ort und ein Umfeld, das Ihnen liegt.
- Schaffen Sie sich ein schönes Tagebuch an (irgendein festes, einigermaßen edles in DINA5, am besten kariert oder liniert).
- Notieren Sie in diesem Tagebuch Resultate, Ergebnisse, Veränderungen, Erfolge, aber auch Punkte, an denen Sie stecken geblieben sind, Hürden, Rückschläge, Hindernisse (wie Sie am besten damit umgehen, lernen Sie im Laufe des Programms). Vielleicht wird dieses Tagebuch für Sie auch über das Programm hinaus ein wertvoller Begleiter zur Rückschau, Betrachtung und Analyse von Verhaltensweisen, Fehlern, Ursachen und Wirkungen!

- Nehmen Sie das Alpha-2-Training – wie erwähnt – mit dem Handy/Smartphone auf, um zu Beginn Unterstützung zu haben. Das muss natürlich nicht sein, hilft aber sehr. Alleine durch das Aufnehmen entstehen die ersten Lerneffekte. Sprechen Sie dabei langsam und ruhig, sodass die Aufnahme beim Abspielen die Entspannung unterstützt. Sie können auch einen freundlichen Menschen mit angenehmer Stimme bitten, das für Sie zu tun, oder nutzen Sie die CD von Ferry Fischer.

Die größten Erfolge erzielen Sie durch Konsequenz und Regelmäßigkeit – wie so oft im Leben. Auch wenn es am Anfang nicht immer leichtfällt: Geben Sie sich einen Ruck. Arbeiten Sie mit dieser vielleicht auf den ersten Blick ungewöhnlichen Methode. Nutzen Sie Dinge, die Ihnen nützen. Wenn Sie andere Ziele erreichen wollen als die, die Sie bisher erreicht haben, müssen Sie auch andere Methoden anwenden.

Wir stellen gerade bei sehr logisch denkenden Menschen (und dazu zählen Börsenhändler ganz bestimmt) immer wieder gewisse Widerstände gegenüber Mentaltechniken fest. Diejenigen, die sich schließlich aber doch dafür öffnen, erzielen meist großartige Resultate. Denn Logik, Struktur, System (die linke Gehirnhälfte), kombiniert mit Themen, die eher der rechten Gehirnhälfte entspringen, eröffnen Ihnen völlig neue Aspekte für Ihre Arbeit an den Märkten und machen Sie unschlagbar – wenn Sie wirklich wollen. Und wenn Sie konsequent daran arbeiten!

Viele meiner – meistens, wie ich selbst, sehr logiklastigen – Klienten geben mir immer wieder das Feedback: „Es hat mir wirklich geholfen, mich diesen Themen zu öffnen und sie für mich nutzbringend einzusetzen! Wäre ich nur früher darauf gekommen!"

1. Tag: Eine Einführung

Die sechs Faktoren persönlicher Spitzenleistung:

1. Ein starker und gesunder Körper
2. Gutes Energiemanagement (Balance)
3. Technische und fachliche Fähigkeiten, um das Vorhaben auszuführen
4. Taktische Fähigkeiten (das Richtige zum richtigen Zeitpunkt)
5. Das Umfeld
6. Die mentale Stärke als das Steuerungsprogramm der übrigen fünf

Hilfreich dafür, Ihre mentale Stärke als Börsenhändler wirklich zu optimieren, ist es, Ihr tägliches Ritual festzulegen, am besten – wie gesagt – immer zur gleichen Zeit, die Sie sich in Ihrem Terminkalender jetzt direkt reservieren! Schreiben Sie unbedingt Ihren persönlichen Nutzen auf, der Ihnen durch die Durchführung dieses Trader-Programms entsteht. Das gibt Ihnen die Motivation, alle 21 Tage des Trader-Mentalprogramms auch wirklich durchzuhalten. Stellen Sie sich dazu in Ihrer Phantasie vor, wie Ihr Umfeld darauf reagieren wird, dass Sie bald mental deutlich stärker sein werden. Legen Sie sich daher als Erstes Ihr persönliches Mental-Tagebuch an, das Sie in den nächsten 21 Tagen – und gerne auch danach – begleiten wird. Ihre Erfahrungen, die Sie im Verlauf des Trader-Programms machen werden, sind wertvoll und sollten unbedingt festgehalten werden, damit Sie in Zukunft mit Ihren Erfahrungen und den Wirkungen experimentieren können.

Aufgaben:

1. Legen Sie als Erstes Ihr Tagebuch an.

2. Legen Sie Ihr tägliches Ritual für die Durchführung Ihrer Aufgaben in Ihrem Terminkalender fest. Definieren Sie das WANN, WIE und WO außerdem schriftlich in Ihrem Tagebuch.

3. Überlegen Sie sich Ihren persönlichen Nutzen, der durch die Verbesserung Ihrer mentalen Stärke entsteht. Schreiben Sie sich diesen Nutzen in Ihrem Tagebuch auf.

2. Tag: Das Alpha-2-Training

Das Alpha-2-Training stellt die Grundlage für alle Ihre Trader-Mentaltechniken dar. Es bringt das Gehirn in Alpha-Schwingungen, in denen ein gesteuerter Zugang zum Unterbewusstsein möglich wird. Dadurch bekommen wir die Gelegenheit einer gewissen inneren Programmierung. Durch die konsequente Anwendung des Alpha-2-Trainings erreichen Sie muskuläre Tiefenentspannung und Beruhigung der Gedanken, verbunden mit einer Senkung von Blutdruck und Ruhepuls. Dadurch setzen Sie Energien frei, die Sie für die Trader-Mentaltechniken nutzen können.

Führen Sie jede der folgenden Übungen dreimal durch:
1. Arme entspannen, die Zahlen 1-2-3 vorstellen, loslassen.
2. „Mein Bauch atmet mich."
3. „Ich bin ganz erfüllt von der Farbe Blau."
4. „Mein Kopf ist hell und klar."

Aufgaben:
1. Führen Sie das Alpha-2-Training durch.
2. Stellen Sie sich in entspanntem Zustand Ihren persönlichen Nutzen durch das Trader-Mentalprogramm vor.
3. Führen Sie Tagebuch.

3. Tag: Konzentration

Durch die Fähigkeit zur Konzentration können Sie all Ihre Aufmerksamkeit auf einen Gedanken, eine Sache, eine Aufgabe, ein Projekt, einen Trade lenken. Energie folgt der Aufmerksamkcit. Damit bündeln Sie Ihr Energiepotenzial, ohne es zu zerstreuen. Ein optimales Zeitmanagement und eine gute Trennung zwischen Dringendem und Wichtigen, weniger Dringendem und weniger Wichtigem wird die Folge sein. Folgende Übungen helfen Ihnen nun dabei, Ihre Konzentrationsfähigkeit zu steigern, was Ihnen beim aktiven Börsenhandel sehr behilflich sein wird:

- Einen Punkt so lange aufmerksam und voll konzentriert zu betrachten, wie Sie es schaffen.
- Eine brennende Kerze auf Augenhöhe in einem Meter Entfernung betrachten, dann die Augen schließen und für eine Weile die Flamme visualisieren.
- Ganz bewusst und mit vollster Aufmerksamkeit Alltagstätigkeiten verrichtcn: bewusst essen, gehen, Zähne putzen (als gäbe es im Moment nichts anderes auf der Welt).
- Eine Seite eines Buches verkehrt herum lesen.
- Mit der nicht dominanten Hand schreiben.
- Mit einer Kette oder einer Schnur, an der ein Gegenstand hängt (zum Beispiel ein kleiner Stein, ein Ring oder Ähnliches), pendeln (vor und zurück, links und rechts, im Uhrzeigersinn, gegen den Uhrzeigersinn).

Aufgaben:

1. Führen Sie das Alpha-2-Training durch.
2. Pendeln Sie, mindestens fünf Minuten lang.
3. Punkt- oder Kerzenfixierung (ganz wie Sie wollen), fünf Minuten lang
4. Führen Sie Ihr Tagebuch.

4. Tag: Bewusstsein – Unterbewusstsein

Definition des *Bewusstseins*: Die kleine Spitze des Eisbergs, der „Chef", der dynamisch Ziele vorgibt, der steuert, der seinerseits vom Unterbewusstsein gesteuert wird, der es aber auch proaktiv programmieren und korrigieren kann. Definition des *Unterbewusstseins*: Der große Sockel des Eisbergs, der „Archivar", der Wissen und Erfahrungen (Muster) als Erinnerungen speichert und sie unwillentlich durch Auslöser von außen „zur Verfügung stellt". Auch Emotionen werden hier verwaltet. Das Unterbewusstsein beeinflusst das Bewusstsein nach dem Muster „Schmerzvermeidung und Lustgewinn".

Aufgaben:

1. Analyse
   a. Schreiben Sie drei persönliche Erfolge der Vergangenheit auf.
   b. Schreiben Sie drei persönliche Misserfolge der Vergangenheit auf.
   c. Analysieren Sie schriftlich, in welcher Weise Sie dabei „Lust gewonnen" und/oder „Schmerz vermieden" haben.
   d. Besprechen Sie die Analyse mit einem vertrauten Menschen.
2. Alpha-2-Training
3. Konzentrationsübung: Kerzen- oder Punktfixierung (fünf Minuten)
4. Tagebuch

5. Tag: Das Alpha-2-Training kurz mit Anker

Anker bedeutet: Verankerung oder Abspeichern von Bewusstseins-
zuständen durch einen bestimmten Reiz von außen (zum Beispiel
Daumen, Zeige- und Mittelfinger der linken Hand unter leichtem
Druck zusammenführen). Zu erklären ist das Funktionieren dieses
Ankers über den sogenannten „Bedingten Reflex" nach Pawlow[48]. Ein
Anker kann dazu dienen, das Unterbewusstsein zu „programmieren".
Er dient dazu, den Entspannungszustand aus dem Alpha-2-Training
oder dem Zazen-Sitzen rasch und in unterschiedlichen Situationen
„abzurufen".

Den Anker setzen Sie im idealen Zustand, den Sie sich „speichern"
möchten. Sie lösen ihn in dem Moment aus, in dem der ideale Zustand erwünscht wird und wieder „abgerufen" werden soll.

Verkürztes Alpha-2-Training: Jede Übung nur noch einmal durchführen. Die Dauer der gesamten Übung sollte schrittweise verkürzt
werden: von fünf Minuten auf unter eine Minute.

Aufgaben:

1. Alpha-2-Training in der Normalversion, dabei Ihren Anker im
   idealen Entspannungszustand setzen (zum Beispiel 3-Finger-
   Technik)
2. Anker auslösen und Alpha-2-Training in der Kurzversion üben;
   im idealen Entspannungszustand erneut den Anker setzen
3. Konzentrationsübung: Kerzen- oder Punktfixierung (fünf Minuten)
4. Tagebuch

---

[48] Wikipedia: „Klassische Konditionierung ist eine von dem russischen Physiologen Iwan Petrowitsch Pawlow begründete behavioristische Lerntheorie, die besagt, dass einem natürlichen, meist
angeborenen, sogenannten unbedingten Reflex durch Lernen ein neuer, bedingter Reflex hinzugefügt werden kann. Die Annahmen und Techniken des klassischen Konditionierens können auch
angewendet werden, um Ängste, Zwangshandlungen oder angstähnliche Symptome zu behandeln."

6. Tag: Ziele

Aus einem sehr gut definierten Ziel kann eine permanente Eigenmotivation entstehen. Das ist gerade an der Börse wichtig. Erfolgreiche Spitzensportler und Top-Trader beweisen das täglich. Energie folgt der Aufmerksamkeit. Wichtig beim Formulieren Ihres persönlichen Ziels ist die Schriftlichkeit. Sie bringt die Dinge auf den Punkt und schafft damit Klarheit. Folgende Punkte sind bei der Zieldefinition zu berücksichtigen:

1. Das Ziel muss das gewünschte Verhalten, das Bild des erfüllten Wunsches in Ihrem Kopf erzeugen.
2. Sie selbst müssen in der Lage sein, den entscheidenden Beitrag zur Erreichung Ihres Ziels aus eigener Kraft zu erbringen (auch, wenn dies mit einigem Aufwand verbunden sein mag).
3. Machen Sie sich die positiven Ergebnisse durch die Zielerreichung bewusst. Wie können Sie messen, dass Sie auf dem richtigen Weg sind? Die positiven Ergebnisse lösen bei Ihnen positive Emotionen aus.
4. Legen Sie Ihre konkreten ersten Schritte in Richtung Ihres Ziels fest.
5. Legen Sie fest, welche Einstellungs- und Verhaltensänderungen Sie ab sofort zur Erreichung Ihres Ziels umsetzen werden.

Je öfter Sie Ihre Ziele nach diesem Schema definieren, umso besser und umso wirkungsvoller. Mindestens einmal pro Woche sollten Sie Ihre Ziele betrachten und bei Bedarf überarbeiten. Am besten schreiben Sie Ihre Ziele auf PostIts, die Sie überall dort in Ihrem Alltag platzieren, wo Sie oft „drüberstolpern" (zum Beispiel an Ihren Trading-Arbeitsplatz). Oder schreiben Sie Ihr Ziel mit (abwaschbarem!) Boardmarker an den Badezimmerspiegel.

Aufgaben:

1. Definieren Sie schriftlich und ausführlich ein Ziel im Einklang mit den fünf Punkten (Sie werden es in den nächsten Tagen immer wieder brauchen).

2. Machen Sie das Alpha-2-Training in der Kurz- oder Langversion oder Ihr Zazen-Sitzen für fünf Minuten.

3. Führen Sie Tagebuch.

7. Tag: Die Erfolgsformel

Erfolg = Wille x Glaube x Konsequenz

Wille = bewusster, gestalterischer Akt, der das Ziel definiert, die Richtung vorgibt und aus eigenem Antrieb entsteht. Ein Ziel müssen Sie wirklich WOLLEN, um es auch wirklich zu erreichen.

Glaube = innere Resonanzfähigkeit; entsteht im Unterbewusstsein und setzt die Grenzen des persönlich und individuell Machbaren fest. Überprüfbar durch das Spüren der Begeisterung (positive Emotionen) für eine bestimmte Sache oder ein Ziel. Sie müssen wirklich an Ihr Ziel glauben, um es auch wirklich zu erreichen.

Konsequenz = am Ziel arbeiten und durchhalten auch bei großem inneren und äußeren Gegenwind – innerer und äußerer Schweinehund (solange das Ziel noch stimmt). Gefährlich sind hier die Fallen aus dem Unterbewusstsein (die uns zurück in die Komfortzone locken, die uns Lustgewinn durch die Nichterreichung unseres Ziels versprechen, die uns mit negativen Elternbotschaften ablenken).

Sobald nur eine der Variablen der Erfolgsformel gleich null ist, wird auch das Ergebnis – der Erfolg – gleich null sein. Daher ist es sehr wichtig, immer den schwächsten Bereich als Erstes zu stärken. Und denken Sie daran: Die drei Faktoren Wille, Glaube und Konsequenz bedingen sich gegenseitig. Sie entwickeln eine Eigendynamik – in jede Richtung!

Aufgaben:

1. Das Ziel von gestern anhand der Erfolgsformel auf „innere" Plausibilität überprüfen. Sind alle drei Faktoren wirklich stark ausgeprägt? Wenn nein: Überarbeiten Sie Ihr Ziel oder definieren Sie es neu, bis die drei Faktoren stimmen!

2. Alpha-2-Training kurz oder lang. Alternativ: Zazen-Sitzen (immer mit offenen Augen).

3. Fünf Minuten die Kerzenkonzentration mit innerer Vorstellung der Flamme üben.

4. Tagebuch mit allen Gedanken über die Erfolgsformel.

8. Tag: Mindstorming

Die Antwort auf Ihre Fragen, die Lösung Ihrer Probleme steckt bereits in Ihnen. Holen Sie sie raus! Das Geheimnis dazu liegt in der Formel 7 x 15. Konkret bedeutet das, dass Sie sich sieben Tage lang täglich 15 Antworten auf eine bestimmte Frage überlegen und diese 15 Antworten schriftlich festhalten. Das tun Sie bitte unbedingt jeden Tag in einer durchgängigen und ungestörten „Sitzung". Die Antworten dürfen sich nicht wiederholen, aber sie dürfen vertieft oder ergänzt werden. Wichtig dabei ist, dass Sie unter keinen Umständen weniger als 15 Antworten pro Tag auf diese eine Frage akzeptieren sollten, auch oder gerade wenn es richtig anstrengend für Sie wird.

Aufgaben:

1. Alpha-2-Training kurz oder lang mit Anker (alternativ Zazen-Sitzen)

2. Fünf Minuten die Kerzenkonzentration mit der inneren Vorstellung der Flamme

3. Mindstorming mit der Frage „Was kann ich aus eigenen Kraft tun, um mein Ziel ... (Ihr Ziel vom sechsten Tag) zu erreichen?" Mindestens 15 Antworten.

4. Tagebuch führen

9. Tag: Mentales Erleben

Gehen Sie mit allen Sinnen in die Energie Ihres erfüllten Wunsches. Durch die mentale Vorstellungskraft wird eine innere Realität erschaffen, die sich dann in der Außenwelt verwirklichen wird. Das innere Erleben sollte realisierbar sein.

Zwei Möglichkeiten der Anwendung:

1. Ein Ziel
2. oder den Weg zum diesem Ziel mental vor-erleben oder um-erleben.

Bei Schwierigkeiten mit der inneren Vorstellung hilft das hörbare Mitsprechen des inneren Erlebens.

Zwei Arten des Mentalen Erlebens:

1. Aus der Innensicht (aus dem eigenen Blickwinkel heraus) oder
2. aus der Außensicht (wie mit einer Kamera aufgenommen).

Mentales Erleben kann auch in Zeitlupe oder etwa rückwärts ablaufend vorgestellt werden. Durch Mentales Erleben entsteht ein Sog zum Erfolg anstatt eines Drucks!

Aufgaben:
1. 2. Tag des Mindstormings: 15 neue Antworten auf dieselbe Frage
2. Alpha-2-Training Kurzversion
3. „Sog statt Druck"-Übung (Beschreibung direkt im Anschluss an den 21. Tag. Bitte jetzt lesen.)
4. Tagebuch

10. Tag: Gedankendisziplin

Gedanken sind Energie, die die Tendenz hat, sich zu verwirklichen. Alles, was der Mensch je geschaffen hat, war zuerst Gedanke. Daher ist für Börsianer die persönliche Gedankenhygiene besonders wichtig. Ausschließlich Ihre Gedanken entscheiden, ob etwas positiv oder negativ ist. Pflegen Sie aus diesem Grund nicht nur Ihren Körper sondern auch Ihre Gedanken.

Dazu ein praktischer Vorschlag: Wenn Sie etwas Negatives sagen, eine bestimmte Situation, einen bestimmten Trade negativ bewerten, dann halten Sie kurz inne und sagen Sie sich das Wort „Korrigiere" vor, suchen den positiven Aspekt der Situation und sprechen ihn danach auch aus. Das ist oft alles andere als einfach. Probieren Sie es zuerst anhand von einfachen Alltagsdingen.

Aufgaben:

1. Das Alpha-2-Training in der Kurzversion
2. 3. Tag des Mindstorming: 15 neue Antworten auf dieselbe Frage
3. „Sog statt Druck"-Übung (siehe wieder am Ende des Programms)
4. Versuchen Sie, die nächsten 24 Stunden ausschließlich positiv gestimmt zu bleiben (vor Beginn der 24 Stunden zehn Minuten darauf einstimmen) – eine echte Herausforderung. Holen Sie sich nach den 24 Stunden Feedback aus Ihrer Umgebung.
5. Tagebuch führen mit den Vorkommnissen der 24 Stunden

11. Tag: „Willkommen"

Dieses Wort ist eine Unterstützung der Gedankendisziplin. Es kann negative Stimmungen rasch in positive umwandeln. Es hilft, die Ausgangsposition zu akzeptieren. Daher ist dieses Wort das Fundament des mentalen Trainings. Sie können nur verändern, was Sie zuvor akzeptiert haben (mit dem Kopf und mit dem Herz).

Üben Sie diese Technik dadurch, dass Sie Feedback annehmen ohne Kommentar, ohne „Wenn und Aber". Erkennen Sie ein Problem an als das, was es ist: Es ist da, um von Ihnen gelöst zu werden. Durch die Anwendung des Wortes „Willkommen" verändern Sie Ihre Rolle. Sie wechseln von der Position des Opfers in die Position des Gestalters. Führen Sie sich vor Augen: „Du kannst nicht immer bestimmten, was dir widerfährt. Du kannst aber immer bestimmen, wie du damit umgehst!"

Aufgaben:

1. Heißen Sie alles, was Ihnen in den nächsten 24 Stunden passiert, ganz bewusst willkommen. Erleben Sie sich dabei bewusst. Wie geht es Ihnen?
2. Tragen Sie alle Erlebnisse in Ihr Tagebuch ein.
3. Machen Sie das Alpha-2-Training in der Kurzversion.
4. „Mentales Erleben": eine (Sport-)Technik aus der Innen- und Außensicht (Bitte lesen Sie die Beschreibung dieser Übung *jetzt*. Sie finden diese – wie bereits die „Sog statt Druck"-Übung – im Anschluss an den 21. Tag.)

12. Tag: Glaubenssätze

Glaubenssätze haben wir bereits im Hauptteil des Buches intensiv besprochen. Sie sitzen meist tief verankert im Unterbewusstsein und stammen aus prägenden Phasen (meist aus der Kindheit). Daher haben Sie mit der heutigen Realität oft nur noch sehr wenig zu tun, schaffen aber dennoch Tatsachen. „Die sich selbst erfüllende Prophezeiung" zum Beispiel kommt an den Märkten immer wieder vor.

Glaubenssätze können wir aufspüren durch:

1. Feedback (dadurch wird unser „Blinder Fleck" beleuchtet)
2. Tests
3. genaue Selbstbeobachtung

Das Unterbewusstsein führt den Glaubenssatz so lange aus, bis wir ihn uns selbst bewusst machen (meist im besprochenen „Erwachsenen-Ich"). Das Bewusstsein kann ihn nun umformen und einen neuen, überlagernden Glaubenssatz ins Unterbewusstsein einspeichern, der uns hilft und uns nicht weiter blockiert.

Aufgaben:

1. Erleben Sie alles mental um, was in den letzten 24 Stunden nicht optimal gelaufen ist (erneut Übung „Mentales Erleben", deren Beschreibung Sie im Anschluss an den 21. Tag finden).

2. Finden Sie in den nächsten 24 Stunden möglichst viele Glaubenssätze heraus, nach denen Sie sich verhalten oder nach denen Sie handeln (durch Selbstbeobachtung oder durch Feedback). Analysieren Sie, ob die gefundenen Glaubenssätze Ihr Ziel vom 6. Tag unterstützen oder eher sabotieren.

3. Schreiben Sie die Glaubenssätze und Ihre sonstigen Erkenntnisse ins Tagebuch.

4. Machen Sie das Alpha-2-Training in der Kurzversion.

5. Konzentrationsübung: Lesen Sie bitte zwei Seiten eines Buches, das Sie verkehrt herum halten.

13. Tag: Affirmationssatz

Der Affirmationssatz: Ihr bester Freund und Ihr stärkster Unterstützer auf dem Weg zu Ihrem persönlichen Ziel! Worte erzeugen innere Bilder und versorgen daher sowohl den WILLEN als auch den GLAUBEN mit Energie. Ein guter Affirmationssatz wird zum Wegbegleiter, der Ihnen hilft, in Bewegung zu bleiben und so manches Hindernis leichter zu meistern. Wichtig ist dabei die ständige Wiederholung. Affirmationssätze sollten nach folgender Formel aufgebaut sein, um wirklich zu wirken:

- Positiv formuliert, sodass dadurch das Bild des erfüllten Wunsches entstehen kann
- In der Ich-Form geschrieben, sodass der Bezug zu Ihnen selbst absolut klar ist
- In der Gegenwart oder als Entwicklungsform formuliert (zum Beispiel „Etwas wird mit jedem Tag immer besser und besser")
- kurz, bündig, konkret

Beachten Sie dabei: Schreiben Sie den Satz auf ein PostIt, auf Ihren Spiegel, als wiederkehrenden „Termin" in Ihren Terminkalender, in Ihr Smartphone oder Handy. Verwenden Sie immer nur eine Affirmation zugleich, da sich sonst die Energie teilt.

Aufgaben:

1. Affirmationssatz finden (zum Beispiel einen, der einen identifizierten Glaubenssatz positiv korrigiert), auf ein PostIt schreiben und im Alltag gut sichtbar positionieren (oder Spiegel, Kalender, Smartphone ...)

2. Zehn Minuten den Affirmationssatz aus 1. immer wieder vorsagen und in den nächsten 24 Stunden so oft wie möglich wiederholen

3. Tagebuch führen

4. Konzentrationsübung

5. Alpha-2-Training Kurzversion oder fünf Minuten Zazen-Sitzen

14. Tag: Anker

Anker werden – wie besprochen – im Idealzustand gesetzt (zum Beispiel wenn ein Spekulationsgeschäft sehr erfolgreich verlaufen und dies mit positiven Emotionen verbunden ist). Das Auslösen des Ankers stellt sofort (wie beim Pawlow'schen Hund) die Verbindung zur Erinnerung an den Idealzustand im Unterbewusstsein her.

Arten von Ankern:
- Berührung (zum Beispiel ins Ohrläppchen zwicken, drei Finger zusammenführen)
- Gerüche (zum Beispiel Parfüm, Duftöl und Ähnliches)
- Erinnerung (zum Beispiel an eine persönliche Spitzenleistung)
- Visualisierung (zum Beispiel durch ein bestimmtes Bild, ein Symbol, einen Gegenstand, eine Farbe)

Der Anker sollte immer stufenweise eingeführt werden. Zuerst wenden Sie ihn in einer entspannten, stressfreien Situation an. Dann können Sie die Anwendung immer weiter steigern und den Anker in schwierigen Situationen (bestimmte Trades, Besprechungen, Verhandlungen) bis hin zu Wettkämpfen oder beruflichen und persönlichen Bewährungsproben verwenden.

Aufgaben:

1. Finden Sie einen Anker für das mentale Erleben des 9. Tages und üben Sie damit.

2. Finden Sie einen Anker für den Affirmationssatz des 13. Tages. Sagen Sie sich diesen Affirmationssatz fünf Minuten lang vor und setzen Sie jedes Mal Ihren persönlichen Anker, wenn Sie den Satz stark wahrnehmen.

3. Tragen Sie in Ihrem Tagebuch ein, wo und wie Sie den Anker konkret anwenden können.

4. Machen Sie das Alpha-2-Training in der Kurzversion oder alternativ fünf Minuten Zazen-Sitzen.

15. Tag: Ängste

Durch Angst wird die Energie auf das Bild des Misserfolgs gelenkt, der sich dann auch mit großer Wahrscheinlichkeit einstellen wird. Ängste haben sehr viel mit unseren Glaubenssätzen zu tun. Ängste machen auf Gefahren aufmerksam. Sie können aber auch bremsen, lähmen, verhindern. Ängsten steuern wir am besten durch Entspannungstechniken (wie das Alpha-2-Training oder das Zazen-Sitzen) gegen (erzeugen eine gute Gedankenleere), durch mentales Erleben (das so stark ist, dass ängstliche Gedanken keinen Platz mehr haben), durch Affirmationssätze und durch das Auslösen entsprechender Anker. Auch bei Angst gilt: zuerst „willkommen" heißen und dann um-erleben.

Eine Angstlösungstechnik:
- Schreiben Sie Ihre Angst auf und formulieren Sie, was im allerschlimmsten Fall passiert, wenn das, wovor Sie Angst haben, tatsächlich eintritt.
- Bewerten Sie, wie hoch die prozentuale Wahrscheinlichkeit ist, dass das, wovor Sie sich ängstigen, tatsächlich auch eintritt (zwischen 0 und 100 Prozent).
- Definieren Sie schriftlich Gegenmaßnahmen, die Sie selbst einleiten können, damit das, wovor Sie Angst haben, nicht eintritt.
- Bewerten Sie nun erneut die Wahrscheinlichkeit, dass das, wovor Sie ursprünglich Angst hatten, bei der Anwendung Ihrer persönlichen Gegenmaßnahmen noch eintreten kann (von 0 bis 100 Prozent).

Aufgaben:

1. Führen Sie die Angstlösetechnik schriftlich durch. Wenn Sie keine „echte" Angst finden, dann nehmen Sie eine Situation, vor der Sie sich fürchten (um möglichst viele Gegenmaßnahmen zu finden, können Sie auch ein Mindstorming durchführen).

2. Finden Sie einen entsprechenden Affirmationssatz, um die Gegenmaßnahmen zu unterstützen.

3. Führen Sie Tagebuch.

16. Tag: Reden, Konflikt

Reden befreit. Durch das Sprechen kommen Sie immer mehr in die Tiefe, Sie selbst holen Lösungen aus dem Unterbewusstsein an die Oberfläche. Das liegt unter anderem auch daran, dass das menschliche Sprachzentrum in der linken Gehirnhälfte sitzt und wir diese – in der auch die Logik, das Problemlösen und Kombinieren, die Orientierung und die Aufmerksamkeit angesiedelt sind – durch Sprechen aktivieren und damit neue Lösungsansätze entwickeln. Die Dinge, über die wir sprechen, kommen also ins Bewusstsein, werden neu beleuchtet und bewertet und dann wieder ins Unterbewusstsein eingespeichert.

Wichtig ist dabei, sich selbst die richtige Frage zu stellen. Durch Reden verlieren Ängste ihre Unberechenbarkeit, ihren Schrecken. Konflikte, die echte „Energievampire" sind und die mentale Konstitution unter Umständen erheblich schwächen, können sich auflösen.

Eine Konfliktlösungsstrategie:

- Überlegen Sie sich Ihren eigenen Anteil am Konflikt. Was haben Sie dazu beigetragen, dass die Situation so ist, wie sie ist?
- Erleben Sie mental, wie es sein wird, wenn der Konflikt gelöst ist.
- Sprechen Sie Ihren „Konflikt-Partner" offen auf den Konflikt an.
- Lassen Sie den anderen ausreden und bitten Sie ihn, dass auch er Sie ausreden lässt (versuchen Sie dabei, die „Welt" des anderen zu verstehen).

Aufgaben:

1. Sprechen Sie mit einem guten Freund über die Ängste von gestern (persönlich oder telefonisch; nicht per E-Mail!).

2. Lösen Sie einen größeren oder kleineren Konflikt nach dem oben beschriebenen Schema.

3. Tragen Sie in Ihr Tagebuch ein, wie es Ihnen vorher und nachher gegangen ist.

4. Führen Sie das Alpha-2-Training in der Kurzversion durch.

17. Tag: Sinn

Hinter jedem Problem steckt ein Sinn, der sich uns sehr oft nicht auf den ersten Blick erschließt. Durch das Finden des Sinns können mentale Blockaden gelöst und ein innerer Turbo aktiviert werden. Jedes Ziel sollte für Sie einen ganz persönlichen Sinn haben, sonst wird der Weg dorthin zwar nicht unmöglich, aber um ein Vielfaches mühsamer.

Experiment:
- Schreiben Sie sinnlose Wörter auf ein Blatt Papier (ENOSN, KTAFR, LBEIE, EBDNA, EKEZR). Lernen Sie diese auswendig und stoppen Sie dabei die Zeit.
- Schreiben Sie sinnvolle Wörter auf (Sonne, Kraft, Liebe, Abend, Kerze). Lernen Sie auch diese auswendig und stoppen Sie die Zeit.
- Vergleichen Sie die Zeiten.

Der Sinn von bestimmten Ereignissen oder Situationen ist rückwirkend betrachtet oft leicht erkennbar. Besser ist es aber, man erkennt den Sinn bereits im Vorhinein. Dazu die folgende Sinnübung:

- Schreiben Sie ein Beispiel aus der Vergangenheit auf, wo Sie sich in einer schwierigen Lebenssituation befunden haben.
- Suchen Sie den Sinn darin – aus heutiger Sicht.
- Schreiben Sie ein aktuelles Problem oder eine für Sie schwierige Situation auf.
- Suchen Sie den Sinn darin (Sie können sich dabei auch vorstellen, sie wären um zehn bis 20 Jahre älter und würden die Situation aus dieser Perspektive betrachten).

„Alles im Leben hat einen Sinn. Viele beginnen jedoch gar nicht erst zu suchen, sondern beschweren sich Tag für Tag über die Mühsal des Lebens!"

Aufgaben:
1. Führen Sie die Sinnübung schriftlich durch.
2. Führen Sie das Alpha-2-Training in der Kurzversion durch.
3. Führen Sie die Konzentrationsübung mit Punkt oder Kerze durch (fünf Minuten).
4. Tragen Sie alle Erkenntnisse und Erlebnisse von heute ins Tagebuch ein.

18. Tag: Resonanzfähigkeit

Resonanzfähigkeit ist die innere Bereitschaft für Ihren Erfolg. Alleine durch die Anwendung der Mentaltechniken werden Sie resonanzfähiger. Folgende Wege führen zu innerer Resonanz:

- Sich große Sportler, Trader, Stars aus Kunst oder Wirtschaft zum Vorbild nehmen und bestimmte Charakterzüge übernehmen. Allerdings ist hier der Transfer, die Brücke ins eigene Leben wichtig.
- Erkennen und Akzeptieren der Fülle, die überall um Sie herum existiert. Hilfreich dabei ist die Fülle-Übung: Nehmen Sie sich exakt zehn Minuten Zeit und schreiben Sie alles auf, was Sie als Fülle in Ihrem Leben empfinden. Wiederholen Sie diese Übung sieben Tage konsequent bei gestoppten zehn Minuten täglich. Denken Sie innerhalb dieser sieben Tage an nichts anderes als an Ihre Fülle.

Aufgaben:

1. Führen Sie die Fülle-Übung durch (zehn Minuten).
2. Führen Sie das Alpha-2-Training in der Kurzversion durch.
3. Führen Sie Tagebuch.

19. Tag: Ressourcenbox

Eine Ressource im mentalen Sinne ist eine erlernte oder eingeübte Technik, die Sie bereits beherrschen oder mit der Sie bereits positive Erfahrungen gesammelt haben. Mögliche Ressourcen:

- Mentale Techniken aus diesem Programm
- Erfolgstechniken aus der Vergangenheit
- Bestimmte persönliche Fähigkeiten und Talente

Fragen Sie auch gute Freunde, welche Fähigkeiten, welche Talente sie an Ihnen erkennen. Ihre Ressourcenbox erinnert Sie dann laufend an alle diese Fähigkeiten, die Sie auf dem Weg zum Erfolg nutzen können. Führen Sie die Ressourcenbox bei wichtigen Ereignissen ruhig immer mit sich, um sie im entscheidenden Moment zur mentalen Stärkung einsetzen zu können.

Aufgaben:
1. Fülle-Übung durchführen (zehn Minuten).
2. Legen Sie sich eine persönliche Ressourcenbox an (am besten eine kleine Schachtel mit Karteikärtchen).
3. Konzentrationsübung: Lesen Sie wieder zwei Seiten eines Buches verkehrt herum oder führen Sie das Tagebuch mit der ungewohnten Hand.
4. Führen Sie Tagebuch.

20. Tag: Vorstart-Zustand

Die mentale Einstimmung auf einen Wettkampf oder ein anderes wichtiges Ereignis nennt sich Vorstart-Zustand. Der ideale Vorstart-Zustand wird auch durch eine Art Ritual (eine immer gleichbleibende Abfolge von bestimmten Handlungen) vor dem Beginn des Ereignisses erreicht. Er kann ganz individuell durch Lernen aus vergangenen Erfolgen und Misserfolgen entwickelt werden. Analysieren Sie bei Ihren Erfolgen, was Sie unmittelbar vorher gemacht haben und wie Ihr Vorstart-Zustand dabei war.

Der Einsatz von Ankern hilft natürlich sehr beim Auslösen des optimalen Vorstart-Zustands.

Aufgaben:

1. Planen Sie ein Ritual für ein wichtiges Ereignis (zum Beispiel den Beginn eines Handelstages) zum Erreichen eines optimalen Vorstart-Zustands.
2. Führen Sie wieder die Fülle-Übung durch (zehn Minuten).
3. Führen Sie das Alpha-2-Training in der Kurzversion oder das Zazen-Sitzen durch.
4. Führen Sie Tagebuch.

21. Tag: Konsequenz in der Umsetzung

Rückschläge sind Teil des Erfolgsweges, solange Sie daraus lernen. Erstellen Sie ein Notfallprogramm für Schwierigkeiten noch bevor die Schwierigkeiten aufgetreten sind. Ihre Konsequenz in der Umsetzung kann durch folgende Methoden gesichert werden:

- Erzeugen Sie Druck, zum Beispiel dadurch, dass Sie über Ihre Ziele sprechen.
- Erzeugen Sie einen gesunden Wettbewerb mit einem Trader-Kollegen, mit einem Freund, mit einer Nachbarabteilung.
- Schreiben Sie Briefe an sich selbst. Gratulieren Sie sich darin zum Fortschritt. Bitten Sie einen Freund, dass er den Brief zu einem bestimmten Datum für Sie abschickt.
- Nehmen Sie auf, wie Sie sich selbst zum Fortschritt gratulieren (am leichtesten mit dem Handy), und erinnern Sie sich dadurch selbst an das Ziel und die positiven Konsequenzen (immer wenn Bedarf besteht, anhören!).
- Nutzen Sie Ihre gefüllte Ressourcenbox, die viele Möglichkeiten bereithält, Herausforderungen zu meistern.
- Nutzen Sie die Mindstorming-Technik: „Was kann ich tun, um meine Konsequenz zu sichern?"

Aufgaben:

1. Alpha-2-Training in der Kurzversion.

2. Notfallprogramm festlegen, wie Sie Ihr Ziel vom 6. Tag über alle Hindernisse hinweg erreichen können (eventuell Mindstorming dafür nutzen).

3. Schreiben Sie einen Brief an sich selbst oder nehmen Sie den Text mit dem Handy auf.

4. Schließen Sie das Tagebuch für dieses Programm ab mit einem Resümee für sich selbst und mit einer Planung, wie Sie dieses Programm künftig für sich einsetzen werden.

Beschreibung der Übungen
des Trader-Mentalprogramms

Wir haben Ihnen während der 21 Tage, die Ihr Trader-Mentalprogramm nun gedauert hat (nochmals an dieser Stelle ein großes Kompliment für Ihre Konsequenz), verschiedene Übungen und Techniken vorgeschlagen. Sie finden hier die Beschreibung zweier empfohlener Mentaltechniken: der „Sog statt Druck"-Übung und der Übung „Mentales Erleben". Lesen Sie sich die Erläuterungen zu diesen zwei Übungen durch, bevor Sie mit dem Programm beginnen. Lesen Sie sie gegebenenfalls noch einmal, wenn Sie die Übungen im Laufe des Programms anwenden sollen.

Übung „Sog statt Druck"

Überlegen Sie sich Ihr Ziel, das Sie mental vor-erleben wollen. Am besten schreiben Sie es nach dem Zielmodell des 6. Tages auf – noch bevor Sie mit dieser Übung beginnen. Lassen Sie dann in der Übung Ihrer Phantasie freien Lauf und erlauben Sie sich, Grenzen zu sprengen. Setzen oder legen Sie sich dazu bequem hin.

- „Ich entspanne meinen Körper und lasse einfach los."
- „Ich gehe mit meinem Bewusstsein in die Zukunft, genau zu dem Zeitpunkt, an dem ich mein Ziel erreicht haben werde. Ich tauche ein in das Bild des erfüllten Wunsches."
- „Ich spüre, wie es ist, mein Ziel erreicht zu haben, fühle meinen Stolz und meine Freude."
- „Ich erlebe all die positiven Konsequenzen, die mir durch das Erreichen des Ziels entstanden sind."
- „Ich nehme jede einzelne dieser positiven Auswirkungen mit all meinen Sinnen wahr."
- „Ich erlebe, wie meine Mitmenschen mir zur Zielerreichung gratulieren und sich mit mir freuen."
- „Ich erlebe mich, wie stolz ich anderen von meinem Erfolg berichte. Ich erzähle es in meiner Phantasie meinen Mitmenschen und auch allen anderen Menschen in meinem Land."
- „Ich schildere die Möglichkeiten, die mir nun offenstehen, allen Menschen auf dieser Erde, erzähle es allen Tieren und allen Pflanzen. Ich spüre dabei meine Begeisterung, wie sie wächst und wächst. Alles ist möglich in meiner Phantasie."
- „Jeder weiß nun über die Erreichung meines Ziels und die Auswirkungen Bescheid, sodass ich dieses Bild jetzt loslassen kann."
- „Nun stelle ich mir vor, was ich selbst ab sofort zur Erreichung beitragen werde."

- „Ich habe jetzt ein inneres Bild voller Freude und Leidenschaft geschaffen. Ich vertraue darauf, dass diese Energie ab sofort beginnt, sich im Außen zu verwirklichen."
- „Wie ein Sog werde ich von meinen Zielen angezogen, solange ich daran glaube. Zufälle werden mir auf diesem Weg helfen. Ich freue mich auf den Weg und werde ihn genießen. Denn ich war schon am Ziel und habe es bereits erlebt."

Übung „Mentales Erleben"

Suchen Sie sich ein Ereignis oder eine Situation aus Ihrer Berufs-
oder Sportwelt aus, die Sie mental erleben oder um-erleben wollen.
Überlegen Sie sich auch einen Anker, den Sie setzen wollen.

- Beginnen Sie mit einer bewusst durchgeführten Entspannung
  als Vorbereitung auf die Übungen.
- Begeben Sie sich nun in Ihrer Phantasie in die ausgewählte Situation.
- Erleben Sie diese Situation aus dem Empfinden und aus der Sicht
  Ihres Körpers heraus (das heißt, Sie sehen dabei von Ihrem Kör-
  per meist nur die Arme und je nach Situation auch Teile des
  restlichen Körpers, nicht aber Ihren Kopf).
- Wenn Sie eine Situation um-erleben wollen, dann erleben Sie
  jetzt kurz das Ereignis, das Sie um-erleben wollen, wie es geschah.
- Nun erleben Sie die Situation aus Ihrer Innensicht so, wie Sie sich
  diese idealerweise wünschen.
- Seien Sie sich dabei bewusst, dass Sie mit diesem Erleben Ihren
  Körper, alle Muskeln und Ihren Geist programmieren.
- Stellen Sie sich den Bewegungsablauf oder die Handlung mög-
  lichst detailliert vor. Erleben Sie Ihr inneres Empfinden und die
  Umgebung. Aktivieren Sie in dieser Vorstellung all Ihre Sinne.
- Gestalten Sie Ihr Erleben so lange um, bis es für Sie optimal ist:
  zuerst Ihren Bewegungsablauf oder die Abläufe der entsprechenden Situation, dann Ihr Empfinden, Ihre Emotionen und schließlich den Einfluss der Umgebung auf Ihre Leistung.
- Sie können ein und dieselbe Sequenz immer wieder erleben,
  sooft Sie wollen. Experimentieren Sie damit.
- Durchleben Sie in Ihrer Gedankenwelt jetzt noch einmal den
  optimalen Ablauf aus Ihrer Innensicht.

- Wenn Sie wollen, können Sie jetzt einen Anker setzen.
- Wenn Sie wollen, können Sie als nächsten Schritt sich selbst in der gleichen Situation als außenstehender Beobachter erleben. Beobachten Sie sich dabei wie mit einer Kamera aus den verschiedensten Blickwinkeln. So, als ob ntv oder N24 Sie bereits filmt, um von Ihren Erfolgen zu berichten.
- Sie können dabei auch Zeitlupe oder Zeitraffer verwenden. Probieren Sie es aus!
- Wenn Sie einen Anker setzen wollen, dann am besten jetzt.
- Schließen Sie die Übung für sich ab mit dem Bewusstsein, Ihr Unterbewusstsein und Ihren Körper gut programmiert zu haben. Damit haben Sie bereits einen wesentlichen Beitrag zum Erfolg geleistet.
- Setzen Sie das innere Erleben bei nächster Gelegenheit im Außen um und wiederholen Sie dann diese Übung immer wieder.
- Denken Sie daran: Übung macht den Meister. Und nutzen Sie die Möglichkeit des Um-Erlebens bei nicht optimalen Ergebnissen in der Durchführung, um Ihre Fortschritte im Außen zu beschleunigen.
- Die besten Ergebnisse werden dann erzielt, wenn das Training zur Hälfte im mentalen Bereich und zur Hälfte in der tatsächlichen Durchführung stattfindet.

Und nun viel Erfolg beim Erleben und Umsetzen!

Thomas Vittner und Andreas Fritsch vermitteln Ihnen persönlich die Inhalte des Buches und viele weitere, vertiefende Themen zu mentaler Stärke und Erfolg im Rahmen ihrer spannenden und interaktiven internationalen Seminarreihe „Börsenerfolg beginnt im Kopf" in Deutschland, Österreich und der Schweiz. Mehr zu den Seminaren zum Buch finden Sie unter diesem QR-Code oder unter www.fritsch-consulting.at/offene-seminare/.

Stimmen zum Buch:

„Mit großer Freude habe ich das Buch von Andi Fritsch und Thomas Vittner gelesen. Wie im Vertrieb, so ist es eben auch an der Börse wichtig, seinen persönlichen Flow zu finden. Dann läuft es wie geschmiert. Was mich überzeugt hat: Beide Autoren kommen aus der Praxis und geben neben dem theoretischen Fundament viele konkrete Übungen und Trainingsanleitungen mit. Ein super Buch, nicht nur für Börsianer!"

– Roger Rankel, Erfolgstrainer, Bestsellerautor und Vortragsredner
www.roger-rankel.de

„Wenn du dir nicht selber hilfst, hilft dir keiner! Und dabei ist dieses Buch ein unentbehrlicher Unterstützer. Ich bin begeistert von der einzigartigen Kombination aus Börsen- und Trading-Wissen, den mentalen Methodiken und den direkt umsetzbaren Tools zu mentaler Stärke, Klarheit, Handlungsfähigkeit. So ein Buch habe ich noch nie gelesen! Ich bin begeistert. Es bewegt sich was!"

– Gerald Hörhan, Investmentbanker und Bestsellerautor
von „Investment Punk" und „Gegengift"

„Wer dieses Buch liest und die darin vorgeschlagenen Prinzipien und Übungen umsetzt, hat einen sehr guten Leitfaden, um seine Finanzgeschäfte zu verbessern. Es ist großartig!"

– Carsten Umland, Trading Coach und Eigenhändler
www.simplified-trading.de

„Als Mentaltrainer und Coach muss ich sagen: ein Hammer! Fritsch und Vittner ist ein echter Wurf gelungen. Sie haben es geschafft, wichtige mentale Themen, welche Selbstbewusstsein, Klarheit und Zielorientierung steigern, mit dem Thema Geldanlage zu verbinden. Sie haben gezeigt, wie wichtig diese persönlichen Themen für jeden Lebensbereich sind – auch oder gerade für unsere finanzielle Ebene. Für jeden, der sich ernsthaft mit Börse und Mentaltraining beschäftigt, wird dieses Buch zum Standardwerk, um sich als Börsenprofi, Trader oder einfach nur als börseninteressierter Normalmensch besser auszurichten und noch erfolgreicher zu werden!"

– Christian Blaschka, Autor des Buches „Jetzt Wirksam!
Reflexionsstunde für mutige Führungskräfte"
und Geschäftsführer des Coaching Instituts

Giovanni Cicivelli – Beruf(ung) Trader

Giovanni Cicivelli ist professioneller privater Trader, gefragter Tradingcoach und Vortragsredner. In diesem Buch erklärt er, wie man das Trading zu seinem Beruf machen kann. Er geht auf wichtige Grundlagen ein und verrät Tipps und Tricks, wie man im alltäglichen Kampf im Börsendschungel erfolgreich agieren kann.

224 Seiten / gebunden mit SU / ISBN: 978-3-864700-34-7 / 29,90 €

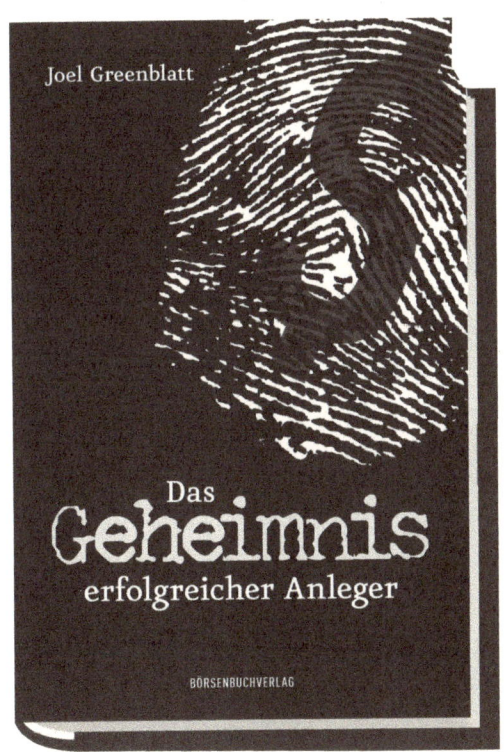

Joel Greenblatt –
Das Geheimnis erfolgreicher Anleger

Wodurch zeichnen sich erfolgreiche Anleger aus? Sie schlagen den Markt, die Indexfonds und die Experten. Und Sie können das auch: Lassen Sie sich von Bestsellerautor Joel Greenblatt zeigen, wie auf der Grundlage des Value Investings überlegene Resultate möglich sind. Der erfahrene Hedgefonds-manager erklärt, wie es geht – einfach, klar und verständlich.

160 Seiten / gebunden mit SU / ISBN: 978-3-864700-10-1 / 19,90 €

Andreas und Christian Weiß –
So optimieren Sie Ihr Trading

Wenn Sie Ihr Trading nicht optimieren, werden Sie sich immer wieder selbst im Weg stehen – und schlechte Ergebnisse einfahren. In diesem Buch werden nicht nur Tradingmöglichkeiten und Handelssysteme erläutert, es werden auch mögliche Fehler analysiert und Hinweise gegeben, wie diese zu vermeiden sind. Es zeigt sich: Langfristig profitables Trading ist möglich!

224 Seiten / gebunden / ISBN: 978-3-864700-03-3 / 34,90 €

James Montier –
Der Schlüssel zu Ihrem Anlage-Erfolg

Die Psyche des Anlegers ist sein schlimmster Feind. In diesem Buch zeigt der renommierte Autor und Behavioral-Investing-Experte James Montier, wo die Fallen liegen und wie Anleger sie umgehen können. Mehr Disziplin und weniger Emotionen beim Investieren – das ist der Schlüssel zum Anlage-Erfolg! Behavioral Investing gut erklärt und umgesetzt.

208 Seiten / gebunden mit SU / ISBN: 978-3-942888-47-9 / 24,90 €

CRASHKURSE

VON ANLEGERN FÜR ANLEGER

Für die Crashkurs-Reihe haben eine Vielzahl namhafter Börsen-
experten zur Feder gegriffen. Ziel der Serie ist es, Anlegern
verschiedene Teilgebiete des komplexen Themas Börse nahezu-
bringen. Jeder Titel stellt eine abgeschlossene Abhandlung über
die Grundlagen eines Teilbereichs der Börse dar. Dabei haben
wir Wert darauf gelegt, Praktiker zu Wort kommen zu lassen.
Hier schreiben also Anleger für Anleger. Die Serie wird laufend
fortgesetzt. Fragen Sie im Buchhandel oder direkt bei uns nach!

Marion Schlegel / Markus Bußler:
Crashkurs Rohstoffe
224 Seiten, broschiert
17,90 € (A: 18,40 €)
ISBN: 978-3-942888-50-9

Markus Jordan:
Crashkurs ETFs
176 Seiten, broschiert
17,90 € (A: 18,40 €)
ISBN: 978-3-941493-72-8

Sebastian Steyer:
Crashkurs Trading
208 Seiten, broschiert
17,90 € (A: 18,40 €)
ISBN: 978-3-864700-19-4

Markus Horntrich:
Crashkurs Charttechnik
200 Seiten, broschiert
17,90 € (A: 18,40 €)
ISBN: 978-3-938350-57-7

Alexander Natter:
Crashkurs Zertifikate
200 Seiten, broschiert
17,90 € (A: 18,40 €)
ISBN: 978-3-938350-43-0

Sebastian Grebe / Sascha
Grundmann / Frank Phillipps:
Crashkurs Börse
232 Seiten, broschiert
17,90 € (A: 18,40 €)
ISBN: 978-3-938350-67-6

Leon Müller:
Crashkurs Emerging Markets
214 Seiten, broschiert
17,90 € (A: 18,40 €)
ISBN: 978-3-938350-58-4

Alexander Natter:
Crashkurs Fonds
192 Seiten, broschiert
17,90 € (A: 18,40 €)
ISBN: 978-3-938350-41-6